ÜBUNGEN ZUR PHYSIK

Übungen zur

PHYSIK

Aufgabensammlung zum Lehr- und Übungsbuch Physik

7. Auflage

Mit 148 Bildern,
61 Übungsbeispielen und
307 Übungsaufgaben mit
Antworten und Ergebnissen

VERLAG HARRI DEUTSCH
THUN UND FRANKFURT/MAIN

AUTORENGEMEINSCHAFT

Federführung:

Studiendirektor Dipl.-Phys. WOLFGANG KÖRNER

Autoren:

Fachschuldozent Dipl.-Phys. EWALD HAUSMANN

Studiendirektor Dipl.-Phys. WOLFGANG KÖRNER

Studiendirektor Dipl.-Phys. DIETMAR MENDE

Fachschuldozent Dipl.-Ing.-Päd. HELLMUT SPRETKE

unter Mitarbeit von

Fachschuldozent Dipl.-Phys. GÜNTHER KIESSLING

Fachschuldozent Dipl.-Phys. GÜNTHER KOKSCH

Fachschuldozent Dipl.-Phys. PETER LEISSNER

Fachschuldozent Dipl.-Phys. GÜNTER SIMON

CIP-Titelaufnahme der Deutschen Bibliothek

Übungen zur Physik : Aufgabensammlung zum Lehr- und Übungsbuch Physik / [Autorengemeinschaft Federführung : Wolfgang Körner. Autoren: Ewald Hausmann . . . unter Mitarb. von Günther Kiessling . . .]. – 7. Aufl. – Thun ; Frankfurt / Main : Deutsch, 1989
ISBN 3-87144-912-1

NE: Körner, Wolfgang [Hrsg.]

ISBN 3 87144 912 1

Lizenzausgabe für den Verlag Harri Deutsch, Thun 1989
Printed in GDR
Satz: INTERDRUCK Graphischer Großbetrieb Leipzig – III/18/97
Fotomechanischer Nachdruck: Grafische Werke Zwickau III/29/1
Redaktionsschluß: 15. 11. 1988

Vorwort

Durch Übungen soll der Student die Kenntnisse, die er sich in der Vorlesung und durch Lehrbuchstudium angeeignet hat, festigen und vertiefen. Insbesondere soll er lernen, sein Wissen beim Lösen von Problemen der Praxis anzuwenden. Diesem Zweck dienen die vorliegenden «Übungen zur Physik». Der Band baut auf langjährigen Erfahrungen der Autoren im Physikunterricht des Direkt-, Fern- und Abendstudiums an Ingenieur- und Fachschulen auf und wurde als Arbeitsbuch zum «Lehr- und Übungsbuch Physik» gestaltet. Doch wird dieser Titel auch im Zusammenhang mit anderen Lehrbüchern der Physik einsetzbar sein.

Als Grundlage sowohl für das Auswerten von Meßergebnissen im Praktikum als auch für das Lösen von Aufgaben beginnt das Arbeitsbuch mit einer «Einführung in die Fehlerrechnung». Hier werden auch kurz Fragen der Rechengenauigkeit behandelt.

Es folgt der Hauptabschnitt «Übungen». Ihm ist eine methodische Anleitung für das Lösen von physikalischen Aufgaben vorangestellt. Sodann enthält er, gegliedert nach den Abschnitten des Lehrbuches, Beispiele, die als Muster vollständig vorgerechnet sind (Kennzeichen: Kleindruck), und Übungen. Hier sind physikalisch-technische Probleme durch Rechnung oder verbale Antwort zu lösen. Ihre große Anzahl erlaubt es dem Lehrer bzw. dem Studenten, eine geeignete Auswahl zu treffen. Zu jeder Übung ist im Teil «Hinweise zu den Lösungen, Antworten und Ergebnisse» sowohl das allgemeine als auch das spezielle Ergebnis angegeben. Teilweise erfolgen Hinweise zur Lösung (Kennzeichen: □ unter der Aufgabennummer).

Im Teil «Physikalisches Praktikum» wird zunächst Allgemeines zum physikalischen Praktikum gesagt. Dann werden drei verschiedenartige Versuche mit Meßprotokoll und vollständiger Auswertung dargestellt. Diese dienen als Muster und sollen dem Studenten helfen, im Praktikum zweckmäßig und rationell zu arbeiten.

Hinweise auf Textstellen erscheinen in Klammern, z. B. bedeutet (→3.6.3.) «siehe Abschnitt 3.6.3.». Der Buchstabe L in der Klammer (→L 4.2.) weist auf eine Textstelle im Lehrbuch hin, der Buchstabe B (→B 7.2.) auf eine Tabelle in der Beilage zum Lehrbuch, jeweils bezogen auf die 3. Auflage des «Lehr- und Übungsbuch Physik».

Zusammenfassungen des im Lehrbuch enthaltenen Stoffes erfolgen in «Physik – kurz gefaßt», das im gleichen Verlag erschienen ist. Die-

ser Titel enthält alle wichtigen Gleichungen kurz interpretiert, Tabellen- und Erfahrungswerte sowie einen Anhang mit wichtigen Analogien. Er stellt somit eine wesentlich über die Lehrbuchbeilage hinausgehende Hilfe beim Lösen physikalischer Aufgaben sowie auch beim Wiederholen des Lehrstoffes dar.
An den «Übungen zur Physik» wirkten eine Reihe von Fachkollegen als Gutachter mit. Sie gaben zahlreiche wertvolle Hinweise und ergänzten in einigen Fällen auch Aufgaben. Ihnen sowie allen Lesern, die durch kritische Hinweise zu den bisherigen Auflagen beigetragen haben, sei an dieser Stelle herzlich gedankt.
Lehrer und Studenten werden gebeten, auch zukünftig ihre Erfahrungen aus der Arbeit mit den «Übungen zur Physik» mitzuteilen und so zur Weiterentwicklung des Buches beizutragen.

Autoren und Verlag

Inhaltsverzeichnis

1. Einführung in die Fehlerrechnung

1.1. Fehlerdefinition

Im physikalischen Grundlagenpraktikum, in weiteren Praktika und in Ihrer beruflichen Tätigkeit werden Sie vor das Problem gestellt werden, physikalische Größen zu messen. Dabei müssen Sie sich stets darüber im klaren sein, daß die erhaltenen *Meßwerte* keinesfalls mit den *wahren* Werten der physikalischen Größen völlig identisch sind. Durch die Unvollkommenheit der Meßgeräte und andere, oft sehr unterschiedliche Einflüsse sind Meßwerte stets fehlerbehaftet. Die Differenz zwischen Meßwert x und wahrem Wert X bezeichnen wir als *wahren Fehler* ε:

$$\varepsilon = x - X \tag{1}$$

Die Gl. (1) ist nicht unmittelbar anwendbar, da von den drei vorkommenden Größen nur der Meßwert x bekannt ist. Der wahre Wert X kann sowohl größer als auch kleiner sein als der Meßwert x, somit ist auch das Vorzeichen von ε unbekannt.
Unser Ziel ist, einen *absoluten Fehler* Δx zu ermitteln, der der Bedingung genügt

$$\Delta x \geqq |\varepsilon| \tag{1'}$$

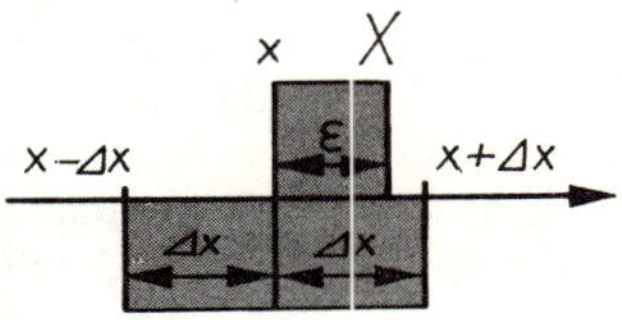

Bild 1

Damit legen wir das in Bild 1 dargestellte Intervall mit den Grenzen $x - \Delta x$ und $x + \Delta x$ fest, in dem der wahre Wert X mit *Sicherheit* (bei Kenntnis des maximal möglichen Fehlers) oder mit einer gewissen *Wahrscheinlichkeit* (bei Meßreihen; → 1.4.) liegt.
Mit diesen Voraussetzungen gilt

$$x - \Delta x \leqq X \leqq x + \Delta x \tag{2}$$

Das vollständige Meßergebnis lautet dann

$$X = x \pm \Delta x \tag{3}$$

Eine bessere Einschätzung der Genauigkeit einer physikalischen Messung ergibt sich durch die Angabe des *relativen Fehlers*

$$\frac{\Delta x}{X} \tag{4}$$

Da X unbekannt ist, aber nur wenig von x abweicht, ersetzen wir bei der Berechnung des relativen Fehlers X durch x.

Beispiel Bei einer Längenmessung erhalten wir als Meßwert 334 mm. Der maximale Absolutfehler ist 1 mm. Dann besagt das *vollständige Meßergebnis*

$$l = (334 \pm 1)\,\text{mm},$$

daß die wahre Länge mit Sicherheit im Bereich (333 ... 335) mm liegt. Der relative Fehler beträgt

$$\frac{\Delta l}{l} = \frac{1\,\text{mm}}{334\,\text{mm}} = 0{,}003 = 0{,}3\,\%$$

Diese Meßgenauigkeit ist mit einfachen Längenmeßgeräten zu erreichen.
Soll dagegen der gleiche Fehler bei einer Meßlänge von etwa einem Kilometer zulässig sein, dann ergibt das einen relativen Fehler

$$\frac{\Delta l}{l} = \frac{1\,\text{mm}}{995{,}788\,\text{m}} = 10^{-6} = 0{,}0001\,\%$$

Diese Genauigkeit ist nur durch den Einsatz modernster Geräte (z. B. Laserentfernungsmesser) realisierbar.

1.2. Fehlerarten

1.2.1. Grobe Fehler

Grobe Fehler können sehr unterschiedliche Ursachen haben. Defekte Meßgeräte, Nichtbeachtung äußerer Störeinflüsse oder falsche Skalenablesungen führen z. B. zu groben Fehlern. Diese sind jedoch stets vermeidbar und sollen im folgenden ausgeschlossen sein.

1.2.2. Zufällige Fehler

Zufällige Fehler treten bei jeder Messung auf. Sie sind am deutlichsten bei mehrfacher Messung der gleichen Meßgröße unter gleichen Bedingungen zu erkennen. Zufällige Fehler enthaltende Meßwerte der gleichen Meßgröße *streuen statistisch verteilt um einen Mittelwert*. Diese Streuungen sind vorwiegend auf zwei Ursachen zurückzuführen. Bei allen unter Zuhilfenahme der menschlichen Sinnesorgane durchgeführten Messungen (z. B. bei der Schätzung von Zwischenwerten beim Ablesen von Skalen oder bei Zeitmessungen mit Handstoppuhren) begrenzt das endliche Unterscheidungsvermögen unserer Sinnesorgane die Genauigkeit der Messung und führt zu unterschiedlichen Meßwerten (z. B. Ableseunsicherheit).
Daneben treten bei fast allen Meßgeräten Reibungskräfte in den Lagern der beweglichen Teile der Geräte auf. Diese sind die Ursache von statistischen Schwankungen der Anzeigewerte dieser Geräte um einen Mittelwert bzw. führen bei Einzelmessungen zu unterschiedlichen zufälligen Fehlern.
Die mathematische Behandlung zufälliger Fehler bei *Mehrfachmessungen* der gleichen Größe (Meßreihen) erfolgt im Abschnitt 1.4.

Dort wird gezeigt werden, daß die Auswirkung der zufälligen Fehler durch mehrfache Messungen der gleichen Meßgröße weitgehend ausschaltet werden kann. Wird dagegen eine physikalische Größe nur *einmal gemessen*, dann muß der zufällige Fehler *geschätzt* werden. Je nach der Größe der Skalenteilung werden wir als zufälligen Fehler etwa die Hälfte bis ein Viertel des Abstandes zweier Teilstriche annehmen.

1.2.3. Systematische Fehler

Genau wie zufällige Fehler treten systematische Fehler ebenfalls bei jeder Messung auf und sind den zufälligen Fehlern nach 1.2.2. überlagert. Im Gegensatz zu zufälligen Fehlern haben jedoch systematische Fehler bei mehrfacher Messung der gleichen Meßgröße unter gleichen Bedingungen stets den gleichen Betrag und das gleiche Vorzeichen. Einige Beispiele sollen das verdeutlichen. Messen wir eine physikalische Größe mit einem bestimmten Meßgerät, dann werden die Anzeigewerte dieses Gerätes keinesfalls exakt mit den wahren Werten übereinstimmen. Jedes Meßgerät und jede Maßverkörperung (z. B. Wägestücke oder Parallelendmaße) haben mehr oder weniger große *Eichfehler*, also Differenzen zwischen dem angezeigten bzw. verkörperten und dem wahren Wert. Diese Differenzen bezeichnen wir als systematische Fehler. Eine Verringerung dieser Fehler ist nur durch die Verwendung genauerer Meßgeräte möglich.

Andere systematische Fehler treten durch die *Beeinflussung der Meßgrößen durch die Meßgeräte selbst* auf. Ermitteln wir z. B. den Wert eines Widerstandes durch gleichzeitige Spannungs- und Stromstärkemessung aus dem Ohmschen Gesetz, ohne dabei die Innenwiderstände der Meßgeräte zu berücksichtigen, dann enthält unser Ergebnis einen mehr oder weniger großen systematischen Fehler. Wir werden diesen im Versuch Widerstandsbestimmung (→ 3.6.3.) unter unterschiedlichen Meßbedingungen ermitteln.

Auch die Ermittlung der spezifischen Wärmekapazität von flüssigen oder festen Körpern mit Hilfe von Mischungsvorgängen führt ohne die Berücksichtigung der Wärmekapazität der verwendeten Geräte (Kalorimeter, Thermometer) zu systematischen Fehlern.

Die beiden letzten Beispiele zeigen, daß systematische Fehler oft rechnerisch erfaßt und damit *korrigiert* werden können. In manchen Fällen liegen für Meßgeräte Eichkurven oder -tabellen vor, die die Abweichungen zwischen den angezeigten und den wahren Werten nach Größe und Vorzeichen angeben. Die Korrektur der Anzeigewerte mit Hilfe der Eichwerte führt ebenfalls zur Verkleinerung der systematischen Fehler.

Oft werden jedoch systematische Fehler nur mit größerem apparativem oder mathematischem Aufwand erfaßbar und somit korrigierbar sein. In solchen Fällen werden wir auf die Erfassung dieser Fehler verzichten. Wir sind dann gezwungen, den Wert dieser *nicht erfaßten* systematischen Fehler *abzuschätzen*, um sie bei der Fehlerrechnung berücksichtigen zu können.

1.2.4. Meßunsicherheit

Wir haben festgestellt, daß jeder physikalische Meßwert fehlerbehaftet ist. Der Fehler setzt sich dabei stets aus einem zufälligen und einem nichterfaßten, abgeschätzten systematischen Fehleranteil zusammen. Die Summe der beiden Fehleranteile heißt *Meßunsicherheit u*:

$$u = \Delta x_{\text{zuf}} + \Delta x_{\text{syst}} \tag{5}$$

Bei der Wahl unseres Meßverfahrens (Einzelmessung oder Meßreihe) und unseres Meßgerätes sollten wir anstreben, daß beide Fehleranteile angenähert in der gleichen Größenordnung liegen. Es ist physikalisch und ökonomisch sinnlos, durch größere Meßreihen den zufälligen Fehler zu reduzieren, ohne gleichzeitig auch durch die Wahl eines genaueren Meßgerätes den systematischen Fehler zu verkleinern.
Als vollständiges Meßergebnis geben wir stets den Meßwert x und die Meßunsicherheit u an:

$$X = x \pm u \tag{6}$$

In dem Wort «Meßunsicherheit» kommt zum Ausdruck, daß unsere gesuchte physikalische Größe mit einer gewissen, aber meist nicht bekannten Wahrscheinlichkeit im Intervall $x - u \dots x + u$ liegt.
Die Meßunsicherheit ist damit die Halbspanne des Bereichs um das vollständige Meßergebnis.

1.3. Fehlergrenzen von Meßgeräten

Für die meisten der von Ihnen verwendeten Meßgeräte bzw. Maßverkörperungen wird vom Hersteller die Einhaltung bestimmter *Fehlergrenzen* garantiert. Wir verstehen darunter Grenzwerte für die maximal zulässigen Abweichungen zwischen angezeigten und wahren Werten.
Oft sind diese Fehlergrenzen standardisiert. Insbesondere elektrische Meßgeräte werden hinsichtlich ihrer Fehlergrenzen in Klassen eingeteilt. Dabei gibt die Klasse an, wieviel Prozent vom jeweiligen Meßbereich der Fehler des Gerätes maximal betragen darf. Bei einem Instrument der Klasse 1 und einem Meßbereich von 300 V beträgt der maximal zulässige Fehler an jeder Stelle der Skale 3 V. Bei Betriebsmeßgeräten wird die Einhaltung der Fehlergrenzen regelmäßig von den jeweiligen Eichämtern überprüft.
Die *zufälligen* Fehler eines Meßinstrumentes, also die Summe von Ableseunsicherheit beim Schätzen von Skalenzwischenwerten und von durch Reibungskräfte bedingten unterschiedlichen Einstellwerten beim gleichen Meßwert, müssen stets klein sein gegenüber den *Fehlergrenzen* des Meßgerätes. Wenn wir also bei der Angabe eines Meßfehlers die Fehlergrenzen des benutzten Meßgerätes verwenden, brauchen wir zufällige Fehler nicht zu berücksichtigen. Der wahre Wert liegt dann mit Sicherheit innerhalb des von uns durch die Fehlergrenzen angegebenen Bereiches. Wir bezeichnen den so angegebenen Fehler als *maximal möglichen* Fehler.

Wir sollten es uns zum Grundsatz machen, vor der Anwendung von Meßinstrumenten uns über deren Fehlergrenzen Klarheit zu verschaffen, um nicht durch zu gering geschätzte Fehler zu kleine Meßunsicherheiten vorzutäuschen.

1.4. Mathematische Erfassung zufälliger Fehler bei Meßreihen

1.4.1. Voraussetzungen

Meßreihen sind nur dann sinnvoll, wenn bei einer Messung zufällige Fehler auftreten, die größer sind als die Fehlergrenzen der verwendeten Meßgeräte. Dies ist insbesondere in der Feinmeßtechnik und in der Geodäsie der Fall. Auch in der subjektiven Fotometrie, wo mit Hilfe des menschlichen Auges Helligkeitsvergleiche durchgeführt werden, sind Meßreihen erforderlich.
Für die Mehrzahl dieser Meßprobleme ist charakteristisch, daß bei ihnen der Anteil der menschlichen Sinne bei der Ermittlung der Meßwerte hoch ist. Die Abweichungen, die zwischen den einzelnen Meßwerten einer Meßreihe auftreten, werden je nach der Übung des Beobachters mehr oder weniger groß sein.
Die mathematischen Grundlagen für den Ausgleich der streuenden Meßwerte einer Meßreihe sind relativ kompliziert. In den folgenden Abschnitten kann daher nur ein grober Überblick über die anzuwendenden Methoden gegeben werden.

1.4.2. Mittelwert einer Meßreihe, Standardabweichung und Vertrauensbereich des Mittelwertes

Als Ergebnis einer Meßreihe mit den N Meßwerten $x_1 \dots x_N$ bezeichnen wir das *arithmetische Mittel* oder den *Mittelwert*

$$\bar{x} = \frac{1}{N} \sum_{i=1}^{N} x_i \qquad (7)$$

Als Maß für die zufälligen Abweichungen der Einzelwerte von dem Mittelwert gilt die *Standardabweichung* (auch mittlerer Fehler der Einzelmessung)

$$s = \sqrt{\frac{1}{N-1} \sum_{i=1}^{N} (x_i - \bar{x})^2} \qquad (8)$$

Wenn wir die gleiche physikalische Größe unter gleichen Bedingungen mehrfach messen und die Häufigkeit H übereinstimmender Meßwerte über dem Meßwert x_i auftragen, erhalten wir bei ausreichend hoher Zahl der Messungen eine Verteilung der Meßwerte nach Bild 2. Die Häufigkeit von Meßwerten in der Nähe des durch (7) definierten Mittelwertes $\bar{x}$ ist sehr groß, dagegen weichen nur wenige Meßwerte wesentlich von $\bar{x}$ ab. (Grobe Meßfehler sind dabei nicht berücksichtigt!)
Trotzdem ist nicht gesichert, daß der Mittelwert $\bar{x}$ und der wahre

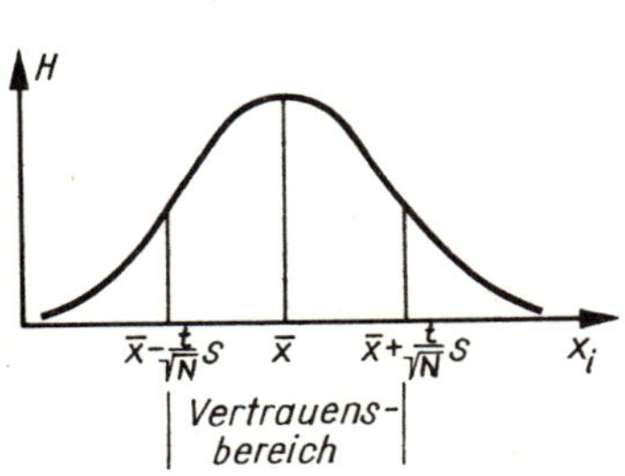

Bild 2

Wert X übereinstimmen. Die Festlegung eines Bereiches um den Mittelwert, in dem der wahre Wert X mit einer gewissen statistischen Sicherheit P liegt, ist ein Problem der Wahrscheinlichkeitsrechnung. Wir bezeichnen als *Vertrauenshalbbereich des Mittelwertes* (zufälliger Fehler der Meßreihe) den Ausdruck

$$\frac{t}{\sqrt{N}}\, s \tag{9}$$

Tabelle 1: t-Werte für verschiedene statistische Sicherheit P bei N Einzelmessungen

N	t	
	$P = 68{,}3\,\%$	$P = 95\,\%$
5	1,15	2,8
10	1,06	2,3
20	1,03	2,1

Der Faktor t (→ Tabelle 1), der neben der Standardabweichung s die Größe des Vertrauensbereiches beeinflußt, hängt von der Anzahl N der durchgeführten Messungen und vor allem von der geforderten statistischen Sicherheit P ab.

In der Praxis sind folgende statistische Sicherheiten üblich:

$P = 68{,}3\,\%$ in der physikalischen Meßtechnik,
$P = 95\,\%$ in der industriellen Meßtechnik,
$P = 99{,}73\,\%$ in der biologischen Meßtechnik.

Der Vertrauensbereich des Mittelwertes (Bild 2) ist

$$\bar{x} - \frac{t}{\sqrt{N}}\, s \;\ldots\; \bar{x} + \frac{t}{\sqrt{N}}\, s \tag{10}$$

1.4.3. Meßunsicherheit und Ergebnis

Bei den bisherigen Überlegungen wurden systematische Fehler nicht berücksichtigt. Für die Angabe der Meßunsicherheit u und das endgültige Ergebnis der Meßreihe sind die nichterfaßten systematischen Fehler zu schätzen. Wir erhalten aus (5) und (9) mit s nach (8) als vollständiges Meßergebnis

$$x = \bar{x} \pm \left(\frac{t}{\sqrt{N}}\, s + \Delta x_{\text{syst}}\right) \tag{11}$$

Aus (8) und (11) ist ersichtlich, daß der meist erhebliche Meß- und Rechenaufwand bei Meßreihen nur dann sinnvoll ist, wenn der Streubereich der Einzelmessungen x_i wesentlich größer ist als der nichterfaßte systematische Fehler.

Beispiel Bei einer Meßreihe wurden unter Verwendung eines Zeitmessers mit einem geschätzten systematischen Fehleranteil von 2 ms 10 Zeiten ermittelt. Daraus sollen der Mittelwert, die Standardabweichung, der Vertrauenshalbbereich des Mittelwertes, die Meßunsicherheit und das Meßergebnis berechnet werden.

i	$\tau_{i/\text{ms}}$	$(\tau_i - \bar{\tau})_{/\text{ms}}$	$(\tau_i - \bar{\tau})^2{}_{/\text{ms}^2}$
1	8202	1,4	1,96
2	8184	−16,6	276
3	8206	5,4	29,2
4	8221	20,4	416
5	8195	−5,6	31,4
6	8212	11,4	130

i	$\tau_{i/\mathrm{ms}}$	$(\tau_i - \bar{\tau})_{/\mathrm{ms}}$	$(\tau_i - \bar{\tau})^2{}_{/\mathrm{ms}^2}$
7	8191	−9,6	92,2
8	8206	5,4	29,2
9	8201	0,4	0,16
10	8188	−12,6	159
$\sum$	82006	±0	1165

Mittelwert $\bar{\tau} = 8200{,}6\ \mathrm{ms}$

Standardabweichung $s = \sqrt{\frac{1}{9} \cdot 1165}\ \mathrm{ms} = 11{,}4\ \mathrm{ms}$

Vertrauenshalbbereich $\frac{t}{\sqrt{N}} s = \frac{2{,}3}{\sqrt{10}} \cdot 11{,}4\ \mathrm{ms} = 8{,}29\ \mathrm{ms}$

Meßunsicherheit $u = (8{,}3 + 2)\ \mathrm{ms} = 10{,}3\ \mathrm{ms}$

Vollständiges Meßergebnis $\tau = \underline{\underline{(8{,}20 \pm 0{,}01)\ \mathrm{s}}}$ $(N = 10;\ P = 95\%)$

1.5. Fehlerfortpflanzung

1.5.1. Aufgabenstellung

Viele physikalische Größen können nicht direkt gemessen, sondern müssen aus anderen Größen, die einer direkten Messung zugänglich sind, berechnet werden. Da jede Meßgröße fehlerbehaftet ist, entsteht die Frage, wie sich die Fehler der Eingangsgrößen auf die berechneten Größen auswirken. Dieses Problem soll jetzt untersucht werden. In 1.3. wurden die Fehlergrenzen von Meßgeräten betrachtet. Falls die Fehlergrenzen nicht bekannt sind, muß ein Maximalfehler geschätzt werden. Wir wollen die Maximalfehler der Meßgrößen x, y, u, v, w mit Δx, Δy, Δu, Δv und Δw bezeichnen. Die aus den Meßgrößen zu errechnende Größe soll z, ihr Maximalfehler Δz sein. Es gilt also $z = f(x, y, u, v, w)$, wie wir vereinfachend für den wahren Wert $Z = f(X, Y, U, V, W)$ schreiben wollen.
Je nach der Art der Funktion ergeben sich für Δz, den Maximalfehler der errechneten Größe, verschiedene Ausdrücke. Einige typische Funktionen sollen untersucht werden. Das geschieht am einfachsten mit Hilfe der Differentialrechnung. Da aber nicht in allen Fällen schon die Kenntnis der Differentialrechnung vorausgesetzt werden kann, soll zunächst die Fehlerabschätzung ohne Differentialrechnung durchgeführt werden.

1.5.2. Fehlerfortpflanzung ohne Differentialrechnung

1.5.2.1. Fehler von Summen und Differenzen

Es liegen die Meßergebnisse $x \pm \Delta x$ und $y \pm \Delta y$ vor. Gesucht wird $z \pm \Delta z$, wenn $z = x + y$ ist.

Wir wollen von einem Beispiel ausgehen. Es seien zwei Längen gemessen mit

Beispiel $x = (32{,}1 \pm 0{,}1)$ cm und $y = (23{,}5 \pm 0{,}1)$ cm.

Das bedeutet

$32{,}0 \text{ cm} \leqq x \leqq 32{,}2 \text{ cm}$ und $23{,}4 \text{ cm} \leqq y \leqq 23{,}6 \text{ cm}$.

Ohne Beachtung der Fehlergrenzen erhalten wir

$z = x + y = 32{,}1 \text{ cm} + 23{,}5 \text{ cm} = 55{,}6 \text{ cm}$.

Setzen wir die oberen Grenzen, so ergibt sich

Fall 1 $z_{max} = x_{max} + y_{max} = (32{,}2 + 23{,}6) \text{ cm} = 55{,}8 \text{ cm}$.

Mit den minimalen Werten erhalten wir

Fall 2 $z_{min} = x_{min} + y_{min} = (32{,}0 + 23{,}4) \text{ cm} = 55{,}4 \text{ cm}$.

Wird x zu groß (x_{max}), y jedoch zu klein (y_{min}) gemessen, so ergibt sich

Fall 3 $z = x_{max} + y_{min} = (32{,}2 + 23{,}4) \text{ cm} = 55{,}6 \text{ cm}$.

Die Fehler heben sich in diesem Fall gegenseitig auf. Bei der Fehlerabschätzung interessiert uns dieser Fall jedoch nicht. Wir wollen wissen, wie groß der Fehler im ungünstigsten Fall wird, wir suchen den *Maximalfehler*. Die größten Abweichungen ergeben sich in den Fällen *1* und *2*. In beiden Fällen gilt

$$\Delta z = \Delta x + \Delta y \tag{12}$$

Allgemein sieht die Rechnung so aus:
Wir setzen die Meßergebnisse in die Funktionsgleichung ein und erhalten

$$z \pm \Delta z = x \pm \Delta x + y \pm \Delta y = x + y \pm (\Delta x \pm \Delta y)$$

Wir subtrahieren von der linken Seite dieser Gleichung z, von der rechten $x + y$, da $z = x + y$ vorausgesetzt wurde, und erhalten als maximalen Absolutfehler

$$\Delta z = \Delta x + \Delta y$$

Rechnen Sie nach, daß für den maximalen Absolutfehler der Differenz $z = x - y$ ebenfalls gilt

$$\Delta z = \Delta x + \Delta y \tag{12'}$$

Der maximale Absolutfehler von Summen und Differenzen ist gleich der Summe der Absolutfehler der einzelnen Summanden.

1.5.2.2. Fehler von Produkten

Zunächst soll die durch $z = ax$ beschriebene Funktion betrachtet werden, in der a eine Konstante (und damit fehlerfrei) sein soll. Es ist dann der maximale Absolutfehler

$$\Delta z = |a|\, \Delta x, \tag{13}$$

und der maximale Relativfehler folgt, indem wir die linke Seite durch z, die rechte durch ax dividieren:

$$\frac{\Delta z}{z} = \frac{\Delta x}{x} \tag{13'}$$

Der Relativfehler ist unabhängig von konstanten Faktoren.

Wir untersuchen nun die durch $z = xy$ beschriebene Funktion. Dazu gehen wir aus von

$$z \pm \Delta z = (x \pm \Delta x)(y \pm \Delta y)$$

Wir multiplizieren die rechte Seite aus:

$$\begin{aligned} z \pm \Delta z &= xy \pm x\,\Delta y \pm y\,\Delta x \pm \Delta x\,\Delta y \\ &= xy \pm (x\,\Delta y \pm y\,\Delta x) \pm \Delta x\,\Delta y \end{aligned}$$

Da Δx und Δy klein gegen x bzw. y sind, kann das Produkt $\Delta x\,\Delta y$ vernachlässigt werden. Beachten wir ferner $z = xy$, so erhalten wir als maximalen Absolutfehler

$$\Delta z = x\,\Delta y + y\,\Delta x$$

Die linke Seite dieser Gleichung dividieren wir durch z, die rechte durch xy $(z = xy)$ und erhalten so den maximalen Relativfehler

$$\frac{\Delta z}{z} = \frac{\Delta x}{x} + \frac{\Delta y}{y} \tag{14}$$

Der maximale Relativfehler eines Produktes ist gleich der Summe der Relativfehler der einzelnen Faktoren.

1.5.2.3. Fehler von Quotienten

Bei der durch $z = x/y$ beschriebenen Funktion tritt der maximale Absolutfehler dann auf, wenn x zu groß und y zu klein bzw. y zu groß und x zu klein gemessen wurde. Wir setzen daher

$$z \pm \Delta z = \frac{x \pm \Delta x}{y \mp \Delta y}$$ und erweitern den Bruch mit $y \pm \Delta y$:

$$z \pm \Delta z = \frac{(x \pm \Delta x)(y \pm \Delta y)}{(y \mp \Delta y)(y \pm \Delta y)}$$

$$z \pm \Delta z = \frac{xy \pm (x\,\Delta y \pm y\,\Delta x) \pm \Delta x\,\Delta y}{y^2 - (\Delta y)^2}$$

Wir vernachlässigen wieder die Produkte kleiner Größen, beachten $z = x/y$ und erhalten für den maximalen Absolutfehler

$$\Delta z = \frac{x\,\Delta y + y\,\Delta x}{y^2}$$

Nun dividieren wir die linke Seite der Gleichung durch z, die rechte durch x/y und erhalten für den maximalen Relativfehler

$$\frac{\Delta z}{z} = \frac{\Delta x}{x} + \frac{\Delta y}{y} \tag{14'}$$

Der maximale Relativfehler eines Quotienten ist gleich der Summe der Relativfehler von Dividend und Divisor.

1.5.2.4. Fehler von Potenzprodukten

Die in den letzten Abschnitten aufgestellten Gesetze der Fehlerfortpflanzung sollen nun auf Potenzprodukte angewendet werden. Da Potenzen als Produkte geschrieben werden können (z. B. $x^3 = x \cdot x \cdot x$), gilt folgender Satz (n beliebige positive oder negative [auch gebrochene] Zahl):

Der maximale Relativfehler einer n-ten Potenz ist gleich dem $|n|$-fachen maximalen Relativfehler der Basis.

Wir untersuchen nun ein einfaches Potenzprodukt, die durch $z = x^m y^n$ beschriebene Funktion.

Nach den Sätzen über Produkte und Potenzen ergibt sich der maximale Relativfehler zu

$$\frac{\Delta z}{z} = |m| \frac{\Delta x}{x} + |n| \frac{\Delta y}{y} \qquad (14'')$$

1.5.2.5. Fehler von Quotienten aus Summen und Differenzen

Wir wollen nun Funktionen von der Form $z = \dfrac{x + y}{u - v}$ betrachten, in der die Variablen im Zähler und im Nenner voneinander unabhängig sind, und wenden dabei die Sätze über Summen und Quotienten an.

Für den Zähler $Z = x + y$ gilt

$$\Delta Z = \Delta x + \Delta y \quad \text{und} \quad \frac{\Delta Z}{Z} = \frac{\Delta x + \Delta y}{|x + y|}.$$

Entsprechend erhalten wir für den Nenner $N = u - v$

$$\Delta N = \Delta u + \Delta v \quad \text{und} \quad \frac{\Delta N}{N} = \frac{\Delta u + \Delta v}{|u - v|}.$$

Der maximale Relativfehler von z ist damit

$$\frac{\Delta z}{z} = \frac{\Delta Z}{Z} + \frac{\Delta N}{N} = \frac{\Delta x + \Delta y}{|x + y|} + \frac{\Delta u + \Delta v}{|u - v|}.$$

Beispiel Berechnen Sie den maximalen Relativfehler von $z = \dfrac{x^3(u + v)^2}{w^4}$.

Setzen wir $u + v = y$, so vereinfacht sich das Potenzprodukt zu $z = x^3 y^2 / w^4$. Wir erhalten

$$\frac{\Delta z}{z} = 3 \frac{\Delta x}{x} + 2 \frac{\Delta y}{y} + 4 \frac{\Delta w}{w}.$$

Nun beachten wir noch den Satz über den Absolutfehler von Summen und erhalten

$$\Delta y = \Delta u + \Delta v$$

Der maximale Relativfehler des betrachteten Potenzproduktes ist damit

$$\frac{\Delta z}{z} = 3 \frac{\Delta x}{x} + 2 \frac{\Delta u}{u + v} + 2 \frac{\Delta v}{u + v} + 4 \frac{\Delta w}{w}$$

1.5.3. Fehlerfortpflanzung und Differentialrechnung

1.5.3.1. Differenzieren nach Logarithmieren

Da wir annehmen können, daß der Meßfehler Δx klein gegen den Meßwert x ist, dürfen wir Δx durch das Differential $\mathrm{d}x$ ersetzen und haben damit die Möglichkeit, die Differentialrechnung zur Ermittlung des Maximalfehlers einzusetzen. Zunächst soll das *Differenzieren nach Logarithmieren* erläutert werden. Dabei hat man die Funktion zunächst zu logarithmieren und anschließend zu differenzieren. Als Beispiel soll der Maximalfehler für die durch

$$z = \frac{u^a(v + w)}{xy^b}$$

beschriebene Funktion ermittelt werden. Wir logarithmieren zunächst:

$$\ln z = a \ln u + \ln (v + w) - \ln x - b \ln y$$

Da es sich bei u, v, w, x, y, z um physikalische Größen handelt und der Logarithmus von Größen nicht gebildet werden kann, müßte im folgenden eigentlich $\ln \{z\}$, $\ln \{x\}$ usw. geschrieben werden. Der Einfachheit halber soll jedoch auf die geschweifte Klammer verzichtet werden.

Dann wird auf beiden Seiten das Differential gebildet, rechts wegen der Summenregel gliedweise:

$$\frac{\mathrm{d}z}{z} = a\frac{\mathrm{d}u}{u} + \frac{\mathrm{d}v + \mathrm{d}w}{v + w} - \frac{\mathrm{d}x}{x} - b\frac{\mathrm{d}y}{y}$$

Nun werden die Differentiale $\mathrm{d}u$, $\mathrm{d}v$, ... in erster Näherung durch die Fehler Δu, Δv, ... ersetzt. Der Maximalfehler entsteht durch Summation:

$$\frac{\Delta z}{z} = |a|\frac{\Delta u}{u} + \frac{\Delta v}{v + w} + \frac{\Delta w}{v + w} + \frac{\Delta x}{x} + |b|\frac{\Delta y}{y}$$

Überzeugen Sie sich davon, daß dieses Ergebnis auch aus den in 1.5.2. abgeleiteten Regeln folgt!

1.5.3.2. Totales Differential

Eine andere Möglichkeit, den Maximalfehler zu berechnen, ist die Bildung des totalen Differentials. Wir betrachten eine Funktion mit mehreren unabhängigen Variablen, beschrieben durch

$$z = f(x, y, u, \ldots)$$

Dann versteht man unter dem *totalen Differential*

$$\mathrm{d}z = \frac{\partial z}{\partial x}\mathrm{d}x + \frac{\partial z}{\partial y}\mathrm{d}y + \frac{\partial z}{\partial u}\mathrm{d}u + \ldots \qquad (15)$$

Dabei sind $\partial z/\partial x$, $\partial z/\partial y$,... die *partiellen Ableitungen*. Man bildet beispielsweise $\partial z/\partial x$, indem man z nach x differenziert und dabei die übrigen Variablen wie Konstanten behandelt.
Ersetzt man noch die Differentiale $\mathrm{d}x$, $\mathrm{d}y$, ... in erster Näherung

durch Δx, Δy, ... so hat man bereits den maximalen *Absolutfehler*, wenn man zu den Beträgen übergeht:

$$\Delta z = \left|\frac{\partial z}{\partial x}\right| \Delta x + \left|\frac{\partial z}{\partial y}\right| \Delta y + \left|\frac{\partial z}{\partial u}\right| \Delta u + \ldots \tag{15'}$$

Beispiel Als Beispiel betrachten wir die durch $z = \frac{x^a e^y}{u}$ beschriebene Funktion. Die partiellen Ableitungen sind

$$\frac{\partial z}{\partial x} = a x^{a-1} \frac{e^y}{u}; \qquad \frac{\partial z}{\partial y} = \frac{x^a}{u} e^y; \qquad \frac{\partial z}{\partial u} = -\frac{1}{u^2} x^a e^y$$

Damit ergibt sich nach (15)

$$dz = a x^{a-1} \frac{e^y}{u} dx + \frac{x^a e^y}{u} dy - \frac{x^a e^y}{u^2} du$$

und nach (15′)

$$\Delta z = a x^{a-1} \frac{e^y}{u} \Delta x + \frac{x^a e^y}{u} \Delta y + \frac{x^a e^y}{u^2} \Delta u$$

Den maximalen *Relativ*fehler erhält man, wenn man die linke Seite durch z, die rechte durch $x^a e^y/u$ dividiert:

$$\frac{\Delta z}{z} = a \frac{\Delta x}{x} + \Delta y + \frac{\Delta u}{u}$$

1.6. Rechengenauigkeit

Ehe wir uns mit weiteren Beispielen zur Fehlerrechnung beschäftigen, müssen wir klären, mit welcher Genauigkeit solche Rechnungen durchzuführen sind.

Meßwerte sind fehlerbehaftet und damit im mathematischen Sinn Näherungswerte. Ihre Unsicherheit ergibt sich aus dem bekannten bzw. geschätzten Absolutfehler.

Beispiel $l = (11{,}7 \pm 0{,}2)$ cm ist identisch mit der Angabe

$11{,}5 \text{ cm} \leqq l \leqq 11{,}9 \text{ cm}.$

Bei Aufgaben, in denen mit geschätzten bzw. angenommenen Zahlenwerten gearbeitet wird, betrachten wir die Zahlenangaben als auf die letzte Dezimalstelle *gerundete* Werte, ihre Unsicherheit ist damit gleich dem halben Wert ihrer letzten Dezimalstelle.

Beispiel $l = 1\,383$ m bedeutet $1\,382{,}5 \text{ m} < l < 1\,383{,}5$ m.

Problematisch wird es in der Praxis, wenn wir mit Angaben wie $m = 2$ t oder $l = 6$ m Rechnungen durchführen sollen. Bei dem Beispiel $m = 2$ t ist es durchaus möglich, daß mit der nur einziffrigen Angabe zum Ausdruck gebracht werden soll, daß es sich dabei um einen großzügig geschätzten Wert handelt. Beim zweiten Beispiel $l = 6$ m ist dagegen kaum damit zu rechnen, daß die 6 im Sinne einer gerundeten Zahl gemeint ist. Damit bleibt aber offen, ob es sich um 6,00 m (Unsicherheit 0,5 cm) oder um 6,000 m (Unsicherheit 0,5 mm) handelt. Wir sollten auch in der Praxis bemüht sein, Angaben so zu formulieren, daß solche Unbestimmtheiten vermieden werden.

Die relative Unsicherheit eines Näherungswertes hängt ab von der Anzahl der *geltenden* oder *wesentlichen* Ziffern.

Als geltende Ziffern eines Näherungswertes bezeichnen wir alle Ziffern außer den Nullen, die links von der ersten von Null verschiedenen Ziffer stehen.

Die Zahlen 382, 0,00485 und 0,680 haben also 3 geltende Ziffern. Rechts stehende Nullen, die nur zur Angabe der Größenordnung dienen, also nicht geltende Ziffern sein sollen, vermeidet man besser und ersetzt sie durch Zehnerpotenzen oder wählt größere Einheiten («etwa 6000 m»: besser $6 \cdot 10^3$ m oder 6 km).
Für das Rechnen mit gerundeten Zahlenwerten gelten folgende, aus den Sätzen des Abschnitts 1.2. abgeleiteten *Faustregeln*:

Regel 1

Bei *Summen* und *Differenzen* von Näherungswerten sind im Ergebnis nur so viele *Dezimalstellen* beizubehalten, wie in der Eingangszahl mit kleinster Anzahl von Dezimalstellen vorhanden sind.

Regel 2

Bei *Potenzprodukten* von Näherungswerten sind im Ergebnis nur so viele *geltende* Ziffern beizubehalten, wie in der Eingangszahl mit der kleinsten Anzahl von geltenden Ziffern vorhanden sind.

Regel 3

Bei Berechnung von *Zwischenergebnissen* empfiehlt es sich, jeweils eine Stelle (Ziffer) mehr beizubehalten, als es die Regeln 1 und 2 angeben. Haben einige Eingangswerte mehr Dezimalstellen (bei Summen) oder mehr geltende Ziffern (bei Potenzprodukten) als die anderen, so sind sie vorher so zu runden, daß sie nur eine Stelle oder Ziffer mehr haben als die anderen.

Beim Lösen von Aufgaben mit angenommenen bzw. geschätzten Werten bewahrt uns die Anwendung der Regeln 1 bis 3 davor, höhere Genauigkeit bei der Ergebnisangabe vorzutäuschen. Aufgaben, bei denen die gegebenen Werte mit zwei oder drei geltenden Ziffern vorhanden sind, lösen wir mit Hilfe eines 25-cm-Rechenstabes ausreichend genau. Lediglich Aufgaben, bei denen gegebene Werte mit mehr als drei geltenden Ziffern vorliegen, erfordern bei ihrer Lösung die Anwendung einer entsprechenden Logarithmentafel bzw. eines Taschenrechners.

Beispiel *Gegeben*: $l_1 = 26$ m, $l_2 = 31$ mm *Gesucht*: 1. $l_1 + l_2$ 2. l_2/l_1; 3. l_1/l_2

1. $l_1 + l_2 = 26\text{ m} + 0{,}031\text{ m} = \underline{\underline{26\text{ m}}} \quad (l_1 + l_2 \approx l_1)$

2. $\dfrac{l_2}{l_1} = \dfrac{0{,}031\text{ m}}{26\text{ m}} = \underline{\underline{1{,}2 \cdot 10^{-3}}}$

3. $\dfrac{l_1}{l_2} = \dfrac{26\text{ m}}{0{,}031\text{ m}} = \underline{\underline{8{,}4 \cdot 10^{2}}}$

Beispiel *Gegeben*: Außendurchmesser $d_a = 22{,}3$ mm
Innendurchmesser $d_i = 21{,}7$ mm

Gesucht: Wanddicke $s = \frac{d_a - d_i}{2}$

$$s = \frac{(22{,}3 - 21{,}7)\ \text{mm}}{2} = \underline{\underline{0{,}3\ \text{mm}}}$$

Die relative Unsicherheit der gegebenen Werte ist

$$\frac{\Delta d_a}{d_a} \approx \frac{\Delta d_i}{d_i} \approx \frac{0{,}05}{22} \approx 2 \cdot 10^{-3} = 0{,}2\,\%.$$

Die relative Unsicherheit des Ergebnisses ist

$$\frac{\Delta s}{s} = \frac{0{,}05}{0{,}3} \approx 0{,}2 = 20\,\%.$$

Dieses Beispiel zeigt: Bei der Berechnung der Differenz zweier Größen, die sich nur wenig unterscheiden, kann sich die Anzahl der geltenden Ziffern des Ergebnisses gegenüber der der Eingangsgrößen wesentlich verkleinern. Damit ist die relative Unsicherheit des Ergebnisses wesentlich größer als die der gegebenen Größen. In diesem Fall und insbesondere bei meßtechnischen Problemen sollte man daher nach Möglichkeit nicht die Größen messen, deren Differenz gesucht ist, sondern durch andere Meßverfahren direkt die Differenz messen.

Nach diesen Beispielen wenden wir uns nun Aufgaben aus dem *Bereich der Fehlerrechnung* zu. Die von uns geschätzten Meßunsicherheiten bzw. die gegebenen Fehlergrenzen der von uns benutzten Meßinstrumente liegen meist als auf *eine* geltende Ziffer *gerundete* Werte vor ($1 \cdot 10^{-2}$ mm; 1 mg; 1 % des Meßwertes bei Vollausschlag). Durch Anwendung der Regel 2 auf die Fehlerfortpflanzungsrechnung ergibt sich folgende Regel:

| Der Absolutfehler im Endergebnis für eine aus mehreren gemessenen Größen berechnete Größe wird mit *einer* geltenden Ziffer angegeben.

Zwischenrechnungen (z. B. die vorher meist erforderliche Berechnung des relativen Fehlers) führen wir mit Rechenstabgenauigkeit aus und runden erst bei der Angabe des Absolutfehlers auf *eine* geltende Ziffer.

Dagegen sind die Meßwerte selbst nicht als gerundete, sondern nur allgemein als genäherte Werte zu betrachten. Die Zahl der geltenden Ziffern bei der endgültigen Angabe des Ergebnisses und damit der erforderliche Rechenaufwand (Rechenstab, Logarithmentafel oder Taschenrechner) ergeben sich daher nur angenähert aus den Regeln 1 bis 3. Entscheidend für die Stellenzahl bei der Ergebnisangabe ist die Dezimalstelle, in der der auf eine geltende Ziffer gerundete Absolutfehler auftritt.

| Das Endergebnis für eine aus mehreren gemessenen Größen berechnete Größe ist auf die Dezimalstelle zu runden, in der der mit *einer* geltenden Ziffer angegebene Absolutfehler auftritt.

Beispiele $\varrho = (8{,}75 \pm 0{,}02)\ \text{g cm}^{-3}$; $V = (10{,}3 \pm 0{,}3)\ \text{cm}^3$

$\mu = 0{,}4 \pm 0{,}1$

Mathematisch *nicht* sinnvoll sind dagegen Angaben wie

$\varrho = (8{,}753 \pm 0{,}02)\ \text{g cm}^{-3}$; $V = (10{,}3 \pm 0{,}34)\ \text{cm}^3$

$\mu = 0{,}473 \pm 0{,}1$

Beispiel Die Kanten eines Quaders werden gemessen und betragen

$l_1 = (36{,}2 \pm 0{,}1)\ \text{cm}$; $l_2 = (23{,}8 \pm 0{,}1)\ \text{cm}$; $l_3 = (13{,}6 \pm 0{,}1)\ \text{cm}$.

Berechnen Sie das Volumen des Quaders, den maximalen Relativfehler, den maximalen Absolutfehler und geben Sie das Volumen des Quaders mit Fehlergrenzen an.

Gegeben: $l_1 = 36{,}2\ \text{cm}$; $\Delta l_1 = 0{,}1\ \text{cm}$ *Gesucht*: V

$l_2 = 23{,}8\ \text{cm}$; $\Delta l_2 = 0{,}1\ \text{cm}$ $\frac{\Delta V}{V}$

$l_3 = 13{,}6\ \text{cm}$; $\Delta l_3 = 0{,}1\ \text{cm}$ ΔV

Das Volumen des Quaders ist $V = l_1 l_2 l_3$.

$$V = 36{,}2 \cdot 23{,}8 \cdot 13{,}6\ \text{cm}^3 = \underline{\underline{11{,}72\ \text{dm}^3}}$$

Der maximale Relativfehler ergibt sich nach (14) zu

$$\frac{\Delta V}{V} = \frac{\Delta l_1}{l_1} + \frac{\Delta l_2}{l_2} + \frac{\Delta l_3}{l_3}$$

$$= \frac{0{,}1}{36{,}2} + \frac{0{,}1}{23{,}8} + \frac{0{,}1}{13{,}6} = 0{,}00276 + 0{,}00420 + 0{,}00735$$

$$\frac{\Delta V}{V} = 0{,}01431 \approx \underline{\underline{1{,}4\%}}$$

Der maximale Absolutfehler ergibt sich daraus zu

$$\Delta V = \frac{\Delta V}{V} V = 0{,}01431 \cdot 11{,}72\ \text{dm}^3 = 0{,}168\ \text{dm}^3 \approx \underline{\underline{0{,}2\ \text{dm}^3}}$$

Das vollständige Meßergebnis lautet $V = \underline{\underline{(11{,}7 \pm 0{,}2)\ \text{dm}^3}}$

Beispiel Der Wirkungsgrad eines Tauchsieders ist aus folgenden Meßergebnissen zu bestimmen:

Stromstärke:	$I = (4{,}4 \pm 0{,}2)\ \text{A}$
Spannung:	$U = (220 \pm 4)\ \text{V}$
Zeit:	$t = (280 \pm 1)\ \text{s}$
Masse des Wassers:	$m = (880 \pm 5)\ \text{g}$
Anfangstemperatur:	$\vartheta_1 = (15{,}2 \pm 0{,}2)\ {}^\circ\text{C}$
Endtemperatur:	$\vartheta_2 = (80{,}4 \pm 0{,}2)\ {}^\circ\text{C}$
spezifische Wärmekapazität:	$c = 4{,}18\ \text{kJ kg}^{-1}\ \text{K}^{-1}$

Gegeben: siehe Aufgabenstellung *Gesucht*: η

Der Wirkungsgrad ist das Verhältnis von abgegebener zu aufgenommener Energie:

$$\eta = \frac{cm(\vartheta_2 - \vartheta_1)}{UIt}$$

$$\eta = \frac{4{,}18\ \text{kJ} \cdot 880\ \text{g} \cdot 65{,}2\ \text{K}}{\text{kg K} \cdot 220\ \text{V} \cdot 4{,}4\ \text{A} \cdot 280\ \text{s}} = 0{,}885$$

Die spezifische Wärmekapazität wird hier nicht gemessen, der verwendete Tabellenwert wird als gerundeter Wert betrachtet. Der maximale Relativfehler des Wirkungsgrades ist

$$\frac{\Delta\eta}{\eta} = \frac{\Delta m}{m} + \frac{\Delta\vartheta_2 + \Delta\vartheta_1}{|\vartheta_2 - \vartheta_1|} + \frac{\Delta U}{U} + \frac{\Delta I}{I} + \frac{\Delta t}{t} + \frac{\Delta c}{c}$$

$$= \frac{5}{880} + \frac{0{,}4}{65{,}2} + \frac{4}{220} + \frac{0{,}2}{4{,}4} + \frac{1}{280} + \frac{0{,}005}{4{,}18}$$

$$= 0{,}0057 + 0{,}0061 + 0{,}0182 + 0{,}0455 + 0{,}0036 + 0{,}0012$$

An dieser Stelle lassen sich die Fehler der einzelnen Meßgrößen vergleichen. Wir stellen fest, daß die Fehler der Masse, der Temperatur und der Zeit von gleicher Größenordnung sind, während die Spannung und besonders die Stromstärke weit größere Fehler aufweisen. Um zu genaueren Ergebnissen zu kommen, müssen in erster Linie Stromstärke- und Spannungsmessung verbessert werden.

Insgesamt erhalten wir $\frac{\Delta\eta}{\eta} = 0{,}0803$.

Daraus folgt $\Delta\eta = 0{,}0803 \cdot \eta = 0{,}0803 \cdot 0{,}885 = 0{,}07$.

Das vollständige Meßergebnis lautet $\eta = \underline{\underline{0{,}89 \pm 0{,}07}}$.

2. Übungen

2.1. Vorbemerkungen

Im Unterricht wie im Lehrbuch wird die Physik als ein System von Erfahrungssätzen, Gesetzen und Theorien dargestellt, durch das in der Natur beobachtbare Erscheinungen beschrieben werden. Das Beschreiben erfordert die Verwendung definierter Begriffe und die Darstellung von Zusammenhängen in mathematischer Form. Durch die Übungen soll der Student die Fähigkeit erwerben, die im Unterricht vermittelten Gesetzmäßigkeiten zur Beschreibung einzelner Erscheinungen und zur Berechnung der Ergebnisse von Versuchen anzuwenden.
Die im folgenden Abschnitt enthaltene Anleitung zum Lösen von physikalischen Aufgaben bezieht sich vor allem auf den Aufgabentyp, der letzten Endes mathematisch gelöst wird. Da aber die wesentliche Arbeit beim Aufgabenlösen vor dem Rechnen liegt und vorwiegend Denkarbeit ist, wird ein großer Teil des hier Gesagten auch für sogenannte Denkaufgaben anwendbar sein. Aus dem gleichen Grund kann diese Anleitung nicht als Algorithmus oder gar als Rechenrezept dienen, mit dem man auf kürzestem Wege zum Ziel kommt. Das Lösen von Aufgaben erfordert, systematisch zu denken. Die Autoren wollen dazu beitragen, dieses Denken zielstrebiger und damit erfolgreicher zu gestalten.
Das physikalische Denken ist eine notwendige Vorstufe dessen, was der Ingenieur zu leisten hat: Analysieren eines gegebenen, meist technischen Sachverhalts mit dem Ziel, Einflußgrößen zu ermitteln und quantitativ zu beschreiben sowie diesen Sachverhalt unter Nutzung physikalischer Gesetze gezielt zu verändern. Die im Physikunterricht behandelten Zusammenhänge sind meist bewußt vereinfacht und damit übersichtlicher darstellbar als die in der Technik. Deshalb ist die Physik ein besonders geeignetes Übungsfeld für die genannten Fähigkeiten.
Die Anleitung zum Lösen physikalischer Aufgaben geben wir zunächst in allgemeiner Form und anschließend an einem ausführlich kommentierten Beispiel. Später sollen durchgerechnete Beispiele und Aufgaben mit Hinweisen zur Lösung deutlich machen, wie diese Lösung in den verschiedenen speziellen Fällen möglichst rationell zu finden ist.

2.2. Methodische Anleitung für das Lösen von Aufgaben

2.2.1. Allgemeine Hinweise

Bei näherer Untersuchung des Lösungsweges für rechnerisch zu lösende Aufgaben stellt sich heraus, daß im allgemeinen folgende Bearbeitungsschritte notwendig sind (Bild 3):

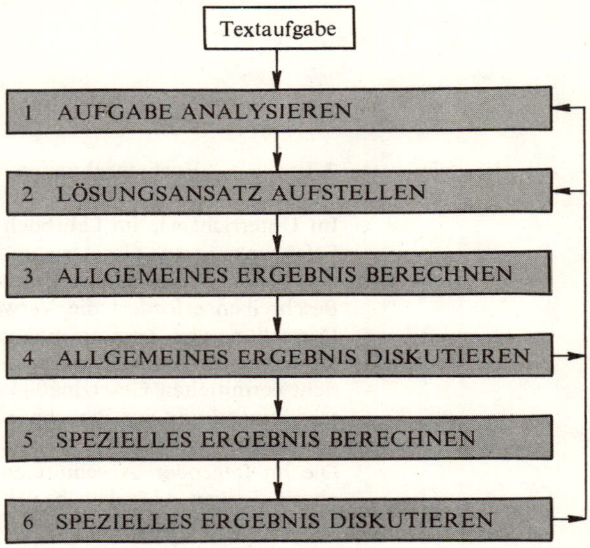

Bild 3

Dieses Schema ist natürlich noch keine ausreichende Anleitung für jeden Einzelfall. Wir wollen deshalb näher untersuchen, welche Tätigkeiten im einzelnen zu jedem der sogenannten Schritte gehören.

1 AUFGABE ANALYSIEREN

Die Analyse läßt sich in folgende Teilschritte auflösen:

Aufmerksames Lesen Hierbei ist jede Aussage im Aufgabentext auf ihre Bedeutung hin zu untersuchen. Aufgaben in Lehrbüchern sind meist so abgefaßt, daß sie keine überflüssigen Angaben enthalten. So sagt z. B. die Bemerkung, daß sich eine Bewegung in geringer Höhe über der Erdoberfläche abspielt, aus, daß in vertikaler Richtung eine Kraft, die Schwerkraft, wirkt, die bei geringen Höhenunterschieden als konstant angenommen werden kann. Häufig werden für Kräfte, Beschleunigungen usw. Durchschnittswerte angegeben. Diese sind immer als konstante Werte zu betrachten.

Anfertigen einer Skizze Dieser Teilschritt ist zwar nicht in allen Fällen erforderlich, verbessert aber die Anschaulichkeit und erleichtert bei vielen Aufgaben das weitere Analysieren. Die am häufigsten verwendbaren Arten von Skizzen sind Prinzipskizzen (Bild 131, Seite 123), Bewegungsdiagramme (Bild 15, Seite 39) oder Schaltskizzen (Bild 67, Seite 79). In die Skizze tragen wir die gegebenen und die gesuchten Größen ein. Dabei lassen sich meist wichtige Erkenntnisse über Richtungsbeziehungen und geometrische Bedingungen gewinnen. Eine maßstabgerechte Darstellung ist nicht erforderlich.

Zusammenstellen der gegebenen und gesuchten Größen

Wir erfassen dabei alle Größen, auch die durch den Text nur indirekt gegebenen. Beim Zusammenstellen der Größen achten wir auf eine eindeutige Zuordnung der gewählten Formelzeichen zu den Größen. Bei der Auswahl der Formelzeichen orientieren wir uns an Lehrbuch und Beiheft. Kommen mehrere Größen gleicher Art vor, unterscheiden wir sie voneinander durch Indizes. Auch den gesuchten Größen ordnen wir Formelzeichen eindeutig zu. Häufig gelingt es hierbei schon, im Text beschriebene Zusammenhänge mathematisch darzustellen, z. B. das Anwachsen einer Größe um 20% in der Form $X_2 = 1{,}2\,X_1$.

Zuordnen von Begriffen und Gesetzen zum Sachverhalt

Zu Beginn empfiehlt es sich, das Suchfeld mit folgender Frage einzugrenzen:

In welchem Teilgebiet der Physik kommen die gegebenen und die gesuchten Größen vor?

Für einfache Aufgaben ist diese Frage schon durch die Zuordnung der Aufgabe zu einem Abschnitt in der Aufgabensammlung beantwortet. Bei komplexen Aufgaben, die mehrere Teilgebiete der Physik berühren, ist sie für jede Größe zu beantworten.
Als zweite Frage könnte folgen:

Welcher Vorgang wird durch die gegebenen und die gesuchten Größen beschrieben?

Folgende Vorgänge kommen am häufigsten vor: Bewegungen, Wirken von Kräften (Beschleunigung, Verformung), Energieumwandlungen, Energietransport, Änderungen von Körpereigenschaften. Für weitergehende Unterteilung empfiehlt sich die Verwendung von Übersichten, wie sie sich z. B. in den Tafeln 2.3, 3.3 und 8.2 des Lehrbuches finden. Kommen z. B. die Größen Weg, Zeit und Beschleunigung vor, bezieht sich die Aufgabe auf eine Bewegung. Gibt es für die Beschleunigung nur einen Wert, ist sie als konstant zu betrachten, und wir haben es mit einer gleichmäßig beschleunigten Bewegung zu tun.
Läßt sich weder aus dem Aufgabentext noch aus der Liste der gegebenen und gesuchten Größen eine Zuordnung zu einem Vorgang finden, fragen wir anders:

Welcher Zustand wird beschrieben?

Größen, die Zustände beschreiben, sind meist nicht von der Zeit abhängig. Häufig auftretende Zustände sind: geometrische Anordnung, Massenverteilung, Dichte, statisches Kräftegleichgewicht, thermodynamischer Zustand, elektrische Schaltung und Ladungsverteilung. Sollte eine Aufgabe die Berechnung mehrerer Größen aus verschiedenen Teilgebieten der Physik erfordern, wenden wir unsere Fragen auf jede gesuchte Größe bzw. auf jede Teilaufgabe gesondert an, ohne Rücksicht auf die anderen Teile.

2 LÖSUNGSANSATZ AUFSTELLEN

Gleichungen suchen

Wir fragen:

Welche Gleichungen beschreiben die durch die Aufgabe erfaßten Vorgänge oder Zustände oder welche Gleichungen definieren vorkommende Größen?

Bevor wir eine Formelsammlung benutzen, befragen wir zunächst unser Gedächtnis, den wertvollsten, stets benutzbaren Wissensspeicher.

Beim Suchen der Gleichung gehen wir von dem bereits erkannten Vorgang oder Zustand aus, auf keinen Fall orientieren wir uns an dem – vielleicht nicht standardgerecht gewählten – Formelzeichen. Das ist auch deshalb notwendig, weil viele Formelzeichen mehrere Bedeutungen haben. So stehen z. B. v nicht nur für die Geschwindigkeit, sondern auch für das spezifische Volumen, und ϱ nicht nur für die Dichte, sondern auch für den spezifischen Widerstand.

Haben wir auf die bisher beschriebene Weise keine für die Beschreibung des Vorgangs geeignete Gleichung gefunden, müssen wir die Fragestellung erweitern:

Welche allgemeinen Prinzipien gestatten eine Aussage, die auf den gegebenen Fall anwendbar ist?

Solche allgemeinen Prinzipien sind z. B. der Energieerhaltungssatz, der Impulserhaltungssatz, die Erhaltungssätze für Masse und Ladung, die Newtonschen Axiome sowie die Kirchhoffschen Regeln.

Müssen wir von einem allgemeinen Prinzip ausgehen, sind folgende Schritte nützlich: Wir formulieren das allgemeine Prinzip zunächst verbal und wandeln dann die Aussage in eine Gleichung um, die wir anschließend schrittweise präzisieren. Das kann beispielsweise für eine Energiebilanz folgendermaßen verlaufen:

Energie vor dem Bremsen = an den Bremsen umgesetzte Arbeit

Kinetische Energie = Reibungsarbeit

$$\tfrac{1}{2}\, mv^2 = F_R s.$$

Lösungsansatz überprüfen

Wir untersuchen, ob die gefundene Gleichung für die Berechnung der gesuchten Größe genügt. Das ist auf formale Weise möglich, indem wir feststellen, ob die Gleichung außer der gesuchten nur gegegebene Größen enthält. Sind außer der gesuchten Größe auch noch andere unbekannt, beginnen wir noch einmal in der beschriebenen Weise mit dem Aufsuchen einer Gleichung. Das wiederholen wir so oft, bis die Anzahl der Gleichungen gleich der Anzahl der gesuchten Größen ist. Dabei ist es häufig auch notwendig, mathematische bzw. geometrische Beziehungen zu nutzen, die im gegebenen Fall eine Rolle spielen, wie z. B. für die Berechnung der Hangabtriebskraft auf der geneigten Ebene: $F_H = G \sin \alpha$.

3 ALLGEMEINES ERGEBNIS BERECHNEN

Das allgemeine Ergebnis stellt die funktionale Abhängigkeit der gesuchten Größe von den gegebenen Größen dar. Wir finden dieses Ergebnis, indem wir die im Lösungsansatz zusammengefaßten Gleichungen nach der gesuchten Größe auflösen. Mathematisch gesehen ist also ein Gleichungssystem zu lösen. In vielen Fällen eignet sich dafür das Einsetzverfahren.

4 ALLGEMEINES ERGEBNIS DISKUTIEREN

Einheitenprobe

Auf der rechten Seite der Gleichung setzen wir für jede Größe deren SI-Einheit ein. Nach Kürzen und Zusammenfassen muß sich die SI-Einheit der gesuchten Größe ergeben. Es kann nötig sein, abgeleitete Einheiten auf Basiseinheiten zurückzuführen, damit das Kürzen möglich wird. Ergibt sich nicht die Einheit der gesuchten Größe, ist das allgemeine Ergebnis falsch, und wir müssen den Lösungsgang überprüfen.

Diskussion der funktionalen Abhängigkeit

Wir prüfen als nächstes, ob das allgemeine Ergebnis eine sinnvolle Aussage liefert. Die Entscheidung darüber ist nicht allein aus der Erfahrung heraus möglich. Mitunter ergeben sich Aussagen, die zwar richtig, aber nicht auf den ersten Blick plausibel sind. Eine Vorstellung von der gefundenen funktionalen Abhängigkeit gewinnen wir am einfachsten, wenn wir auf der rechten Seite der Gleichung jede Variable einzeln spezielle Werte annehmen lassen und feststellen, in welcher Weise sich der Funktionswert ändert. Als solche spezielle Werte kommen null, unendlich oder durch die Aufgabe bestimmte Grenzen bzw. Maxima in Frage.

5 SPEZIELLES ERGEBNIS BERECHNEN

Einsetzen der speziellen Größen

Die gegebenen Größen setzen wir mit Zahlenwert und Einheit so in das allgemeine Ergebnis ein, wie wir sie unter «*Gegeben*» aufgeschrieben haben. Dabei bleiben Zahlenwert und Einheit als zusammengehörig erkennbar, damit bei etwa erforderlichen Kontrollen Übertragungsfehler leichter sichtbar werden.

Umformen der Zahlenwerte und Überschlagsrechnung

In einem Potenzprodukt formen wir die gegebenen Zahlenwerte in Vielfache von Zehnerpotenzen um, und zwar so, daß die Faktoren der Zehnerpotenzen zwischen 1 und 10 liegen. In Verbindung mit diesem Schritt erfassen wir auch die Vorsätze von Einheiten und erforderliche Umrechnungsfaktoren für Einheiten.

Beispielsweise rechnen wir $0{,}03\ \mathrm{kW\,h} = \dfrac{3 \cdot 10^3\ \mathrm{W} \cdot 3{,}6 \cdot 10^3\ \mathrm{s}}{10^2}$.

Alle Zehnerpotenzen fassen wir zusammen und berechnen im nächsten Schritt überschlagsmäßig das Ergebnis.

Exakte Rechnung mit sinnvoller Genauigkeit

Wir berechnen Zahlenwerte und Einheiten getrennt und beachten dabei Abschnitt 1.6.

Grafische Darstellung des Ergebnisses

Wenn eine grafische Darstellung gefordert wird, ermitteln wir zuerst den maximalen Funktionswert im gegebenen Definitionsbereich. Dadurch wird der Maßstab für die Ordinate bestimmt. Der Maßstab für die Abszisse ergibt sich aus der Breite des Definitionsbereiches.
Für die Feststellung des Funktionsverlaufes im Definitionsbereich genügt es meist, Funktionswerte wie Anfangs- und Endwerte sowie Nullstellen und Extremwerte zu bestimmen und zwischen diesen Punkten die Kurve entsprechend der bekannten funktionalen Abhängigkeit einzuzeichnen.

6 SPEZIELLES ERGEBNIS DISKUTIEREN

Wir schätzen ab, ob wir ein unserer Erfahrung entsprechendes Ergebnis erhalten haben. Dafür genügt die Überschlagsrechnung. Wir dürfen voraussetzen, daß die in der Ausbildung gestellten Aufgaben spezielle Ergebnisse haben, die in der Praxis möglich sind. Ergibt sich also beispielsweise für die Geschwindigkeit eines LKW die Größenordnung 10^4 km h^{-1}, muß ein Rechenfehler aufgetreten sein, der wahrscheinlich beim Zusammenfassen der Zehnerpotenzen unterlief.

Wichtige Bemerkung

Für das Lösen praxisbezogener Aufgaben gibt es zwei unterschiedliche Wege:

1. Berechnen des allgemeinen Ergebnisses, ohne daß spezielle Zwischenergebnisse berechnet werden. Dies ist der Weg, den wir in der Physikausbildung bevorzugen, da er funktionale Zusammenhänge ergibt.
2. Schrittweises Berechnen des speziellen Ergebnisses über spezielle Zwischenergebnisse. Dabei erhalten wir kein allgemeines Ergebnis. Dieser Weg kann bei Bemessungsaufgaben sinnvoll sein, wenn das allgemeine Ergebnis weniger interessiert als das spezielle. Er kann weiter angebracht sein, wenn das allgemeine Ergebnis so umfangreich und unübersichtlich ist, daß ein funktionaler Zusammenhang nicht deutlich wird. Ferner entspricht er mehr als der erste Weg dem ingenieurmäßigen Vorgehen bei der Bearbeitung technischer Probleme. Gehen wir den zweiten Weg, so benutzen wir spezielle Zwischenergebnisse wie gegebene Größen. Dabei riskieren wir, daß falsche Zwischenergebnisse zu falschen Endergebnissen führen, erleichtern aber gleichzeitig die Fehlersuche durch Zwischenkontrollen.

Wir erkennen Vor- und Nachteile der beiden Wege und zugleich die Notwendigkeit für den Ingenieur, beide Wege anwenden zu können. Um bei der Bearbeitung der Aufgaben dieser Sammlung die Wahl des geeignetsten Weges zu erleichtern, vereinbaren wir: Werden in der Aufgabenstellung keine speziellen Zwischenergebnisse gefordert, verfahren wir nach Weg 1, werden spezielle Zwischenergebnisse verlangt, wählen wir Weg 2.

2.2.2. Lösungsbeispiel

Wir wollen hier an einem Beispiel das Vorgehen beim Lösen einer Aufgabe demonstrieren. Weitere, allerdings nicht ganz so ausführlich dargestellte Beispiele sind die Übungen 3.44, 6.20, 7.6, 8.6 und 10.1.

TEXTAUFGABE

Ein Gegenstand fällt aus 7,5 m Höhe ins Wasser. Berechnen Sie die Geschwindigkeit, mit der er auf die Wasseroberfläche auftrifft, unter der Voraussetzung, daß außer der Schwerkraft keine weiteren Kräfte wirken.

1 AUFGABE ANALYSIEREN

Aufmerksam lesen:
Nur die vertikale Richtung ist Gegenstand der Aufgabe. Die Schwerebeschleunigung ist zu berücksichtigen. Fallen heißt, daß die Bewegung ohne Anfangsgeschwindigkeit beginnt. Kräfte wie Reibung oder Windkraft werden vernachlässigt.

Skizze anfertigen:

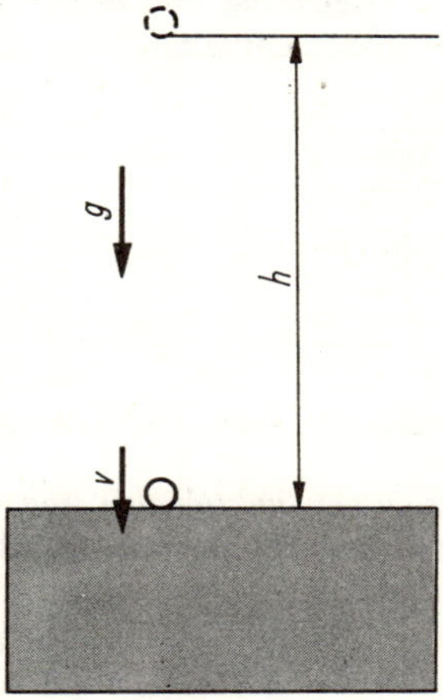

Bild 4

Zusammenstellen der gesuchten und gegebenen Größen:

Gegeben: $h = 7{,}5\text{ m}$; $g = 9{,}8\text{ m s}^{-2}$; $v_0 = 0$. *Gesucht*: v

Zuordnen von Begriffen und Gesetzen zum Sachverhalt:
Die Begriffe der Aufgabe gehören in die Mechanik. Kräfte sind weder gegeben noch gesucht, also ist ein kinematisches Problem zu lösen. Es ist nur eine konstante Beschleunigung gegeben, demnach liegt eine gleichmäßig beschleunigte Bewegung vor. Die Anfangsgeschwindigkeit ist Null und die Beschleunigung die Schwerebeschleunigung, also ist der in der Aufgabe beschriebene Vorgang der freie Fall.

2 LÖSUNGSANSATZ AUFSTELLEN

Gleichungen suchen:
Für die im freien Fall erreichte Geschwindigkeit gilt

$$v = gt \quad (1)$$

Lösungsansatz überprüfen:
Gleichung (1) enthält zwei unbekannte Größen, v und t. Damit ist sie noch nicht lösbar. Wir benötigen eine zweite, von (1) unabhängige Gleichung für den gleichen Vorgang. Für den im freien Fall zurückgelegten Weg finden wir

$$h = \tfrac{1}{2} g t^2 \qquad (2)$$

Damit haben wir zwei Gleichungen mit zwei unbekannten Größen. Das Gleichungssystem ist lösbar.

3 ALLGEMEINES ERGEBNIS BERECHNEN

Aus (1) folgt

$$t = \frac{v}{g} \qquad (3)$$

Die Gleichungen (3) und (2) ergeben

$$h = \frac{v^2}{2g} \qquad (4)$$

In dieser Gleichung sind neben der gesuchten Größe v nur noch gegebene Größen enthalten. Wir lösen nach der gesuchten Geschwindigkeit auf:

$$v = \sqrt{2gh}$$

4 ALLGEMEINES ERGEBNIS DISKUTIEREN

Einheitenprobe:

$$[v] = \sqrt{\frac{\mathrm{m} \cdot \mathrm{m}}{\mathrm{s}^2}} = \frac{\mathrm{m}}{\mathrm{s}}$$

Die berechnete Einheit ist richtig.

Diskussion der funktionalen Abhängigkeit:
Die im Ergebnis formulierte Abhängigkeit erscheint sinnvoll. Die Auftreffgeschwindigkeit nimmt mit der Höhe zu. Für den Grenzfall $h = 0$ ist sie ebenfalls Null, was plausibel ist.

5 SPEZIELLES ERGEBNIS BERECHNEN

Einsetzen der speziellen Größen:

$$v = \sqrt{\frac{2 \cdot 9{,}8\ \mathrm{m} \cdot 7{,}5\ \mathrm{m}}{\mathrm{s}^2}}$$

Umformen der Zahlenwerte und Überschlagsrechnung:
Bei dieser Aufgabe können wir uns auf die Überschlagsrechnung beschränken:

$$v \approx \sqrt{2 \cdot 10 \cdot 8}\ \mathrm{m\,s^{-1}} \approx \sqrt{160}\ \mathrm{m\,s^{-1}} \approx 13\ \mathrm{m\,s^{-1}}$$

Exakte Rechnung mit sinnvoller Genauigkeit:

$$v = \sqrt{\frac{2 \cdot 9{,}8\ \mathrm{m} \cdot 7{,}5\ \mathrm{m}}{\mathrm{s}^2}} = 12{,}1\ \mathrm{m\,s^{-1}}$$

6 SPEZIELLES ERGEBNIS DISKUTIEREN

Der Wert der berechneten Geschwindigkeit (etwa 43 km $\mathrm{h^{-1}}$) mag groß erscheinen. Bedenken wir aber die Wirkung eines Aufpralls aus gleicher Höhe auf festen Boden, wird dieser Wert auf überzeugende Weise anschaulich.

In dem einfachen einführenden Beispiel konnten nicht alle Teile der oben gegebenen Anleitung wirksam werden. Jede andere Aufgabe hat andere Besonderheiten und erfordert einen angepaßten Lösungsweg. Deshalb empfiehlt es sich, wiederholt auf die allgemeine Anleitung zurückzugreifen.

2.3. Beispiele und Übungen

2.3.1. Beispiele und Übungen zum Rechnen mit allgemeinen und mit zugeschnittenen Größengleichungen

1.1 Berechnen Sie nach der Gleichung $P = \pi d n F$ die erforderliche Leistung in Kilowatt für einen Motor, der am Umfang einer Scheibe (d = 200 mm) bei n = 720 min^{-1} eine Tangentialkraft F = 25 kp ausüben soll.

Ziel der Aufgaben dieses Abschnitts ist, das Umrechnen von Einheiten zu üben. Die Krafteinheit Kilopond ist künftig nicht mehr zulässig. Sie wird hier noch verwendet, weil in der Phase der konsequenten Durchsetzung des SI derartige Umrechnungen noch häufig notwendig werden.

Gegeben: $d = 200\ \text{mm}$; $F = 25\ \text{kp}$; $n = 720\ \text{min}^{-1}$ *Gesucht*: P; $[P] = \text{kW}$

$$P = \pi d n F; \qquad P = \frac{\pi \cdot 200\ \text{mm} \cdot 720 \cdot 25\ \text{kp}}{\text{min}}$$

$$P = \frac{\pi \cdot 200\ \text{m} \cdot 720 \cdot 25 \cdot 9{,}81\ \text{N}}{10^3 \cdot 60\ \text{s}} = 1\,849\ \text{W} = \underline{\underline{1{,}85\ \text{kW}}}$$

Aufgaben wie 1.1 mit ähnlichen Werten der gegebenen Größen kommen in Ihrem Aufgabenbereich häufig vor. Zweckmäßig erweist sich eine zugeschnittene Größengleichung.

1.2 1. Schneiden Sie die allgemeine Größengleichung $P = \pi d n F$ auf die in Aufgabe 1.1 gegebenen Einheiten zu. 2. Lösen Sie die Aufgabe 1.1 mit Hilfe der aufgestellten zugeschnittenen Größengleichung.

1. Wir verwandeln eine allgemeine Größengleichung in eine zugeschnittene Größengleichung, indem wir zunächst jede Größe durch ihre vorgegebene Einheit teilen (dabei verwenden wir den schrägen Bruchstrich) und dann wieder mit dieser Einheit multiplizieren:

$$P_{/\text{kW}} \cdot \text{kW} = \pi d_{/\text{mm}} \cdot \text{mm} \cdot n_{/\text{min}^{-1}} \cdot \text{min}^{-1} \cdot F_{/\text{kp}} \cdot \text{kp}$$

Nun fassen wir alle Einheiten, die nicht unter einem schrägen Bruchstrich stehen, und die Zahl π zusammen:

$$P_{/\text{kW}} = d_{/\text{mm}} \cdot n_{/\text{min}^{-1}} \cdot F_{/\text{kp}} \cdot \frac{\pi\ \text{mm kp}}{\text{kW min}} \qquad (1)$$

In einer *Nebenrechnung*, in der wir die SI-fremden Einheiten auf SI-Einheiten zurückführen, erhalten wir:

$$\frac{\pi\ \text{mm kp}}{\text{kW min}} = \frac{\pi\ \text{m} \cdot 9{,}81\ \text{N}}{10^3 \cdot 10^3\ \text{W} \cdot 60\ \text{s}} = \frac{\pi \cdot 9{,}81\ \text{N m}}{6 \cdot 10^7\ \text{W s}}$$

Da N m = W s, folgt

$$\frac{\pi\ \text{mm kp}}{\text{kW min}} = \frac{5{,}14}{10^7}$$

Setzen wir diesen Faktor in Gl. (1) ein, erhalten wir die zugeschnittene Größengleichung

$$P_{/\mathrm{kW}} = \frac{5{,}14}{10^7} \cdot d_{/\mathrm{mm}} \cdot n_{/\mathrm{min}^{-1}} \cdot F_{/\mathrm{kp}}$$

2. Wir setzen die in Aufgabe 1.1 gegebenen Größen ein:

$$P_{/\mathrm{kW}} = \frac{5{,}14}{10^7} \cdot 200\ \mathrm{mm}_{/\mathrm{mm}} \cdot 720\ \mathrm{min}^{-1}{}_{/\mathrm{min}^{-1}} \cdot 25\ \mathrm{kp}_{/\mathrm{kp}}$$

Nach Kürzen aller rechts vom Gleichheitszeichen stehenden Einheiten rechnen wir:

$$P_{/\mathrm{kW}} = \frac{5{,}14 \cdot 200 \cdot 720 \cdot 25}{10^7} = 1{,}85$$

Erst jetzt bringen wir die Einheit Kilowatt auf die rechte Seite der Gleichung und erhalten das Ergebnis

$$P = 1{,}85\ \mathrm{kW}$$

1.3 Schneiden Sie die allgemeine Größengleichung $E = \frac{4\,Fs}{\pi d^2\, \Delta s}$ auf folgende Einheiten zu:

$[F] = \mathrm{kN}$; $[s] = \mathrm{cm}$; $[d] = \mathrm{mm}$; $[\Delta s] = \mathrm{mm}$; $[E] = \mathrm{GPa}$

1.4 Schneiden Sie die allgemeine Größengleichung $I = \frac{\pi r^4\, \Delta p}{8\, \eta l}$ auf folgende Einheiten zu:

$[r] = \mathrm{mm}$; $[\eta] = \mathrm{Pa\,s}$; $[\Delta p] = \mathrm{Torr}$; $[l] = \mathrm{m}$; $[I] = \mathrm{l\,min^{-1}}$

1.5 Eine Rechnung ergibt eine Größe mit der Einheit $\frac{\mathrm{A\,s}}{\mathrm{g}} \cdot \frac{\mathrm{V\,s}}{\mathrm{cm}}$. Weisen Sie nach, daß diese Größe eine Geschwindigkeit sein kann.

Der Nachweis wird durch Einheitenrechnung geführt:

$$\frac{\mathrm{A\,V\,s^2}}{\mathrm{g\,cm}} = \frac{\mathrm{W\,s^2}}{\mathrm{g\,cm}} = \frac{\mathrm{kg\,m^2\,s^2}}{\mathrm{s^3\,g\,cm}} = \frac{10^3\ \mathrm{m}}{10^{-2}\ \mathrm{s}} = 10^5\ \mathrm{m\,s^{-1}}$$

Die Einheit Meter je Sekunde ist eine Geschwindigkeitseinheit.

2.3.2. Beispiele und Übungen zur Kinematik

2.1 Ein Motorschiff hat relativ zum Ufer stromauf eine Geschwindigkeit von $10\ \mathrm{km\,h^{-1}}$, stromab von $16\ \mathrm{km\,h^{-1}}$. Berechnen Sie 1. die Fahrgeschwindigkeit relativ zum Wasser, 2. die Strömungsgeschwindigkeit des Flusses.

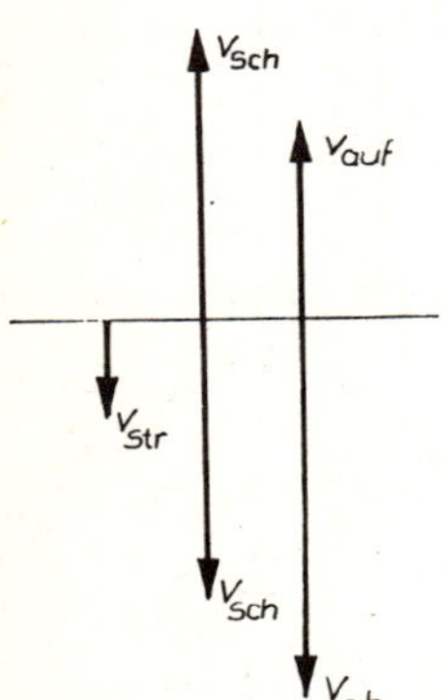

Bild 5

Gegeben: $v_{\mathrm{auf}} = 10\ \mathrm{km\,h^{-1}}$, $v_{\mathrm{ab}} = 16\ \mathrm{km\,h^{-1}}$

Gesucht: 1. v_{Sch}, 2. v_{Str}

1. Gemäß Bild 5 gilt

$$v_{\mathrm{ab}} = v_{\mathrm{Sch}} + v_{\mathrm{Str}}$$
$$v_{\mathrm{auf}} = v_{\mathrm{Sch}} - v_{\mathrm{Str}}$$
$$v_{\mathrm{ab}} + v_{\mathrm{auf}} = 2 v_{\mathrm{Sch}}$$

$$v_{Sch} = \frac{1}{2}(v_{ab} + v_{auf}); \quad v_{Sch} = \frac{1}{2}\left(16\,\frac{km}{h} + 10\,\frac{km}{h}\right) = \underline{\underline{13\ km\ h^{-1}}}$$

2. $v_{ab} - v_{auf} = 2v_{Str}$

$$v_{Str} = \frac{1}{2}(v_{ab} - v_{auf}); \quad v_{Str} = \frac{1}{2}\left(16\,\frac{km}{h} - 10\,\frac{km}{h}\right) = \underline{\underline{3\ km\ h^{-1}}}$$

2.2 Drei Panzerabwehrraketen fliegen mit einer Geschwindigkeit von 300 km h^{-1} über das Gelände. Jede trifft einen Panzer. Der erste steht, der zweite rollt mit einer Geschwindigkeit von 60 km h^{-1} auf die Abschußrampe zu, der dritte entfernt sich von ihr mit der gleichen Geschwindigkeit. Berechnen Sie die drei Auftreffgeschwindigkeiten.

2.3 Ein Segelflugzeug, das beim Gleitflug in ruhiger Luft eine Sinkgeschwindigkeit von 1,5 m s^{-1} hat, befindet sich in einer aufsteigenden Luftströmung, in der es in 10 min 250 m an Höhe gewinnt. Berechnen Sie die Geschwindigkeit der Aufwärtsströmung.

2.4 Ein Motorboot fährt auf einem Fluß, der eine Strömungsgeschwindigkeit von 2,5 m s^{-1} hat, stromauf. Es benötigt für die Fahrt zwischen zwei 7,2 km voneinander entfernten Orten 40 min. Berechnen Sie die Geschwindigkeit (in Kilometer je Stunde), die das Boot relativ zum Wasser hat.

2.5 Der D-Zug Dresden–Leipzig legt die 120 km lange Strecke in 1 h 25 min zurück. Davon entfallen 6 min auf Bahnhofsaufenthalte. Ein Personenzug benötigt für die gleiche Strecke 2 h 31 min, wovon 48 min auf Bahnhofsaufenthalte gerechnet werden. Vergleichen Sie die Durchschnittsgeschwindigkeiten beider Züge, 1. bezogen auf die Reisedauer, 2. bezogen auf die reine Fahrzeit.

2.6 Bei einem Fußmarsch werden zurückgelegt: von 8.00 bis 10.15 Uhr 11,7 km, von 10.45 bis 12.30 Uhr 5,6 km und von 13.45 bis 15.30 Uhr 8,5 km. Berechnen Sie die Durchschnittsmarschgeschwindigkeiten 1. für jede der drei Etappen und 2. für den gesamten Weg.

2.7 Im Lauf einer Maschinenpistole wird ein Geschoß in 1,21 ms auf 795 m s^{-1} beschleunigt. Berechnen Sie die durchschnittliche Beschleunigung.

2.8 Ein Zug verringert in 2 min 30 s seine Geschwindigkeit von 120 km h^{-1} auf 35 km h^{-1}. Berechnen Sie die Durchschnittsbeschleunigung.

2.9 Was bedeutet eine Parallele zur t-Achse 1. im v,t-Diagramm, 2. im s,t-Diagramm?

2.10 Was bedeutet der Schnittpunkt zweier Geraden 1. im v,t-Diagramm, 2. im s,t-Diagramm? Es soll keine der Geraden parallel zu einer Koordinatenachse verlaufen.

2.11 Stellen Sie im s,t-Diagramm 1. einen Überholvorgang, 2. eine Begegnung zweier Fahrzeuge dar, die sich mit konstanten Geschwindigkeiten bewegen.

2.12 Stellen Sie nachstehenden Bewegungsvorgang im v,t-Diagramm dar: Ein Kraftfahrzeug fährt an, bewegt sich gleichförmig, bremst scharf bis zum Stillstand, fährt mit geringer Beschleunigung nach rückwärts an und bremst wieder bis zum Stillstand. Alle Beschleunigungen werden als konstant angenommen.

2.13 Beschreiben Sie den im Diagramm (Bild 6) dargestellten Bewegungsvorgang.

2.14 Beschreiben Sie den im Diagramm (Bild 7) dargestellten Bewegungsvorgang.

2.15 1. Beschreiben Sie den Verlauf der Geschwindigkeiten für die beiden im Diagramm (Bild 8) dargestellten Bewegungen. 2. Vergleichen Sie die Momentangeschwindigkeiten zu den Zeiten t_0, t_1 und t_2.

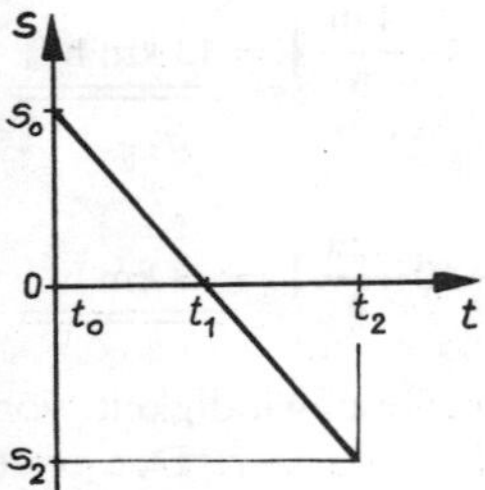

Bild 6

2.16 Ein Schützenpanzerwagen fährt im Gelände mit einer Geschwindigkeit von 75 km h^{-1}. Berechnen Sie die Zeit, die er benötigt, um eine 320 m breite Schneise zu überqueren.

2.17 Ein Sprinter läuft 100 m in 10,0 s. Stellen Sie fest, ob er mit einem Radfahrer Schritt halten kann, der in 5,0 min 2,0 km zurücklegt.

2.18 Berechnen Sie die Geschwindigkeit des Körpers, dessen Bewegung das Diagramm (Bild 9) darstellt.

2.19 Berechnen Sie für die Bewegung, die durch das Diagramm (Bild 10) dargestellt wird, den in den ersten 6 s zurückgelegten Weg.

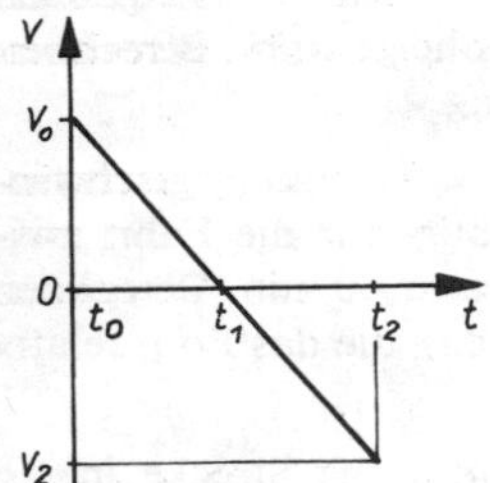

Bild 7

2.20 An Eisenbahnstrecken stehen «Kilometersteine» im Abstand von 200 m. 1. Sie beobachten, daß der Zug diese Strecke in 9 s zurücklegt. Berechnen Sie die Zuggeschwindigkeit in Kilometer je Stunde. 2. Formulieren Sie die zugeschnittene Größengleichung zur Berechnung der Zuggeschwindigkeit in Kilometer je Stunde, wenn die Fahrzeit für 200 m in Sekunden gemessen wird. 3. Zeichnen Sie ein Diagramm, dem Sie aus den Fahrzeiten für 200 m die Zuggeschwindigkeit im Bereich von 40 bis 120 km h^{-1} entnehmen können.

Gegeben: $s = 200$ m; $t = 9$ s *Gesucht*: v

1. $v = \frac{s}{t} \qquad v = \frac{200\ \text{m}}{9\ \text{s}} = \frac{200 \cdot 3{,}6\ \text{km}}{9\ \text{h}} = \underline{\underline{80\ \text{km h}^{-1}}}$

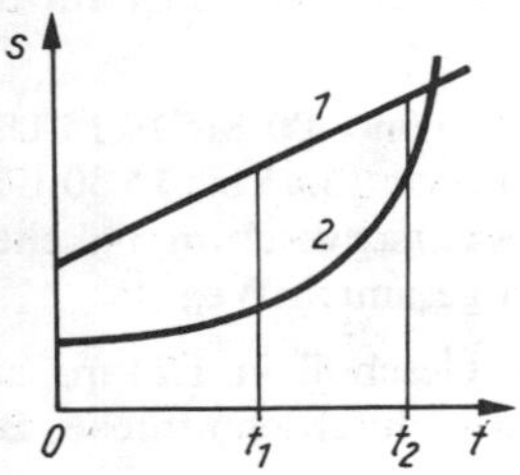

Bild 8

2. $v_{/\text{km h}^{-1}} \cdot \text{km h}^{-1} = \frac{200\ \text{m}}{t_{/\text{s}} \cdot \text{s}}$

$$v_{/\text{km h}^{-1}} = \frac{200}{t_{/\text{s}}} \cdot \frac{\text{m h}}{\text{km s}}; \qquad \frac{\text{m} \cdot 3600\ \text{s}}{1000\ \text{m} \cdot \text{s}} = \frac{36}{10}$$

$$\underline{\underline{v_{/\text{km h}^{-1}} = \frac{720}{t_{/\text{s}}}}}$$

3. Bild 11

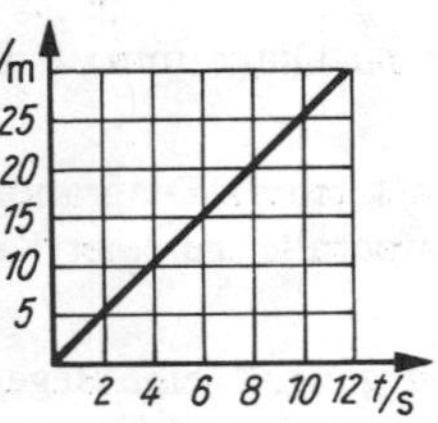

Bild 9

2.21 Ein Mopedfahrer startet um 9.00 Uhr im Ort A in Richtung auf den 15 km entfernten Ort B. Seine Geschwindigkeit beträgt 45 km h^{-1}. In B startet um 9.40 Uhr ein PKW-Fahrer. Er fährt mit der Geschwindigkeit 75 km h^{-1} in gleicher Richtung wie der Mopedfahrer. Ermitteln Sie grafisch, 1. nach welcher Zeit und 2. in welcher Entfernung von A das Moped vom PKW überholt wird.

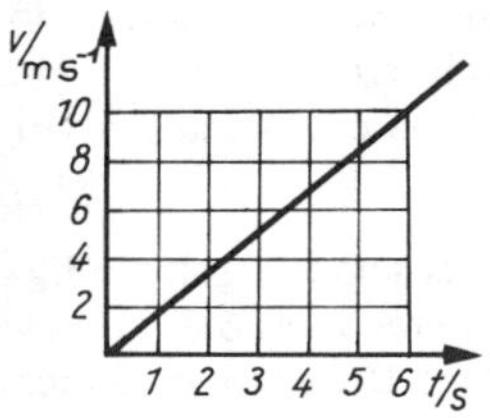

Bild 10

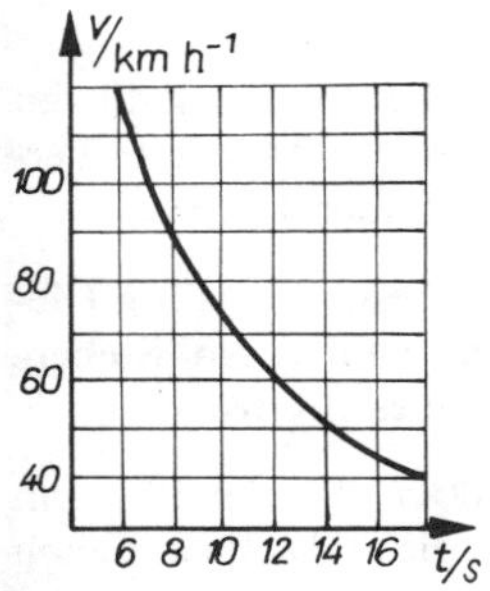

Bild 11

Gegeben: $\Delta s = 15$ km; $v_M = 45$ km h^{-1} *Gesucht*: 1. $t_Ü$

$\Delta t = 40$ min; $v_P = 75$ km h^{-1} 2. $s_Ü$

Ort und Zeit des Überholens sind dem Schnittpunkt der s,t-Kurven der beiden Bewegungen zu entnehmen. Wir zeichnen durch die Punkte ($s_0 = 0$, $t_0 = 0$) und ($s_1 = 45$ km, $t_1 = 1$ h) die M-Kurve, aus ($s_2 = 15$ km, $t_2 = 40$ min) und ($s_3 = 90$ km, $t_2 = 1$ h 40 min) die P-Kurve. Den Koordinaten des Schnittpunktes (Bild 12) entnehmen wir:

$s_Ü = \underline{\underline{53 \text{ km}}}$; $t_Ü = \underline{\underline{1 \text{ h } 10 \text{ min.}}}$

2.22 Lösen Sie Aufgabe 2.21 rechnerisch.

2.23 □ Am Anfangspunkt einer 150 km langen Strecke startet ein PKW, der mit einer Durchschnittsgeschwindigkeit von 70 km h^{-1} fährt. 20 min später startet am Endpunkt der Strecke ein zweiter PKW, der mit einer Durchschnittsgeschwindigkeit von 90 km h^{-1} fährt. Berechnen Sie 1. den Zeitpunkt und 2. den Ort der Begegnung. 3. Lösen Sie die Aufgabe grafisch und vergleichen Sie die Ergebnisse.

2.24 □ Auf einer Straßenbahnstrecke fahren die Bahnen im zeitlichen Abstand von 10 min mit einer Geschwindigkeit von 36 km h^{-1}. Ein Fußgänger geht mit der Geschwindigkeit 6,0 km h^{-1} in Fahrtrichtung der Bahn. Berechnen Sie den zeitlichen Abstand, in dem die Bahnen am Fußgänger vorbeifahren (Bild 13).

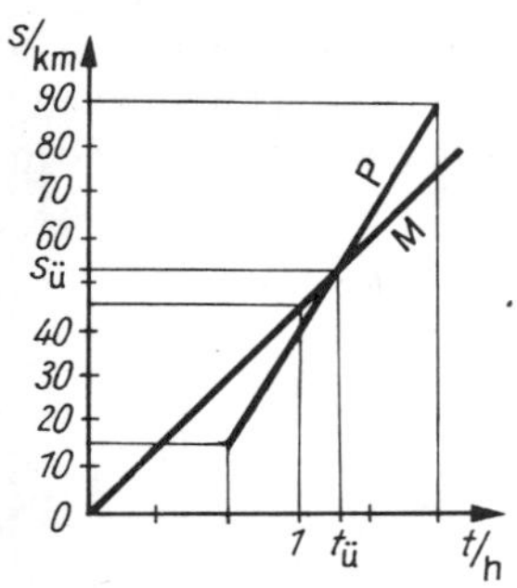

Bild 12

2.25 Zwei in entgegengesetzten Richtungen aneinander vorbeifahrende Züge *1* und *2* haben die Geschwindigkeiten $v_1 = 70$ km h^{-1} und $v_2 = 110$ km h^{-1}. Berechnen Sie, wie lange für einen Fahrgast von Zug *2* die Vorüberfahrt von Zug *1* dauert, wenn Zug *1* 100 m lang ist.

2.26 Ein Fahrzeug wird von der Geschwindigkeit 80 km h^{-1} auf 20 km h^{-1} gebremst und legt dabei 120 m zurück. Berechnen Sie 1. seine Beschleunigung und 2. die Fahrtdauer für die zurückgelegte Strecke.

Gegeben: $v_0 = 80$ km h^{-1}; $s = 120$ m *Gesucht*: 1. a

$v = 20$ km h^{-1} 2. t

1. Nicht vorkommende Größe t: Gl. (2.14)

$$s = \frac{v^2 - v_0^2}{2a}; \quad \underline{\underline{a = \frac{v^2 - v_0^2}{2s}}}$$

$$a = \frac{(20^2 - 80^2)\text{ km}^2}{2 \cdot 120 \text{ m h}^2} = \frac{(400 - 6400)\text{ m}^2}{240 \text{ m} \cdot 3{,}6^2 \text{ s}^2} = \underline{\underline{-1{,}93 \frac{\text{m}}{\text{s}^2}}}$$

2. Nicht vorkommende Größe a: Gl. (2.15)

$$s = \frac{(v + v_0)\,t}{2}; \quad \underline{\underline{t = \frac{2s}{v + v_0}}}$$

$$t = \frac{2 \cdot 120 \text{ m h}}{(80 + 20)\text{ km}} = \frac{240 \text{ m} \cdot 3{,}6 \text{ s}}{100 \text{ m}} = \underline{\underline{8{,}64 \text{ s}}}$$

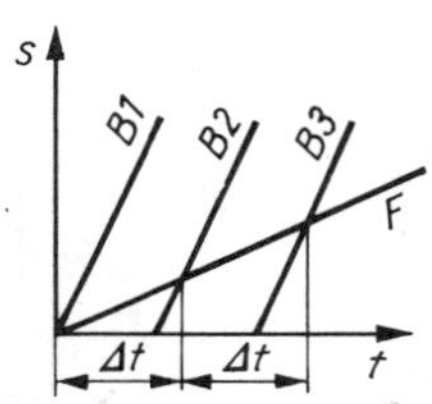

Bild 13

2.27 Ein LKW erreicht beim Anfahren nach 18 s die Geschwindigkeit 65 km h^{-1}. Berechnen Sie 1. die Beschleunigung und 2 den zurück gelegten Weg.

2.28 Ein Fahrzeug, das beim Bremsen eine maximale Beschleunigung von $-6{,}5\ \mathrm{m\,s^{-2}}$ hat, fährt mit der Geschwindigkeit $60\ \mathrm{km\,h^{-1}}$ auf ein 40 m entferntes Hindernis zu. Untersuchen Sie, ob ein Anhalten vor dem Hindernis möglich ist.

2.29 Ein Kraftfahrer muß wegen eines Bahnübergangs seine Geschwindigkeit von $90\ \mathrm{km\,h^{-1}}$ auf $50\ \mathrm{km\,h^{-1}}$ verringern. Berechnen Sie, in welcher Entfernung vom Bahnübergang er mit dem Bremsen beginnen muß, um die angegebene Geschwindigkeit 80 m vor dem Bahnübergang zu erreichen. Der Betrag der mittleren Beschleunigung beträgt $2{,}5\ \mathrm{m\,s^{-2}}$.

2.30 Ein Sprinter erreicht 10 m nach dem Start die Geschwindigkeit $10\ \mathrm{m\,s^{-1}}$, ein Kraftfahrzeug 100 m nach dem Start $60\ \mathrm{km\,h^{-1}}$. Vergleichen Sie die mittleren Beschleunigungen bei beiden Vorgängen.

2.31 Ein Kraftfahrzeug kommt bei konstanter Bremsbeschleunigung (Betrag $5{,}5\ \mathrm{m\,s^{-2}}$) nach einer Bremsstrecke von 44 m zum Stehen. Berechnen Sie seine Geschwindigkeit zu Beginn des Bremsens.

2.32 □ Ein Fahrzeug wird auf einer Strecke von 100 m gleichmäßig mit $2{,}5\ \mathrm{m\,s^{-2}}$ beschleunigt und erreicht dabei die Geschwindigkeit $90\ \mathrm{km\,h^{-1}}$. Berechnen Sie die Geschwindigkeit des Fahrzeugs 1. am Anfang und 2. in der Mitte der Strecke.

2.33 Ein Kraftfahrzeug wird mit konstanter Beschleunigung (Betrag $4{,}0\ \mathrm{m\,s^{-2}}$) bis zum Stillstand gebremst. 1. Berechnen Sie den Bremsweg für eine Anfangsgeschwindigkeit von $80\ \mathrm{km\,h^{-1}}$. 2. Der wievielte Teil des Bremsweges ergibt sich für halbe Anfangsgeschwindigkeit? 3. Leiten Sie das Ergebnis zu 2. aus den v,t-Diagrammen der beiden Bremsvorgänge her.

Gegeben: $a_1 = a_2 = -4{,}0\ \mathrm{m\,s^{-2}}$ *Gesucht*: 1. s_1

$v_{01} = 80\ \mathrm{km\,h^{-1}}$; $v_1 = v_2 = 0$ 2. $\frac{s_2}{s_1}$

zu 2.: $v_{02} = \frac{1}{2} v_{01}$

1. Aus (2.14) folgt $s_1 = -\frac{v_{01}^2}{2a_1}$

$$s_1 = \frac{-(80^2)\ \mathrm{km^2}}{\mathrm{h^2} \cdot 2 \cdot (-4)\ \mathrm{m}}\,\frac{\mathrm{s^2}}{} = \frac{80^2\ \mathrm{m^2}}{3{,}6^2\ \mathrm{s^2} \cdot 8\ \mathrm{m}}\,\mathrm{s^2} = 61{,}7\ \mathrm{m}$$

2. Wir rechnen allgemein

$$\frac{s_2}{s_1} = \frac{v_{02}^2}{v_{01}^2} = \frac{\left(\frac{1}{2} v_{01}\right)^2}{v_{01}^2} = \frac{1}{4}$$

3. Die Beschleunigung ist in beiden Fällen die gleiche. Somit laufen die v,t-Kurven parallel (Bild 14). Im v,t-Diagramm kennzeichnet die Fläche zwischen Kurve und Zeitachse den zurückgelegten Weg. Es ist $A_2 = {}^1/_4 A_1$ (Dreieck mit halber Grundseite und Höhe) und somit $s_2 : s_1 = 1:4$.

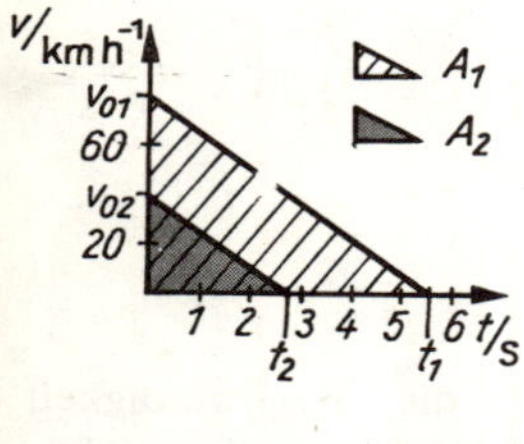

Bild 14

2.34 1. Berechnen Sie für das Kraftfahrzeug nach Aufgabe 2.33 die Bremszeit. 2. Der wievielte Teil der Bremszeit ergibt sich für halbe Anfangsgeschwindigkeit? 3. Leiten Sie das Ergebnis zu 2. aus den v,t-Diagrammen der beiden Bremsvorgänge her.

2.35 Ein Fahrzeug erreicht bei konstanter Beschleunigung 10 s nach dem Start seine Endgeschwindigkeit. Berechnen Sie die Zeit, die benötigt wird, um bei doppelter Beschleunigung diese Endgeschwindigkeit zu erreichen.

2.36 Ein Fahrzeug hat die Geschwindigkeit 85 km h^{-1}. Berechnen Sie die notwendige Beschleunigung, um das Fahrzeug 1. nach 50 m und 2. nach 100 m Bremsweg anzuhalten.

2.37 Ein Fahrzeug soll bei einer konstanten Beschleunigung von 3,8 m s^{-2} von der Geschwindigkeit 20 km h^{-1} auf 90 km h^{-1} beschleunigt werden. Berechnen Sie 1. die Dauer der Beschleunigungsphase und 2. den dabei zurückgelegten Weg.

2.38 Berechnen Sie 1. die Beschleunigung und 2. die Endgeschwindigkeit eines Fahrzeugs, das bei der Anfangsgeschwindigkeit 50 km h^{-1} in 7,5 s einen Weg von 90 m zurücklegt.

2.39 Ein Fahrzeug soll innerhalb von 4,0 s gleichmäßig von 50 km h^{-1} auf 100 km h^{-1} beschleunigt werden. Berechnen Sie 1. die erforderliche Beschleunigung und 2. den während der Beschleunigungsphase zurückgelegten Weg.

2.40 Ein Triebwagen erreicht bei konstanter Beschleunigung in 30 s auf einer Strecke von 600 m eine Geschwindigkeit von 100 km h^{-1}. 1. Berechnen Sie die Beschleunigung. 2. Zeichnen Sie das v,t-Diagramm.

2.41 Ein in Fahrt befindliches Schiff wird vom Zeitpunkt des Passierens einer Boje an gleichmäßig beschleunigt, so daß es in 150 m Entfernung von der Boje die Geschwindigkeit 36 km h^{-1} hat. Die Beschleunigung beträgt 10 cm s^{-2}. Berechnen Sie 1. die Dauer der Beschleunigungsphase und 2. die Geschwindigkeit des Schiffes beim Passieren der Boje. 3. Erläutern Sie anhand des v,t-Diagramms die verschiedenen Lösungen.

2.42 Ein Fahrzeug fährt 10 s mit einer mittleren Beschleunigung von 1,5 m s^{-2} an. Dann fährt es 100 m weit mit konstanter Geschwindigkeit und bremst schließlich auf einer Strecke von 15 m bis zum Stillstand ab. 1. Skizzieren Sie das v,t-Diagramm. Berechnen Sie 2. die Dauer des gesamten Vorgangs und 3. die Länge der gesamten Fahrstrecke. 4. Zeichnen Sie das s,t-, das v,t- und das a,t-Diagramm.

Gegeben: $t_1 = 10$ s; $s_2 = 100$ m; $a_1 = 1{,}5$ m s^{-2}; $s_3 = 15$ m; $v_{01} = 0$; $v_3 = 0$

Gesucht: 2. t_{ges}; 3. s_{ges}

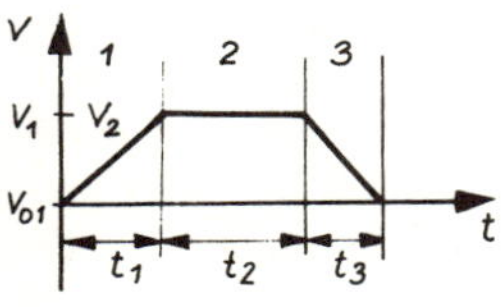

Bild 15

1. Bild 15. Die Bewegung hat drei Phasen, die getrennt behandelt werden (*1* und *3* gleichmäßig beschleunigte, *2* gleichförmige Bewegung).

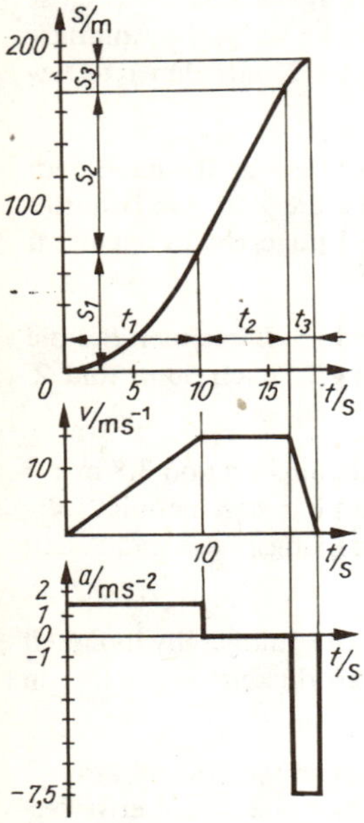

Bild 16

Zu *1*: *Gegeben*: a_1, t_1, v_{01} *Gesucht*: s_1, v_1

$$s_1 = \frac{a_1}{2} t_1^2 = \frac{1{,}5\ \mathrm{m} \cdot 100\ \mathrm{s}^2}{2\ \mathrm{s}^2} = 75\ \mathrm{m}$$

$$v_1 = a_1 t_1 = 1{,}5\ \frac{\mathrm{m}}{\mathrm{s}^2} \cdot 10\ \mathrm{s} = 15\ \mathrm{m\,s^{-1}}$$

Zu *2*: *Gegeben*: s_2, $v_2 = v_1$ *Gesucht*: t_2

$$t_2 = \frac{s_2}{v_1} = \frac{100\ \mathrm{m\ s}}{15\ \ \mathrm{m}} = 6{,}7\ \mathrm{s}$$

Zu *3*: *Gegeben*: s_3, $v_{03} = v_2 = v_1$, $v_3 = 0$ *Gesucht*: t_3, a_3

$$t_3 = \frac{2s_3}{v_1} = \frac{30\ \mathrm{m\ s}}{15\ \ \mathrm{m}} = 2{,}0\ \mathrm{s}$$

$$a_3 = -\frac{v_{03}}{t_3} = \frac{-v_1}{t_3} = \frac{-15\ \mathrm{m}}{\mathrm{s} \cdot 2\ \mathrm{s}} = -7{,}5\ \mathrm{m\,s^{-2}}$$

2. $t_{ges} = t_1 + t_2 + t_3 = (10 + 6{,}7 + 2)\ \mathrm{s} = 18{,}7\ \mathrm{s}$

3. $s_{ges} = s_1 + s_2 + s_3 = (75 + 100 + 15)\ \mathrm{m} = 190\ \mathrm{m}$

4. Diagramme: Bild 16

2.43 □ Ein Kraftwagen fährt 100 m mit konstanter Geschwindigkeit. Dann wird er auf einer Strecke von 50 m innerhalb von 5,0 s bis zum Stillstand abgebremst und sofort wieder 20 s lang mit 1,0 m s^{-2} beschleunigt. Berechnen Sie 1. die Gesamtdauer des Vorgangs und 2. die Gesamtlänge der Fahrstrecke.

2.44 □ Ein mit der Geschwindigkeit 60 km h^{-1} fahrender Schnellzug bremst vor einem Signal auf einer Strecke von 900 m gleichmäßig bis zum Stillstand, hält 4,0 min am Signal und beschleunigt schließlich mit 0,15 m s^{-2} wieder auf die Geschwindigkeit 60 km h^{-1}. Berechnen Sie die Verspätung, die der Zug durch das Anhalten erhält.

2.45 □ Ein PKW überholt einen LKW von 15 m Länge, der eine konstante Geschwindigkeit von 60 km h^{-1} hat. Der Überholvorgang beginnt 30 m hinter und endet 30 m vor dem LKW. Der PKW vergrößert seine Geschwindigkeit vom Beginn des Vorgangs bis zum Erreichen des LKW gleichmäßig von 60 km h^{-1} auf 80 km h^{-1} und behält dann die erreichte Geschwindigkeit bei. Berechnen Sie 1. die Dauer des Überholvorgangs und 2. die Weglänge, über die er sich erstreckt.

2.46 Ein Stein fällt von einer Brücke ins Wasser. Nach 4 s sieht man seinen Aufschlag auf dem Wasser. Berechnen Sie 1. die Höhe der Brücke über der Wasseroberfläche und 2. die Geschwindigkeit, mit der der Stein aufschlägt.

2.47 1. Eine Stahlkugel fällt aus einer Höhe von 200 cm auf eine horizontale Stahlplatte und wird so reflektiert, daß sie die gleiche Höhe wieder erreicht (Idealfall). Berechnen Sie die Dauer dieses Vorgangs. 2. Berechnen Sie die Zeitspanne, in der die Kugel drei Zyklen (ab/auf) durchläuft, wenn sie am Ende eines jeden Zyklus nur 95% der Ausgangshöhe erreicht. Die Berührungszeit zwischen Kugel und Platte wird vernachlässigt.

2.48 □ Ein Stein wird vom Balkon eines Hauses in vertikaler Richtung geworfen. Er schlägt nach 1,5 s mit der Geschwindigkeit $10\ \mathrm{m\,s^{-1}}$ auf dem Erdboden auf. Berechnen Sie 1. die Abwurfgeschwindigkeit und 2. die Entfernung zwischen Abwurf- und Aufschlagstelle.

2.49 Ein Körper, der von einem 15 m hohen Turm in vertikaler Richtung geworfen wird, schlägt nach 2,0 s am Fuß des Turmes auf. 1. Berechnen Sie die Geschwindigkeit, mit der er auftrifft. 2. Geben Sie an, ob er nach oben oder nach unten geworfen wurde. (Rechnen Sie mit $g = 10\ \mathrm{m\,s^{-2}}$.)

2.50 Ein Pfeil wird mit der Anfangsgeschwindigkeit $35\ \mathrm{m\,s^{-1}}$ vertikal nach oben geschossen. Ermitteln Sie die Zeit, die er benötigt, um 50 m Höhe zu erreichen. (Rechnen Sie mit $g = 10\ \mathrm{m\,s^{-2}}$.)

Gegeben: $s = 50\ \mathrm{m}$; $a = -g = -10\ \mathrm{m\,s^{-2}}$ *Gesucht*: t

$v_0 = 35\ \mathrm{m\,s^{-1}}$

Nicht vorkommende Größe v: Gl. (2.13) $s = v_0 t + \frac{a}{2} t^2$

Umstellen der in t quadratischen Gleichung nach t und Division durch $a/2$ zur Herstellung der Normalform ergibt:

$$t^2 + 2\frac{v_0}{a} t - \frac{2s}{a} = 0$$

$$t = -\frac{2v_0}{2a} \pm \sqrt{\frac{v_0^2}{a^2} + \frac{2s}{a}} = \underline{\underline{-\frac{v_0}{a} \pm \frac{1}{a}\sqrt{v_0^2 + 2as}}}$$

$$t = -\frac{35\ \mathrm{m}}{\mathrm{s}} \frac{\mathrm{s}^2}{\cdot(-10)\ \mathrm{m}} \pm \frac{\mathrm{s}^2}{-10\ \mathrm{m}} \sqrt{35^2 \frac{\mathrm{m}^2}{\mathrm{s}^2} + 2\cdot(-10)\frac{\mathrm{m}}{\mathrm{s}^2}\cdot 50\ \mathrm{m}}$$

$$= 3{,}5\ \mathrm{s} \pm \frac{1}{10}\sqrt{1225 - 1000}\ \mathrm{s} = 3{,}5\ \mathrm{s} \pm 1{,}5\ \mathrm{s}$$

$$\underline{\underline{t_1 = 5\ \mathrm{s}}}; \quad \underline{\underline{t_2 = 2\ \mathrm{s}}}$$

t_2 gilt für die Aufwärts-, t_1 für die Abwärtsbewegung des Pfeils.

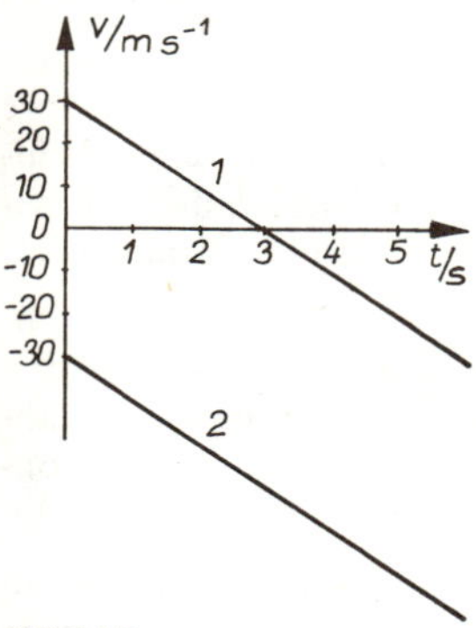

Bild 17

2.51 1. Beschreiben Sie die im v,t-Diagramm Bild 17 dargestellten vertikalen Wurfbewegungen, die im Nullpunkt beginnen. 2. Berechnen Sie den Abstand der Körper voneinander 5,0 s nach dem Abwurf.

2.52 Ein Radargerät ortet in 60 km horizontaler Entfernung ein Flugzeug, das mit einer Geschwindigkeit von $1200\ \mathrm{km\,h^{-1}}$ anfliegt. 40 s später wird eine Fla-Rakete gestartet, die 50 s lang mit $20\ \mathrm{m\,s^{-2}}$ beschleunigt wird und dann mit konstanter Geschwindigkeit auf das Ziel zusteuert. Berechnen Sie die horizontale Entfernung der Rakete von ihrem Startpunkt im Augenblick des Auftreffens auf das Flugzeug. (Skizzieren Sie zunächst ein s,t-Diagramm.)

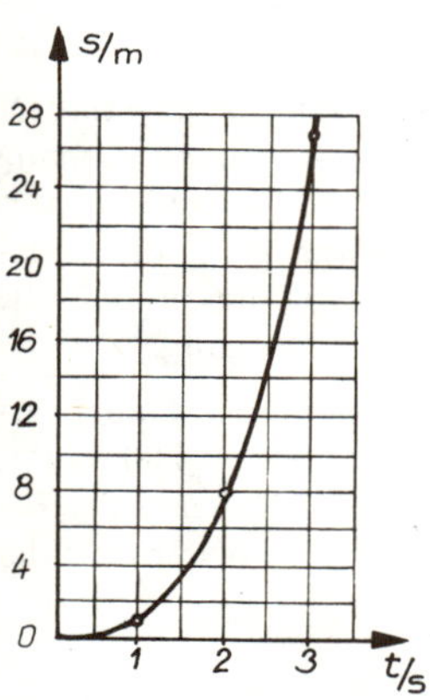

Bild 18

2.53 □ Eine Kugel fällt vertikal aus einer Höhe von 10,0 m herunter. Im Zeitpunkt ihres Starts wird eine andere Kugel mit der Anfangsgeschwindigkeit $25{,}0\ \mathrm{m\,s^{-1}}$ von der Höhe Null aus vertikal nach oben geschossen. Berechnen Sie die Höhe, in der sich die Kugeln treffen.

2.54 Stellen Sie fest, ob die im s,t-Diagramm (Bild 18) dargestellte Bewegung gleichmäßig beschleunigt verläuft.

2.55 Berechnen Sie 1. Umlaufzeit, 2. Frequenz und 3. Winkelgeschwindigkeit des Sekundenzeigers einer Taschenuhr.

2.56 Auf einer Drehmaschine wird ein Werkstück von 12,0 mm Durchmesser bearbeitet. Berechnen Sie die Schnittgeschwindigkeit in Meter je Minute bei einer Drehzahl von 3000 min^{-1}.

Gegeben: $d = 12$ mm; $n = 3000\ \text{min}^{-1}$ *Gesucht*: v

Die Schnittgeschwindigkeit ist die Bahngeschwindigkeit eines Punktes auf dem Umfang des Werkstücks. Es gilt $v = \omega r = \omega d/2$, und mit $\omega = 2\pi n$ folgt

$$v = \frac{2\pi n d}{2} = \underline{\underline{\pi d n}}$$

$$v = \frac{\pi \cdot 12\ \text{mm} \cdot 3000}{\text{min}} = \frac{\pi \cdot 12\ \text{m} \cdot 3 \cdot 10^3}{10^3\ \text{min}} = \underline{\underline{113\ \frac{\text{m}}{\text{min}}}}$$

2.57 Berechnen Sie die Bahngeschwindigkeit eines geostationären Wettersatelliten, der in einer Höhe von $3{,}56 \cdot 10^4$ km über einem Ort am Äquator der Erde steht. (Bezugssystem: Erdachse; Erdradius $r_E = 6378$ km.)

2.58 Die Seiltrommel einer Motorwinde hat den Durchmesser 50 cm. Ihre Drehzahl ist 120 min^{-1}. Berechnen Sie 1. die Umlaufzeit, 2. die Winkelgeschwindigkeit, 3. die Geschwindigkeit, mit der sich das Seil bewegt, und 4. die Zeit, die vergeht, bis 30,0 m Seil aufgewunden sind.

2.59 Eine Magnetspule hat einen Kerndurchmesser von 60 mm; der Durchmesser der vollgewickelten Spule (äußere Windung) betrage 160 mm. Berechnen Sie den Bereich, in dem sich die Drehzahl der Spule während des Abspielens des Bandes ändert, wenn das Gerät mit der konstanten Bandgeschwindigkeit 9,5 cm s^{-1} arbeitet.

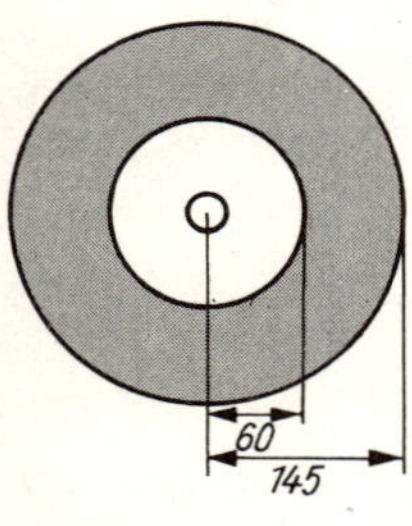

Bild 19

2.60 □ Bei einer großen Schallplatte (33 min^{-1}) hat das Rillenfeld die in Bild 19 gegebenen Abmessungen. Auf die Strecke von 1 mm in radialer Richtung kommen 10 Durchgänge der spiralförmig verlaufenden Rille. Berechnen Sie 1. die Spieldauer der Schallplatte, 2. den Bereich, in dem sich die Abtastgeschwindigkeit während des Abspielens der Schallplatte ändert, 3. die Länge der Rille.

2.61 Ein Fahrzeug, dessen Räder einen Durchmesser von 500 mm haben, rollt mit einer Anfangsgeschwindigkeit von 3,0 m s^{-1} einen Abhang von 10 m Länge hinab. Seine Beschleunigung beträgt 0,35 m s^{-2}. Berechnen Sie 1. die Endgeschwindigkeit des Fahrzeugs, 2. die Drehzahl der Räder am Anfang und am Ende des Abhangs und 3. die Anzahl der Umdrehungen eines Rades bei diesem Vorgang.

2.62 Ein Motor wird in 2,5 min bis zum Stillstand abgebremst. Dabei verringert sich seine Drehzahl gleichmäßig in jeweils 5 s um 200 min^{-1}. Berechnen Sie 1. die Winkelbeschleunigung, 2. die Drehzahl bei Beginn des Bremsens und 3. die Anzahl der Umdrehungen während der Bremsphase.

Gegeben: $t = 2{,}5$ min; $\omega = 0$ *Gesucht*: 1. α, 2. n_0

$\Delta t = 5$ s; $\Delta n = -200\ \text{min}^{-1}$ 3. z

1. Aus $\alpha = \frac{\Delta\omega}{\Delta t}$ und $\omega = 2\pi n$ folgt

$$\alpha = \frac{2\pi\,\Delta n}{\Delta t}; \qquad \alpha = \frac{2\pi \cdot (-200)}{\text{min} \cdot 5\ \text{s}} = -4{,}19\ \text{rad s}^{-2}$$

2. Aus (2.11) folgt $n_0 = \frac{\omega_0}{2\pi}$. Aus (2.12) erhalten wir $\omega_0 = \omega - \alpha t$; mit $\omega = 0$ ergibt sich

$$n_0 = -\frac{\alpha t}{2\pi}$$

$$n_0 = -\frac{(-4{,}19) \cdot 2{,}5\ \text{min}}{\text{s}^{-2} \cdot 2\pi} = \frac{10{,}5\ \text{min} \cdot 60^2}{2\pi\ \text{min}^2}$$

$$= 6020\ \text{min}^{-1}$$

3. Es ist $z = \frac{\varphi}{2\pi}$. Analog Gl. (2.16) ist $\varphi = \omega t - \frac{1}{2}\alpha t^2$; mit $\omega = 0$ erhalten wir

$$z = -\frac{\alpha t^2}{4\pi}$$

$$z = -\frac{(-4{,}19) \cdot 2{,}5^2\ \text{min}^2}{\text{s}^2 \cdot 4\pi} = 7500$$

2.63 Ein Turbinenläufer wird aus dem Stillstand auf die Drehzahl 3000 min^{-1} beschleunigt, wobei sich die Drehzahl gleichmäßig in je 12 s um 100 min^{-1} erhöht. Berechnen Sie 1. die Winkelbeschleunigung und 2. die Dauer des Anfahrvorgangs.

2.64 Ein Elektromotor soll 40mal in der Minute umgesteuert werden (seinen Drehsinn ändern). Rechnen Sie vereinfachend mit folgenden Vorgaben: Betrag der Beschleunigung konstant; Enddrehzahl in jedem Takt 50 min^{-1}. 1. Berechnen Sie den Betrag der Winkelbeschleunigung. 2. Zeichnen Sie das n,t- und das α,t-Diagramm.

2.65 Ein Förderkorb fährt in einen 600 m tiefen Schacht ein. Das Seil ist über eine Trommel von 2,5 m Durchmesser geführt. Für die Trommel ist beim Anfahren und Abbremsen, das jeweils 4,0 s dauert, eine Winkelbeschleunigung vom Betrag 4,5 s^{-2} zugelassen. Berechnen Sie 1. die Länge der Anfahr- und der Bremsstrecke, 2. die Gesamtdauer des Einfahrens, 3. die Drehzahl der Trommel während der gleichförmigen Bewegung des Korbes und 4. die Anzahl der Trommelumdrehungen während des gesamten Vorgangs. 5. Skizzieren Sie das α,t- und das ω,t-Diagramm der Trommelbewegung.

2.66 Ein Körper rotiert mit gegebener Winkelgeschwindigkeit. Berechnen Sie allgemein die Dauer des Bremsvorgangs, durch den er bei konstanter Winkelbeschleunigung so weit abgebremst wird, daß die Radialbeschleunigung eines jeden Punktes des Körpers auf die Hälfte verringert wird.

Gegeben: ω_0; α *Gesucht*: Δt

Bedingung: $a_{r1} = \frac{1}{2} a_{r0}$

Es ist

$$\alpha = \frac{\Delta\omega}{\Delta t} = \frac{\omega_1 - \omega_0}{\Delta t} \qquad (*)$$

Aus (2.23) $a_r = \omega^2 r$ und $a_{r1} = \frac{1}{2}a_{r0}$ folgt $\omega_1^2 r = \frac{1}{2}\omega_0^2 r$ und daraus $\omega_1 = \frac{1}{2}\sqrt{2}\,\omega_0$. Damit ergibt sich aus (*)

$$\Delta t = \left(\frac{1}{2}\sqrt{2} - 1\right)\frac{\omega_0}{\alpha} = -0{,}293\,\frac{\omega_0}{\alpha}$$

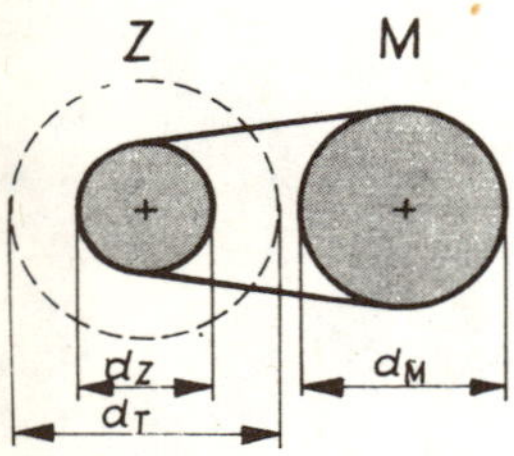

Bild 20

2.67 Der Antrieb einer Zentrifugentrommel von 400 mm Durchmesser erfolgt über Treibriemen durch einen Motor mit der Drehzahl 2880 min^{-1} (Bild 20). Die Riemenscheiben von Motor und Zentrifuge haben die Durchmesser 300 mm bzw. 200 mm. Berechnen Sie für einen Punkt am Rand der Trommel 1. die Bahngeschwindigkeit, 2. die Radialbeschleunigung, 3. die Winkelbeschleunigung während des in 7,5 s erfolgenden Anfahrens der Zentrifuge. 4. Ermitteln Sie den Weg, den ein Punkt des Riemens während des Anfahrens zurücklegt.

2.68 Ein Kraftfahrzeug durchfährt eine Kurve, die den Radius 60 m hat, mit einer Geschwindigkeit von 30 km h^{-1}. 1. Berechnen Sie die Radialbeschleunigung des Fahrzeugs. 2. Vergleichen Sie das Ergebnis Ihrer Rechnung mit dem Wert, der sich ergibt, wenn sowohl der Radius als auch die Geschwindigkeit verdoppelt werden.

2.69 Ein Motorboot, das gegenüber dem Wasser eine Geschwindigkeit von 5 km h^{-1} entwickelt, durchquert einen 150 m breiten Fluß. Dessen Wasser strömt mit einer Geschwindigkeit von 2,0 m s^{-1} Berechnen Sie 1. die Strecke, um die das Boot während der Überfahrt abtreibt, wenn es senkrecht zur Strömung gesteuert wird, und 2. die Dauer der Überfahrt.

Gegeben: $v_B = 5$ km h^{-1} — Gesucht: 1. Δs

$b = 150$ m; $v_F = 2{,}0$ m s^{-1} — 2. t

1. Nach Skizze (Bild 21) gilt $b : \Delta s = v_B : v_F$. Somit ist

$$\Delta s = \frac{b v_F}{v_B}; \quad \Delta s = \frac{150\,\text{m} \cdot 2\,\text{m}\quad \text{h}}{\text{s} \cdot 5\,\text{km}} = 216\,\text{m}$$

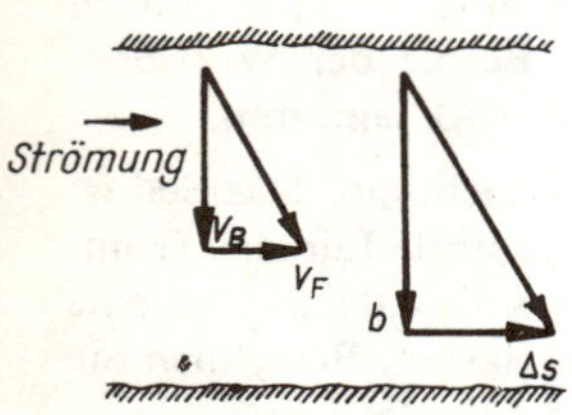

Bild 21

2. Nach dem Überlagerungssatz sind die *quer* zur Strömung und die *mit* der Strömung verlaufenden Bewegungen unabhängig voneinander. Deshalb ist die Strömungsgeschwindigkeit für die Zeit der Überfahrt ohne Belang, und es ist

$$t = \frac{b}{v_B} \qquad t = 1{,}8\,\text{min}$$

2.70 Mit einem Motorboot, das gegenüber dem Wasser eine Geschwindigkeit von 18 km h^{-1} entwickelt, soll ein Fluß von 200 m Breite, der eine Strömungsgeschwindigkeit von 2,5 m s^{-1} hat, auf kürzester Strecke überquert werden. Geben Sie 1. die Richtung an, in der das Boot gesteuert werden muß, und 2. die Dauer der Überfahrt.

2.71 Auf einer programmgesteuerten Drehmaschine soll ein Kegel mit einem Öffnungswinkel von 20° gefertigt werden (Bild 22). 1. Ergänzen

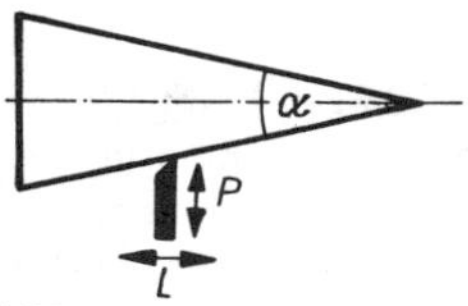

Bild 22

Sie die Skizze, indem Sie die Geschwindigkeiten für Längs- und Planvorschub (Vorschub parallel zur Achse und senkrecht dazu) eintragen. 2. Berechnen Sie das Verhältnis der Geschwindigkeiten, das an der Maschine einzustellen ist.

2.72 Ein Geschoß soll unter einem Winkel von 60° abgeschossen werden und auf einer waagerechten Ebene eine Wurfweite von 1,2 km erreichen. Berechnen Sie unter Vernachlässigung des Luftwiderstandes 1. die Anfangsgeschwindigkeit, 2. die Flugdauer des Geschosses, 3. die Wurfhöhe, 4. die horizontale Entfernung des Geschosses vom Abschußpunkt nach $^2/_3$ der Flugzeit und 5. die Zeiten, zu denen sich das Geschoß in einer Höhe von 300 m befindet.

2.73 □ Ein Geschoß hat auf einer Parabelbahn im Scheitelpunkt (2000 m über der Mündungsebene) die Geschwindigkeit 350 m s^{-1}. Berechnen Sie die Mündungsgeschwindigkeit.

2.3.3. Beispiele und Übungen zur Dynamik

3.1 Eine Antriebskraft von 500 N wirkt auf ein Fahrzeug, dessen Masse 1000 kg beträgt. Berechnen Sie die Zeit, in der das Fahrzeug auf horizontaler Straße aus dem Stillstand 100 m zurücklegt. Der Fahrwiderstand werde vernachlässigt.

Gegeben: $F = 500$ N; $m = 1000$ kg; $s = 100$ m; $v_0 = 0$ *Gesucht*: t

Vernachlässigung des Fahrwiderstandes und Bewegung auf horizontaler Straße heißt: die Kraft dient allein zur Beschleunigung des Fahrzeugs. Da Kraft und Masse konstant sind, folgt aus (3.4) $F = ma$, daß auch die Beschleunigung konstant ist. Es liegt somit eine gleichmäßig beschleunigte Bewegung vor. Für diese gilt Gl. (2.13)

$$s = \frac{a}{2} t^2$$

und somit

$$t = \sqrt{\frac{2s}{a}} \tag{1}$$

Aus $F = ma$ folgt

$$a = \frac{F}{m} \tag{2}$$

Aus (1) und (2) erhalten wir

$$\underline{\underline{t = \sqrt{\frac{2sm}{F}}}}; \quad t = \sqrt{\frac{2 \cdot 100\ \text{m} \cdot 1000\ \text{kg}}{500\ \text{N}}} = \sqrt{400\ \frac{\text{m s}^2\ \text{kg}}{\text{kg m}}} = \underline{\underline{20\ \text{s}}}$$

3.2 Ein reibungsfrei mit der der Geschwindigkeit 25 km h^{-1} rollendes Fahrzeug (Masse 750 kg) kommt 10 s nach Betätigung der Bremsen zum Stillstand. Berechnen Sie die mittlere Bremskraft.

3.3 Ein Eisläufer mit einer Masse von 75 kg, der mit einer Geschwindigkeit von 8,0 m s^{-1} gleitet, wird durch eine mittlere Kraft (Wind,

Reibung) von 50 N gebremst. Berechnen Sie die Bremsstrecke bis zum Stillstand.

3.4 Ein Kugelstoßer bewegt die Kugel (Masse 7,25 kg) beim Stoßen auf einer Strecke von 2,50 m. Die Kugel verläßt die Hand mit der Geschwindigkeit 14 m s^{-1}. Berechnen Sie die mittlere Kraft, die der Sportler allein zur Beschleunigung der Kugel aufbringt. (Die Gewichtskraft und das Anheben der Kugel beim Stoß werden vernachlässigt.)

3.5 Beim ruckartigen Anheben eines schweren Koffers reißt der Griff des Koffers. Bei langsamem Anheben hält er. Begründen Sie diesen Sachverhalt.

3.6 Ein Radfahrer (Masse 75 kg) erreicht, wenn er allein auf einem Tandemrad (Masse 15 kg) fährt, 10 s nach dem Start eine Geschwindigkeit von 25 km h^{-1}. Berechnen Sie die Zeit, die benötigt wird, wenn ein zweiter Fahrer (Masse 60 kg) mitfährt und angenommen wird, daß beide mit gleicher Kraft antreten. Der Fahrwiderstand werde vernachlässigt.

3.7 Die Kabine eines Aufzugs mit einer Masse von 2,0 t soll aus der Ruhe so nach oben bewegt werden, daß sie nach 50 m eine Geschwindigkeit von 10 m s^{-1} hat. Die Reibung werde vernachlässigt. Berechnen Sie 1. die als konstant angenommene Beschleunigung der Kabine und 2. die im Zugseil auftretende Kraft.

Gegeben: $m = 2{,}0$ t; $v_0 = 0$ *Gesucht*: 1. a

$s = 50$ m; $v = 10$ m s^{-1} 2. F_S

$g = 9{,}8$ m s^{-2}

1. Aus (2.14) folgt $\underline{\underline{a = \dfrac{v^2 - v_0^2}{2s}}}$

$$a = \frac{100\ \text{m}^2}{\text{s}^2 \cdot 2 \cdot 50\ \text{m}} = \underline{\underline{1{,}0\ \text{m s}^{-2}}}$$

2. Die Kraft im Seil setzt sich zusammen aus der Gegenkraft zur Gewichtskraft und der Kraft, die zur Beschleunigung des Aufzugs dient.

$F_S = G + F_B$ (1); $G = mg$ (2); $F_B = ma$ (3)

Aus den Gln. (1) ... (3) folgt

$F_S = mg + ma = \underline{\underline{m(g + a)}}$

$F_S = 2 \cdot 10^3$ kg $(9{,}8 + 1{,}0)$ m $s^{-2} = 2{,}16 \cdot 10^4$ N $= \underline{\underline{21{,}6\ \text{kN}}}$

3.8 □ Geben Sie den relativen Fehler an, den man begeht, wenn man für eine Höhe von $0{,}1 r_E$ (= 637 km) noch mit $g = 9{,}8$ m s^{-2} rechnet.

3.9 Berechnen Sie mit Hilfe des Gravitationsgesetzes die Masse der Erde.

3.10 Eine vertikal hängende Schraubenfeder ist mit einem Körper der Masse 200 g belastet, wobei ihre Verlängerung 5,0 cm beträgt. 1. Berechnen Sie die Federkonstante. 2. Berechnen Sie die Masse des Körpers, mit dem eine zweite Feder (Federkonstante 50 N m^{-1}) belastet werden muß, damit sie um die gleiche Strecke verlängert wird wie Feder *1*. 3. Welche der beiden Federn ist die härtere Feder?

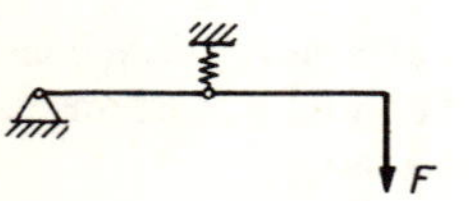

Bild 23

3.11 Ein 1,0 m langer, masseloser Hebel ist an einem Ende drehbar gelagert (Bild 23). Er wird in der Mitte durch eine Schraubenfeder gehalten, die die Federkonstante 15 kN m^{-1} hat. Berechnen Sie die Kraft, mit der das freie Ende des Hebels belastet wird, wenn die Feder um 50 mm ausgelenkt ist.

3.12 Zwei gleiche Schraubenfedern werden 1. hintereinander, 2. parallel hängend verbunden (Bild 24) und mit dem gleichen Wägestück belastet. Geben Sie für jede der beiden Kombinationen an, wie sich ihre Dehnung von der Dehnung der einzelnen Feder unter gleicher Belastung unterscheidet.

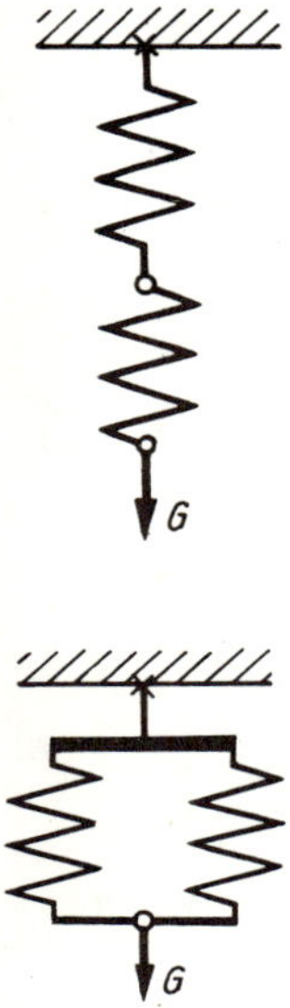

Bild 24

3.13 Zeichnen Sie ein $F,\Delta s$-Diagramm zu der in Bild 25 skizzierten Federanordnung. Die Federkonstante der inneren Feder beträgt 100 N cm^{-1}, die der beiden äußeren je 50 N cm^{-1}.

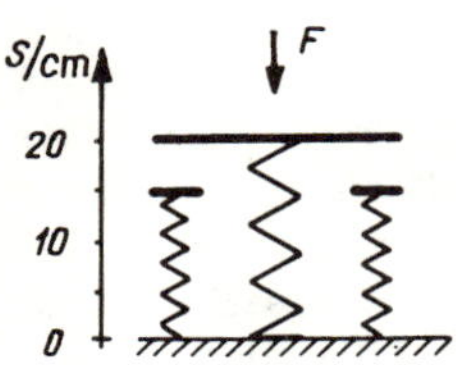

Bild 25

3.14 Ein Kupferstab von 240 mm Länge und kreisförmigem Querschnitt (Durchmesser 15 mm) wird zusammen mit einer Schraubenfeder (Federkonstante 0,45 MN m^{-1}) eingespannt (Bild 26). Dabei verkürzt sich die Feder um 35 mm. Geben Sie an, um wieviel sich der Kupferstab verkürzt.

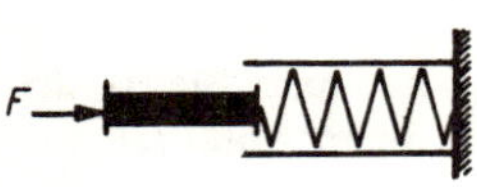

Bild 26

Gegeben: $\Delta s_F = 35$ mm; $k_F = 0{,}45$ MN m^{-1} *Gesucht*: Δs_{St}
$s_{St} = 240$ mm; $E = 1{,}2 \cdot 10^{11}$ Pa
$d_{St} = 15$ mm

$$\Delta s_{St} = s_{St}\varepsilon \quad (1); \qquad \varepsilon = \frac{\sigma}{E} \quad (2); \qquad \sigma = \frac{F}{A} \quad (3)$$

$$A = \frac{\pi}{4} d_{St}^2 \quad (4) \qquad F = k_F\,\Delta s_F \quad (5)$$

$$\Delta s_{St} = \underline{\underline{\frac{4 s_{St} k_F\,\Delta s_F}{\pi d_{St}^2 E}}}$$

$$\Delta s_{St} = \frac{4 \cdot 240\text{ mm} \cdot 4{,}5 \cdot 10^5\text{ N} \cdot 35\text{ mm}}{\pi \cdot 15^2\text{ mm}^2}\,\frac{\text{m}^2}{\text{m} \cdot 1{,}2 \cdot 10^{11}\text{ N}} = \underline{\underline{0{,}178\text{ mm}}}$$

3.15 Ein Stein, der am Ende eines 1,0 m langen Brettes liegt, beginnt bei einseitigem Anheben des Brettes zu gleiten, sobald er eine Höhe von 25 cm erreicht hat (Bild 27.1). Berechnen Sie 1. die Haftreibungszahl, 2. die Beschleunigung des Steins beim Gleiten und 3. die Geschwindigkeit, die der Stein beim Erreichen des Fußpunktes hat. Die Gleitreibungszahl sei halb so groß wie die Haftreibungszahl.

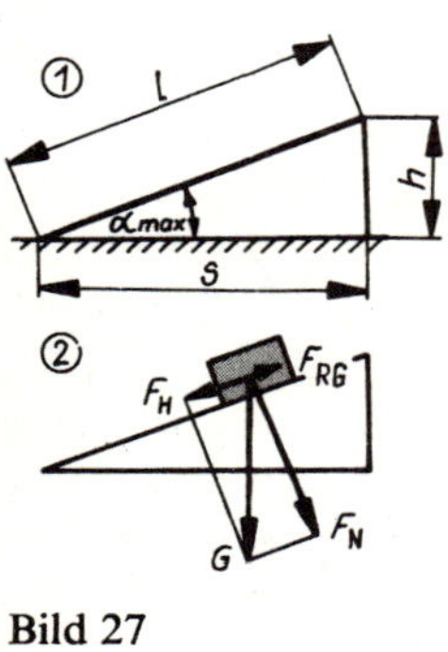

Bild 27

Gegeben: $l = 1{,}0$ m; $h = 25$ cm *Gesucht*: 1. μ_0; 2. a
$v_0 = 0$; $g = 9{,}8$ m s^{-2}; $\mu_G = \frac{1}{2}\mu_0$ 3. v

$$1.\ \mu_0 = \tan\alpha_{max} = \frac{h}{s} = \underline{\underline{\frac{h}{\sqrt{l^2 - h^2}}}}$$

$$\mu_0 = \frac{0{,}25\text{ m}}{\sqrt{1\text{ m}^2 - 0{,}25^2\text{ m}^2}} = \underline{\underline{0{,}26}}$$

2. Beschleunigende Kraft ist die Differenz von Hangabtriebskraft und Gleitreibungskraft (Bild 27.2):

$$F_B = F_H - F_{RG}; \quad F_H = mg \sin\alpha = mg\frac{h}{l}$$

$$F_{RG} = \mu_G mg \cos\alpha = \mu_G mg \frac{\sqrt{l^2 - h^2}}{l}$$

$$ma = mg(\sin\alpha - \mu_G \cos\alpha)$$

$$\underline{\underline{a = \frac{g(h - \mu_G\sqrt{l^2 - h^2})}{l}}}$$

$$a = \frac{9{,}8\ \text{m}\,(0{,}25\ \text{m} - 0{,}13\sqrt{1 - 0{,}25^2}\ \text{m})}{\text{s}^2 \cdot 1\ \text{m}} = \underline{\underline{1{,}22\ \text{m}\,\text{s}^{-2}}}$$

3. $\underline{\underline{v = \sqrt{2as}}}$; $\quad v = \sqrt{2 \cdot 1{,}22\,\frac{\text{m}}{\text{s}^2} \cdot 1\ \text{m}} = \underline{\underline{1{,}56\ \text{m}\,\text{s}^{-1}}}$

3.16 Erklären Sie, weshalb sich bei der Notbremsung eines Fahrzeugs mit blockierten Rädern ein längerer Bremsweg ergibt als beim Bremsen mit rollenden Rädern.

3.17 Erläutern Sie anhand der wirkenden Kräfte das bei einem Fallschirmabsprung aus 1000 m Höhe mit verzögerter Schirmöffnung aufgenommene v,t-Diagramm (Bild 28).

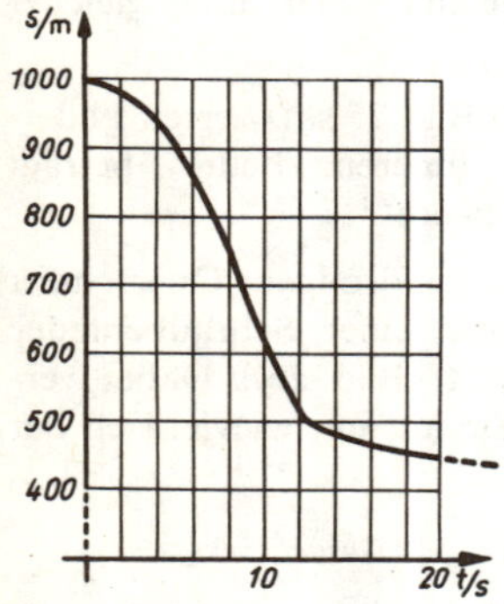

Bild 28

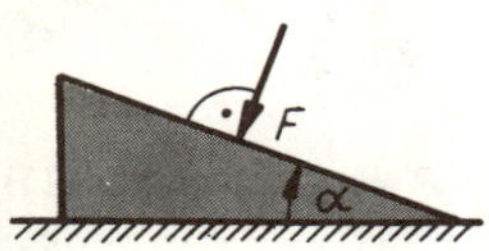

Bild 29

3.18 Auf einen Keil (Masse 5,0 kg, Neigungswinkel 30°), der auf seiner Unterlage mit Reibung gleiten kann, wirkt senkrecht zur Flanke eine Kraft (Bild 29). 1. Berechnen Sie den Maximalbetrag dieser Kraft, wenn der Keil allein durch die Reibungskraft zwischen Keil und Unterlage gehalten werden soll. Die Haftreibungszahl beträgt 0,50. 2. Diskutieren Sie anhand der erhaltenen Gleichung die Abhängigkeit der Kraft F_{max} vom Keilwinkel α.

3.19 Ein Kraftfahrzeug (Masse 1,50 t) fährt auf einer Straße, die auf 100 m Länge um 5,0 m ansteigt, mit einer Beschleunigung von 0,30 m s^{-2} an. Die Fahrwiderstandszahl beträgt 0,020. Berechnen Sie 1. den Anstiegswinkel der Straße und 2. die vom Motor beim Anfahren ausgeübte Kraft. 3. Untersuchen Sie, ob ein auf dieser Straße stehendes Fahrzeug beim Lösen der Bremse von selbst abrollt.

3.20 Berechnen Sie die Fahrwiderstandszahl eines Fahrzeugs, das bei ausgekuppeltem Motor aus einer Geschwindigkeit von 72 km h^{-1} auf horizontaler Straße 800 m weit bis zum Stillstand ausrollt.

3.21 Sie lassen zwei Kugeln gleicher Masse, die eine aus Metall, die andere aus Gummi, aus gleicher Höhe auf den Fußboden aus Keramikfliesen fallen. Erläutern Sie, weshalb die Metallkugel eine Zerstörung der Fliesen bewirkt, die Gummikugel aber nicht.

3.22 Beim Holzhacken gibt es, wenn die Axt nicht beim ersten Schlag durch das Holz dringt, zwei Varianten: 1. Es wird mit dem Holzklotz, in dem die Axt steckt, gegen die Unterlage geschlagen. 2. Es wird mit der Rückseite der Axt, auf der der Klotz steckt, auf die Unterlage geschlagen. Erklären Sie, wovon die Wahl der Variante abhängt.

3.23 Eine Raketenstufe (Masse 5,35 t) wird mit konstanter Schubkraft in 371 s von der Anfangsgeschwindigkeit $9{,}1 \cdot 10^3\ \text{km h}^{-1}$ auf $24{,}5 \cdot 10^3\ \text{km h}^{-1}$ beschleunigt. Berechnen Sie 1. die Schubkraft und 2. die auf den Piloten wirkende Trägheitskraft. Die Masse des Piloten ist 75 kg. Die Massenänderung der Rakete sei vernachlässigbar klein.

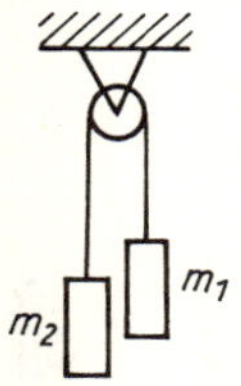

Bild 30

3.24 Über eine Rolle mit horizontaler Achse ist ein undehnbarer Faden gelegt, an dessen Enden zwei Körper ($m_1 = 600$ g und $m_2 = 800$ g) befestigt sind (Bild 30). Die Körper werden zunächst festgehalten und dann losgelassen. Die Faden- und die Rollenmasse sowie die Reibung werden vernachlässigt. Berechnen Sie 1. die Beschleunigung der bewegten Körper und 2. die Seilkraft.

Gegeben: $m_1 = 600$ g; $m_2 = 800$ g *Gesucht*: 1. a

$g = 9{,}81\ \text{m s}^{-2}$ 2. F_S

1. $a = \dfrac{F}{m}$ (1); $F = G_2 - G_1 = (m_2 - m_1)\,g$ (2); $m = m_1 + m_2$ (3)

Aus (1) ... (3) folgt

$$a = \underline{\underline{\frac{(m_2 - m_1)\,g}{m_1 + m_2}}}; \quad a = \frac{(800 - 600)\ \text{g} \cdot 9{,}81\ \text{m}}{1400\ \text{g}\quad \text{s}^2} = \underline{\underline{1{,}40\ \frac{\text{m}}{\text{s}^2}}}$$

2. Wir betrachten Körper *2*. Auf ihn wirken die Seilkraft F_S und die Gewichtskraft G_2. Für die beschleunigende Kraft F gilt

$F = G_2 - F_S$ (1); $F = m_2 a$ (2); $G_2 = m_2 g$ (3).

Aus (1) ... (3) folgt

$$F_S = \underline{\underline{m_2(g - a)}}; \quad F_S = 800\ \text{g}\,(9{,}81 - 1{,}40)\ \frac{\text{m}}{\text{s}^2} = \underline{\underline{6{,}73\ \text{N}}}$$

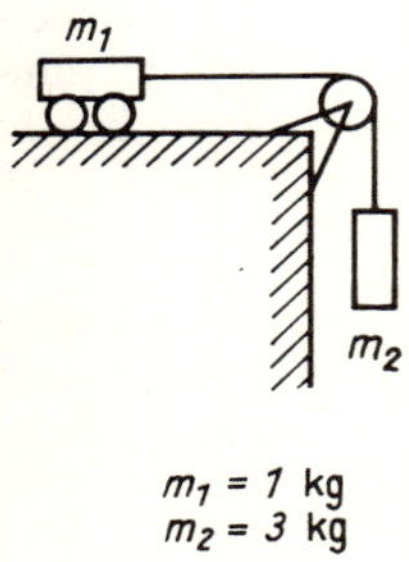

Bild 31

3.25 Berechnen Sie 1. die Beschleunigung und 2. die Seilkraft bei Abwärtsbewegung von Körper *2* in dem als reibungsfrei angenommenen System nach Bild 31.

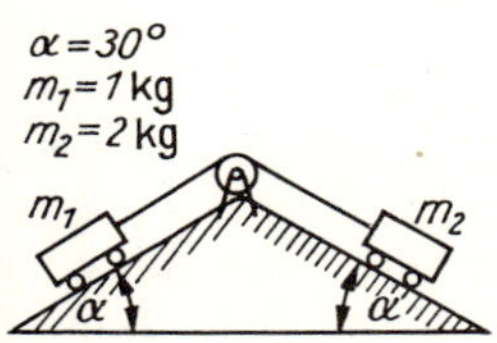

Bild 32

3.26 Berechnen Sie 1. die Beschleunigung und 2. die Seilkraft bei Abwärtsbewegung von Körper *2* in dem als reibungsfrei angenommenen System nach Bild 32.

3.27 Ein Stahlkörper (Masse 120 g) ruht auf einer in horizontaler Ebene rotierenden Scheibe. Der Körper ist über eine Schraubenfeder (Federkonstante $5{,}6\ \text{kN m}^{-1}$, Länge unbelastet 120 mm) an der Drehachse der Scheibe befestigt. Berechnen Sie die Drehzahl, bei der die Feder um 20 mm gedehnt wird.

Gegeben: $m = 120$ g; $k = 5{,}6\ \text{kN m}^{-1}$ *Gesucht*: n

$l = 120$ mm; $\Delta l = 20$ mm

Die bei der gesuchten Drehzahl auftretende Radialkraft muß gleich der Federkraft sein: $F_r = F_F$ (1); $F_r = m\omega^2 r$ (2)

$\omega = 2\pi n$ (3); $r = l + \Delta l$ (4); $F_F = k\,\Delta l$ (5)

Aus (1) ... (5) folgt

$4\pi^2 n^2 m(l + \Delta l) = k\,\Delta l$

und daraus

$$n = \frac{1}{2\pi}\sqrt{\frac{k\Delta l}{m(l+\Delta l)}}$$

$$n = \frac{1}{2\pi}\sqrt{\frac{5600\ \mathrm{kg\ m}\cdot 20\ \mathrm{mm}}{\mathrm{s^2\ m}\cdot 120\ \mathrm{g}\cdot 140\ \mathrm{mm}}} = 13{,}0\ \mathrm{s^{-1}} = \underline{\underline{780\ \mathrm{min^{-1}}}}$$

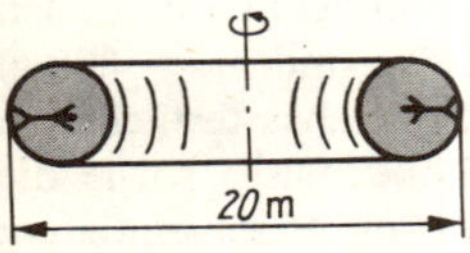

Bild 33

Bild 34

3.28 Der Durchmesser einer Raumstation der Zukunft (Bild 33) betrage 20 m. Berechnen Sie 1. die Drehzahl, mit der die Station rotieren muß, wenn am «Boden» der Station die Radialbeschleunigung ein Drittel der Fallbeschleunigung auf der Erdoberfläche betragen soll, 2. um wieviel Prozent die Radialbeschleunigung am Kopf eines 1,80 m großen «aufrecht» stehenden Menschen geringer ist als an seinen Füßen.

3.29 Ein PKW fährt mit einer Geschwindigkeit von 60 km h^{-1} auf horizontal verlaufender Straße durch eine nicht überhöhte Kurve (Krümmungsradius 160 m). Berechnen Sie den Mindestwert der Reibungszahl zwischen Reifen und Straßendecke, bei dem der Wagen noch nicht aus der Kurve getragen wird.

3.30 Ein mit Wasser gefülltes Gefäß wird in einer lotrechten Kreisbahn von 100 cm Radius geschwungen (Bild 34). Berechnen Sie die Drehfrequenz, mit der das Gefäß mindestens bewegt werden muß, damit das Wasser nicht ausläuft.

3.31 □ Ein Eisenbahngleis der Normalspurweite 1435 mm beschreibt eine Kurve mit dem Radius 810 m. Bestimmen Sie die Überhöhung der äußeren Schiene, die so zu bemessen ist, daß bei einer Geschwindigkeit von 65 km h^{-1} eine seitliche Belastung der Schienen nicht auftritt. (Benutzen Sie die für kleine Winkel α zulässige Näherung $\tan\alpha \approx \sin\alpha$).

3.32 □ Ein Omnibus durchfährt eine Kurve von 50 m Krümmungsradius mit einer Geschwindigkeit von 30 km h^{-1}. Berechnen Sie die an einem Fahrgast (Masse 60 kg) angreifenden Trägheitskräfte, wenn dieser 1. im Omnibus steht, 2. sich mit der Geschwindigkeit 80 cm s^{-1} nach vorn und 3. sich mit dieser Geschwindigkeit nach hinten bewegt.

3.33 Eine konstante Kraft von 20 kN wirkt auf einen Körper unter einem Winkel von 60° zu dessen Bewegungsrichtung und verschiebt ihn um 300 m. Berechnen Sie die von der Kraft verrichtete Arbeit.

3.34 Ein Arbeiter versucht vergeblich, eine schwere Last zu heben. 1. Ermitteln Sie die von ihm verrichtete mechanische Arbeit. 2. Erklären Sie die infolge seiner Tätigkeit auftretende Ermüdung des Arbeiters.

3.35 An einer vertikal hängenden Schraubenfeder mit der Federkonstanten 4,5 kN m^{-1} wird ein Körper befestigt und losgelassen. Es stellt sich nach Abklingen der auftretenden Schwingung eine Verlängerung der Feder von 40 mm ein. Berechnen Sie 1. die in der Feder gespeicherte Energie und 2. die von der Gewichtskraft verrichtete Arbeit. 3. Erklären Sie die Differenz der Ergebnisse der Fragen 1. und 2. (Skizzieren Sie dazu ein F,s-Diagramm, in das Sie die Gewichtskraft und die Federkraft eintragen.)

Gegeben: $k = 4{,}5\ \text{kN m}^{-1}$; $\Delta s = 40$ mm *Gesucht*: 1. W_F; 2. W_G

1. (3.18): $W_F = \frac{k}{2}\Delta s^2$; $W_F = \frac{4500\ \text{N} \cdot 1600\ \text{mm}^2}{2\ \text{m}} = \underline{\underline{3{,}60\ \text{J}}}$

2. (3.17): $W_G = G\,\Delta s$

Die Gewichtskraft G folgt aus (3.10) $G = k\,\Delta s$.

Somit ist $W_G = k\,\Delta s^2 = \underline{\underline{2W_F}}$ $W_G = \underline{\underline{7{,}20\ \text{J}}}$

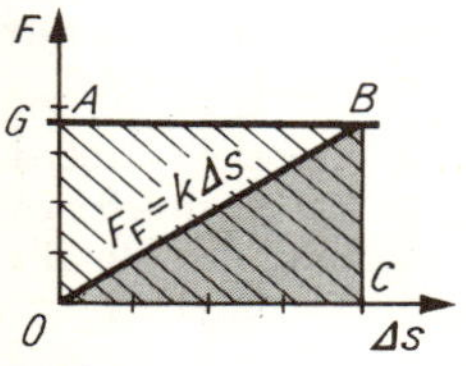

Bild 35

3. Bild 35. Die von der Gewichtskraft verrichtete Arbeit entspricht der Rechteckfläche *OABC*; die als potentielle Energie der Feder gespeicherte Energie der Dreiecksfläche *OBC*. Die Hälfte der von der Gewichtskraft verrichteten Arbeit wird nach dem Loslassen des Körpers in Schwingungsenergie umgewandelt. Diese wird beim Abklingen der Schwingung durch Luftreibung und Reibung innerhalb der Feder in Wärmeenergie umgewandelt.

3.36 Gegeben sind die bei zwei Bewegungsvorgängen eines Körpers ermittelten *F,s*-Diagramme *1* und *2* (Bild 36). Ermitteln Sie für jeden Vorgang 1. die zugehörige Funktionsgleichung und 2. die Arbeit, die bei einer Verschiebung des Körpers um 10 m verrichtet wird.

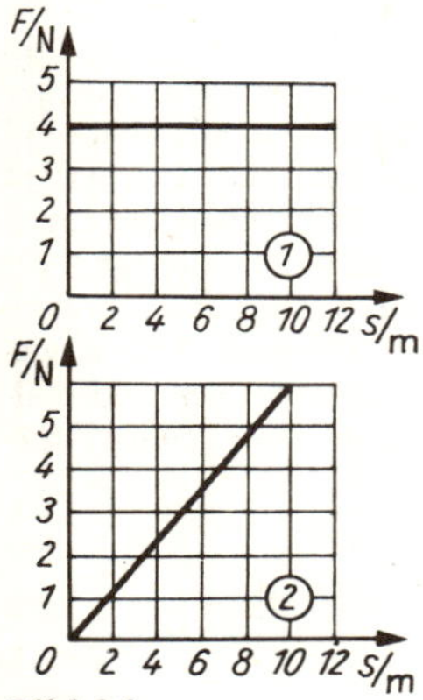

Bild 36

3.37 1. Welche Arbeit müssen Sie verrichten, um eine Schraubenfeder mit vernachlässigbar kleiner Masse, die durch einen angehängten Körper der Masse 1,0 kg um 20 mm gedehnt wurde, um weitere 30 mm zu dehnen? 2. Welche Arbeit ist für diese Feder in horizontaler Anordnung bei Vorspannung durch eine Kraft F_1, die ebenfalls eine Dehnung um 20 mm hervorruft, für weitere 30 mm Dehnung aufzubringen? 3. Weshalb ist im 2. Fall die Arbeit größer?

3.38 Bei einem Stahldraht von 1,00 mm Durchmesser und 500 cm Länge, an den ein Körper von 1,00 kg Masse angehängt wird, stellt sich eine elastische Verlängerung des Drahtes von 0,32 mm ein. Berechnen Sie 1. den Elastizitätsmodul des Stahles und 2. die potentielle Energie des gespannten Drahtes.

3.39 □ Ein Steinquader mit der Masse 20 t wird über eine um 30° geneigte Ebene aus einem 15 m tiefen Steinbruch gezogen. Die Gleitreibungszahl beträgt 0,25. Berechnen Sie die dabei verrichtete Arbeit.

3.40 Lösen Sie Aufgabe 3.7, indem Sie vom Energiesatz ausgehen.

3.41 Ein Hammer (Masse 1,5 kg) wird auf vertikaler Bahn von 1,2 m Länge von oben nach unten mit einer Kraft von 30 N angetrieben. Berechnen Sie 1. die Energie und 2. die Geschwindigkeit, jeweils unmittelbar vor dem Aufschlagen.

3.42 Bei der Bestimmung der Geschwindigkeit einer Luftgewehrkugel (Masse 2,2 g) kurz vor dem Aufprall auf den Kugelfang wird festgestellt, daß sie eine Strecke von 10 cm in 1,25 ms durchfliegt. Berechnen Sie 1. die Geschwindigkeit der Kugel und 2. die am Kugelfang umgesetzte Energie. 3. Erläutern Sie die beim Aufprall der Kugel stattfindende Energieumwandlung. 4. Berechnen Sie, wie hoch ein Körper von 100 g Masse mit der Aufprallenergie gehoben werden könnte, wenn bei der Umwandlung keine Verluste aufträten.

3.43 Berechnen Sie die Anfangsgeschwindigkeit eines vertikal nach oben abgefeuerten Geschosses, wenn dessen potentielle Energie in 1000 m Höhe doppelt so groß ist wie seine kinetische. (Rechnen Sie mit $g = 9{,}8\,\mathrm{m\,s^{-2}} = \mathrm{const}$ und vernachlässigen Sie den Luftwiderstand.)

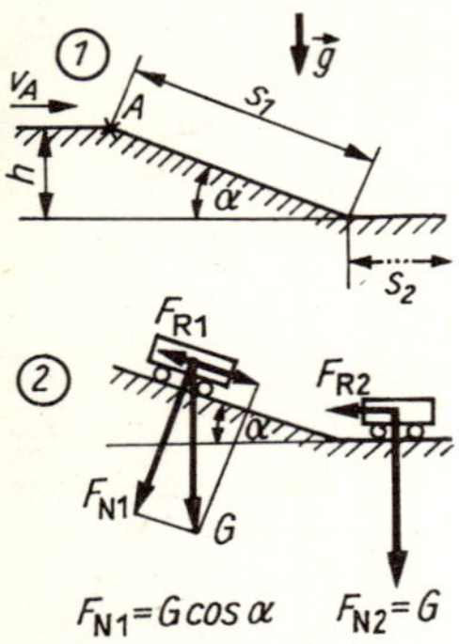

Bild 37

3.44 Beim Rangieren wird ein Güterwagen abgestoßen und rollt danach einen 30 m langen, um 3° geneigten Ablaufberg hinab. Seine Geschwindigkeit beträgt am oberen Ende der Ablaufstrecke $1{,}5\,\mathrm{m\,s^{-1}}$. Berechnen Sie, wie weit der Wagen auf der anschließenden horizontalen Strecke noch rollen kann. Die Fahrwiderstandszahl ist 0,002.

Beim *aufmerksamen Lesen* findet sich außer den direkt gegebenen Größen der Hinweis auf eine geneigte Ebene, den Ablaufberg. Bei der beschriebenen Bewegung wird also die Fallbeschleunigung eine Rolle spielen. In die *Skizze* (Bild 37.1) sind die gegebenen und gesuchten Größen eingetragen.

Gegeben: $s_1 = 30\,\mathrm{m}$; $v_A = 1{,}5\,\mathrm{m\,s^{-1}}$ *Gesucht*: s_2

$\alpha = 3°$; $\mu_F = 0{,}002$; $g = 9{,}81\,\mathrm{m\,s^{-2}}$

Vorgänge:
Wir erkennen, daß der Wagen, der die Anfangsgeschwindigkeit v_A hat, auf der geneigten Ebene durch die Schwerkraft beschleunigt und gleichzeitig durch den konstanten Fahrwiderstand gebremst wird. Auf der horizontalen Strecke wirkt nur ein konstanter Fahrwiderstand. Während der Bewegung wird die anfangs im Wagen enthaltene Energie durch Arbeit gegen den Fahrwiderstand in Wärme umgewandelt. Wir stellen die Energiebilanz auf, die bei Bewegungen mit Reibung leichter zum Ziel führt als die Betrachtung der Kräfte. Die Energie des Wagens besteht zum Anfang der Bewegung aus zwei Anteilen, aus potentieller und kinetischer Energie. Die verrichtete Reibungsarbeit ist wegen der unterschiedlichen Normalkräfte auf den Teilstrecken (Bild 37.2) ebenfalls in zwei Teilen darzustellen.

Gleichungen suchen:
Unter den genannten Voraussetzungen lautet die Energiebilanz

$$W_p + W_k = W_{R1} + W_{R2} \tag{1}$$

Die in (1) durchweg unbekannten Größen eliminieren wir durch die bekannten Gleichungen

$$W_p = mgh \quad (2) \qquad W_k = \tfrac{1}{2} m v_A^2 \quad (3)$$

$$W_{R1} = \mu_F F_{N1} s_1 \quad (4) \qquad W_{R2} = \mu_F F_{N2} s_2 \quad (5)$$

Aus der Skizze entnehmen wir

$$F_{N1} = G\cos\alpha = mg\cos\alpha \quad (6) \qquad F_{N2} = G = mg \quad (7)$$

und

$$h = s_1 \sin\alpha \tag{8}$$

(2) ... (8) in (1) eingesetzt, ergibt

$$mgs_1 \sin\alpha + \frac{m}{2} v_A^2 = \mu_F mgs_1 \cos\alpha + \mu_F mgs_2 \tag{9}$$

Division von (9) durch m und Auflösen der Gleichung nach s_2 führt zum *allgemeinen Ergebnis*:

$$s_2 = \frac{2gs_1 (\sin\alpha - \mu_F \cos\alpha) + v_A^2}{2\mu_F g}$$

Einheitenprobe:
Größen im Zähler haben gleiche Einheit: $\mathrm{m\,s^{-2}\,m = m^2\,s^{-2}}$. Somit ist

$$[s_2] = \frac{\mathrm{m^2\,s^{-2}}}{\mathrm{m\,s^{-2}}} = \mathrm{m}.$$

Die Einheit entspricht der gesuchten Größe.

Diskussion der funktionalen Abhängigkeit:
Die Ausrollstrecke nimmt mit der Anfangsgeschwindigkeit sowie mit der Länge der geneigten Strecke und deren Neigungswinkel zu. Sie nimmt mit wachsendem Fahrwiderstand ab. Diese Aussagen entsprechen der Erfahrung. Daß die Ausrollstrecke von der Masse, also dem Beladungszustand des Wagens, unabhängig ist, ist zunächst erstaunlich, wird aber verständlich bei der Überlegung, daß sowohl die gespeicherte Energie als auch der Energieverlust in gleicher Weise von der Masse abhängen, der Einfluß der Masse sich also kompensiert.

Spezielles Ergebnis berechnen:

$$s_2 = \frac{2 \cdot 9{,}81\,\frac{\mathrm{m}}{\mathrm{s^2}} \cdot 30\,\mathrm{m}\,(\sin 3^\circ - 0{,}002\cos 3^\circ) + 1{,}5^2\,\frac{\mathrm{m^2}}{\mathrm{s^2}}}{2 \cdot 0{,}002 \cdot 9{,}81\,\frac{\mathrm{m}}{\mathrm{s^2}}}.$$

Überschlagsrechnung:

Wir rechnen mit $\cos 3^\circ \approx 1$ und $\sin 3^\circ = \sin\frac{\pi}{60} \approx \frac{\pi}{60} \approx 0{,}05$

$$s_2 \approx \frac{20 \cdot 30 \cdot 0{,}05 + 2}{0{,}04}\,\mathrm{m} \approx 750\,\mathrm{m}$$

Exakte Rechnung ergibt: $s_2 = \underline{\underline{812\,\mathrm{m}}}$

Spezielles Ergebnis diskutieren:
Der errechnete Wert erscheint hoch, ist jedoch aus dem sehr kleinen Fahrwiderstand und der Tatsache zu erklären, daß zusätzlich keine Bremskraft wirkt.

3.45 Ein Güterwagen (Masse 15 t) rollt mit der Anfangsgeschwindigkeit $3{,}0\,\mathrm{m\,s^{-1}}$ einen 150 m langen Ablaufberg (Höhenunterschied 4,5 m) hinab. Bestimmen Sie die kinetische Energie 1. zu Beginn und 2. am Ende der beschleunigten Bewegung. 3. Berechnen Sie die Endgeschwindigkeit in Kilometer je Stunde. Der Fahrwiderstand werde vernachlässigt.

3.46 Ein Waggon mit einer Masse von 40 t rollt mit einer Geschwindigkeit von $1{,}5\,\mathrm{km\,h^{-1}}$ gegen einen Puffer und drückt dessen Feder um 50 mm zusammen. Berechnen Sie die Federkonstante der Pufferfeder.

3.47 Ein Schiläufer (Masse 75 kg) startet zu einer Abfahrt von 120 m Länge und 17 m Höhenunterschied mit vernachlässigbarer Anfangsgeschwindigkeit. Die Reibungszahl beträgt 0,030. Die durch den Luftwiderstand hervorgerufene Bremskraft beträgt im Mittel 30 N. Berechnen Sie die Geschwindigkeit, die der Schiläufer ohne zusätzlichen Antrieb durch Benutzen der Stöcke erreicht.

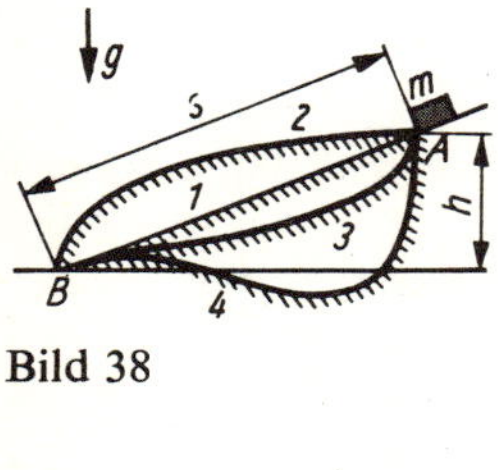

Bild 38

3.48 In Bild 38 bewegt sich ein Körper auf geneigter Ebene (Bahn *1*) von *A* nach *B*. Bekannt sind Masse des Körpers, Länge und Höhe der geneigten Ebene sowie die Gleitreibungszahl. Die Anfangsgeschwindigkeit sei Null. Bestimmen Sie allgemein 1. die Endgeschwindigkeit bei reibungsfreier Bewegung und 2. bei Bewegung mit Reibung. 3. Diskutieren Sie die Abhängigkeit der Endgeschwindigkeit von der Masse des Körpers und von der Form der Gleitbahn.

Gegeben: m; s; h; μ_G; g; $v_0 = 0$ *Gesucht*: 1. v_1; 2. v_2

1. $W_{pA} = W_{kB}$

$$mgh = \frac{mv_1^2}{2} \qquad v_1 = \sqrt{2gh}$$

2. $W_{pA} = W_{kB} + W_R$; $W_R = \mu_G F_N s$

$$= \mu_G mgs \cos\alpha = \mu_G mg\sqrt{s^2 - h^2}$$

$$mgh = \tfrac{1}{2}mv_2^2 + \mu_G mg\sqrt{s^2 - h^2}$$

$$v_2 = \sqrt{2g\left(h - \mu_G\sqrt{s^2 - h^2}\right)}$$

3. Das Ergebnis zeigt, daß im Fall *2* (Bewegung mit Reibung) die Endgeschwindigkeit stets kleiner ist als bei reibungsfreier Bewegung. Der Unterschied ist um so geringer, je kleiner die Differenz $s^2 - h^2$ ist, d. h., je steiler die Ebene verläuft. Im Grenzfall $h = s$ liegt freier Fall vor. Da in den Gleichungen für die Geschwindigkeit die Masse des Körpers nicht vorkommt, hängt die Geschwindigkeit nicht von der Masse ab. Bei Bewegung ohne Reibung ist allein die Höhe, bei Bewegung mit Reibung auch die Weglänge und damit die Form des Weges maßgebend.

3.49 Lösen Sie Übung 3.20 durch Aufstellen der Energiebilanz.

3.50 Ein Körper (Masse 250 g) fällt auf eine Schraubenfeder (Länge 25 cm, Federkonstante 280 N m^{-1}) und drückt diese um 150 mm zusammen. Fertigen Sie eine Skizze an, und bestimmen Sie die Höhe, aus der die Kugel fiel.

3.51 Auf einer vertikal stehenden Schraubenfeder (Federkonstante 18 N cm^{-1}) liegt ein Körper der Masse 0,38 kg. Die Feder wird um 25 mm zusammengedrückt und losgelassen. Berechnen Sie die Geschwindigkeit des Körpers beim Erreichen der Ausgangshöhe.

3.52 Auf horizontaler Unterlage aus Holz kann ein hölzerner Körper (Masse 100 g) gleiten. Er wird beim Entspannen einer um 100 mm zusammengedrückten Feder in Bewegung versetzt und kommt nach Zurücklegen eines Weges von 100 cm zur Ruhe. Berechnen Sie die Federkonstante der Schraubenfeder.

3.53 □ Auf einer geneigten Ebene aus Holz (Neigungswinkel 40°) gleitet ein Messingkörper. Er soll am Fuß der geneigten Ebene die Geschwindigkeit 2,5 m s^{-1} haben. 1. Berechnen Sie die Höhe, in der die Bewegung beginnen muß. 2. Berechnen Sie die Anfangsgeschwindigkeit, wenn die Bewegung in 0,50 m Höhe beginnen soll.

3.54 Ein Kraftwagen (Masse 2,0 t) startet auf einer Straße, die auf 100 m um 4 m ansteigt, und erreicht bei konstanter Beschleunigung nach 30 s die Geschwindigkeit 54 km h^{-1}. Die Fahrwiderstandszahl beträgt 0,03 (Bild 39). Berechnen Sie 1. die mittlere Leistung, die der Motor aufbringen muß, sowie 2. dessen Momentanleistung am Ende des Vorgangs.

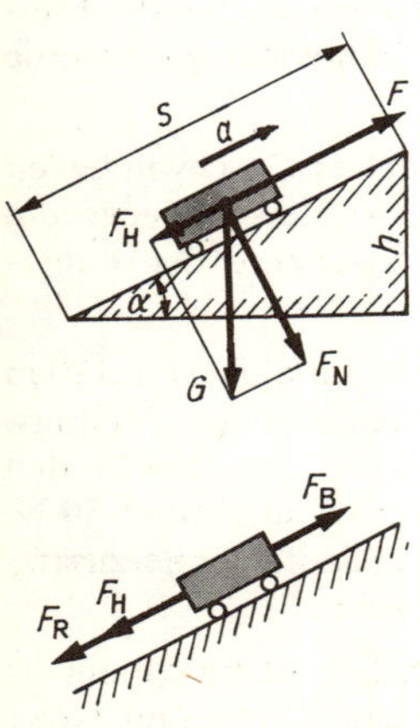

Bild 39

Gegeben: $m = 2{,}0\,\text{t}$; $v_0 = 0$; $g = 9{,}81\,\text{m s}^{-2}$ *Gesucht*: 1. P_m

$t = 30\,\text{s}$; $v = 54\,\text{km h}^{-1}$ 2. P_e

$\mu_\text{F} = 0{,}03$; $\Delta h = 4\,\text{m}$; $\Delta s = 100\,\text{m}$

1. $P_\text{m} = \dfrac{W}{t}$; $\quad W = W_\text{H} + W_\text{R} + W_\text{B}$

$$P_\text{m} = \frac{W_\text{H} + W_\text{R} + W_\text{B}}{t} \tag{1}$$

$$W_\text{H} = mgh; \qquad \frac{h}{s} = \frac{\Delta h}{\Delta s}; \qquad s = \frac{vt}{2}$$

$$W_\text{H} = \frac{mgvt\Delta h}{2\Delta s}$$

Zur Vereinfachung der weiteren Rechnung führen wir den Winkel α ein. Es ist $\sin\alpha = \Delta h/\Delta s = 0{,}04$.

$$W_\text{H} = \frac{mgvt\sin\alpha}{2} \tag{2}$$

$$W_\text{R} = \mu_\text{F} F_\text{N} s; \qquad F_\text{N} = mg\cos\alpha = mg\sqrt{1 - \sin^2\alpha} \approx mg$$

(für kleine Winkel α ist $\sin^2\alpha \ll 1$)

$$W_\text{R} = \frac{\mu_\text{F} mgvt}{2} \tag{3}$$

$$W_\text{B} = W_\text{k} = \frac{mv^2}{2} \tag{4}$$

Aus (1) … (4) folgt

$$\underline{\underline{P_\text{m} = \frac{mv}{2}\left[g(\sin\alpha + \mu_\text{F}) + \frac{v}{t}\right]}}$$

$$P_\text{m} = \frac{2 \cdot 10^3\,\text{kg} \cdot 54\,\text{m}}{2 \cdot 3{,}6\,\text{s}}\left(\frac{9{,}81\,\text{m} \cdot (0{,}04 + 0{,}03)}{\text{s}^2} + \frac{54\,\text{m}}{3{,}6\,\text{s} \cdot 30\,\text{s}}\right)$$

$$= \underline{\underline{17{,}8\,\text{kW}}}$$

2. Für die Momentanleistung gilt $P = Fv$. Wegen der hier konstanten Kraft $F = F_\text{H} + F_\text{R} + F_\text{B}$ ist $P_\text{e} \sim v$. Die Geschwindigkeit und damit auch die Leistung nehmen bei gleichmäßig beschleunigter Bewegung linear zu. Für diesen Fall ist

$$\underline{\underline{P_\text{e} = 2P_\text{m}}} \qquad P_\text{e} = 2 \cdot 17{,}8\,\text{kW} = \underline{\underline{35{,}6\,\text{kW}}}$$

Das Ergebnis läßt sich durch eine Rechnung über den Kräfteansatz bestätigen.

3.55 □ Der Bär einer Ramme hat eine Masse von 2,5 t. Zum Anheben auf 5,0 m Höhe steht ein Motor mit einer Leistung von 27,3 kW zur Verfügung. Der Wirkungsgrad beträgt 90%. Berechnen Sie 1. die Dauer des Anhebens (Beschleunigungs- und Verzögerungsphase werden vernachlässigt) und 2. die Anzahl der je Minute möglichen Hübe (Fallzeit berücksichtigen).

3.56 Die sowjetische Windkraftmaschine TW 8 hat eine maximale Nutzleistung von 4,0 kW. Sie nutzt 42% der Windenergie aus und treibt eine Wasserpumpe an, die einen Wirkungsgrad von 0,70 hat. Berechnen Sie, 1. wieviel Prozent der Windleistung insgesamt genutzt werden, 2. welche Leistung der Wind zur Verfügung stellen muß, wenn die Anlage mit Höchstleistung arbeitet, und 3. welche Leistung die Pumpe dabei abgibt.

3.57 Berechnen Sie die Geschwindigkeit, mit der man einen kleinen Handwagen, dessen Deichsel 40° gegen die Straße geneigt ist und an der eine Zugkraft von 100 N in Deichselrichtung wirkt, ziehen kann, wenn man über längere Zeit eine Leistung von 75 W aufbringt.

3.58 Beim Eintauchen einer Raumkapsel (Masse 4,5 t) in die Erdatmosphäre tritt eine Beschleunigung von $-40\ \text{m s}^{-2}$ auf. Die Anfangsgeschwindigkeit der Kapsel beträgt $40\ \text{Mm h}^{-1}$. Berechnen Sie 1. die auf die Kapsel wirkende Trägheitskraft und 2. die Bremsleistung der Erdatmosphäre bei Beginn der Bremsung.

3.59 Das Pumpspeicherwerk Hohenwarte II hat eine Turbinenleistung von 320 MW bei einer Fallhöhe des Wassers von 300 m. Berechnen Sie das Volumen des Wassers, das in 1,0 s die Turbinen durchströmt. Der Gesamtwirkungsgrad beträgt 90 %.

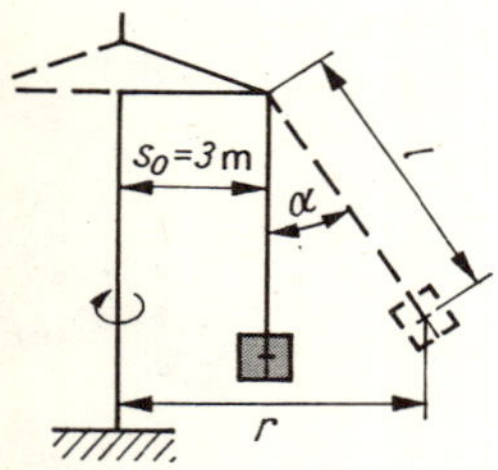

Bild 40

3.60 □ Die Ketten eines Kettenkarussels mit 16 Sesseln (Bild 40) haben eine Länge von 8,0 m. Nach Erreichen konstanter Drehzahl bilden die Ketten einen Winkel von 26° mit der Vertikalen. Berechnen Sie 1. den Radius des Umlaufkreises der Sessel, 2. die Umlaufzeit und 3. die mittlere Leistung, die aufgebracht werden muß, um das vollbesetzte Karussel in 45 s in den angegebenen Betriebszustand zu versetzen. Die Masse eines besetzten Sessels beträgt im Mittel 80 kg. Die Massen der Seile und des Gestänges sowie die Reibung sollen durch den angenommenen Wirkungsgrad von 50 % berücksichtigt werden.

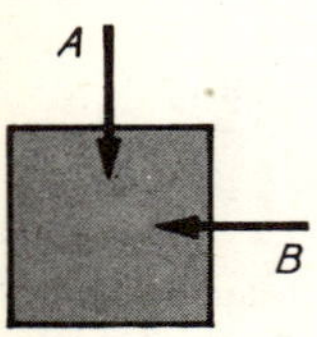

Bild 41

3.61 Bei einem Versuch zur Demonstration des Impulserhaltungssatzes springen gleichzeitig zwei Schüler (Masse A 42 kg, B 57 kg) in den in Bild 41 angegebenen Richtungen auf eine nach allen Seiten bewegliche Plattform auf, die sich in Ruhelage befindet. Beide Schüler haben die Geschwindigkeit $5{,}0\ \text{m s}^{-1}$. Berechnen Sie 1. den Betrag und 2. die Richtung der Geschwindigkeit, mit der sich die Plattform nach dem Aufsprung bewegt. Die Plattform hat die Masse 30 kg.

Gegeben: $m_P = 30\ \text{kg}$; $m_A = 42\ \text{kg}$; $m_B = 57\ \text{kg}$ *Gesucht*: 1. v

$v_P = 0$; $v_A = v_B = 5\ \text{m s}^{-1}$ 2. α

1. Impulserhaltungssatz:

$$\boldsymbol{p}_P + \boldsymbol{p}_A + \boldsymbol{p}_B = \boldsymbol{p}$$

(vor dem Sprung) (nach dem Sprung)

$$\boldsymbol{p}_P = m_P \boldsymbol{v}_P = 0; \quad \boldsymbol{p}_A = m_A \boldsymbol{v}_A; \quad \boldsymbol{p}_B = m_B \boldsymbol{v}_B; \quad \boldsymbol{p} = m\boldsymbol{v}$$

Daraus folgt mit $m = m_P + m_A + m_B$ für den Betrag von $\boldsymbol{v}$

$$v = \frac{p}{m} = \underline{\underline{\frac{\sqrt{(m_A v_A)^2 + (m_B v_B)^2}}{m_P + m_A + m_B}}}$$

$$v = \frac{\sqrt{(42^2 \cdot 5^2 + 57^2 \cdot 5^2)\ \text{kg}^2\ \text{m}^2}}{(30 + 42 + 57)\ \text{kg s}^2} = \underline{\underline{2{,}74\ \text{m s}^{-1}}}$$

2. $\tan\alpha = \frac{p_A}{p_B} = \frac{m_A v_A}{m_B v_B}$; $\tan\alpha = \frac{42 \cdot 5}{57 \cdot 5} = 0{,}737$; $\alpha = \underline{\underline{36{,}4°}}$

3.62 Ein Geschoß von 10 kg Masse verläßt das Geschützrohr mit einer Geschwindigkeit von 800 m s^{-1}. 1. Berechnen Sie die Rücklaufgeschwindigkeit des Rohres, wenn dieses eine Masse von 650 kg hat. 2. Berechnen Sie die mittlere Kraft, die notwendig ist, um den Rücklauf auf einem Wege von 0,80 m abzubremsen.

3.63 Von einem Wagen (Masse 40 kg), der mit einer Geschwindigkeit von 2,0 m s^{-1} rollt, springt ein Mensch (Masse 80 kg) mit der Geschwindigkeit 10 m s^{-1} (relativ zum Wagen) schräg nach vorn im Winkel von 30° zur Bewegungsrichtung des Wagens ab. Berechnen Sie die Geschwindigkeit des Wagens nach dem Sprung.

3.64 Die Düse eines Raketentriebwerks liefert 12 s lang einen Schub von 15 kN. Berechnen Sie die Geschwindigkeitsänderung der Rakete, die eine als konstant angenommene Masse von 4,5 t hat.

3.65 Zur Messung der Geschwindigkeit eines Geschosses (Masse 5,0 g) schießt man dieses in einen pendelnd aufgehängten Holzklotz, der dadurch aus der Ruhelage ausgelenkt wird. Das Geschoß bleibt im Klotz stecken (ballistisches Pendel, Bild 42). Berechnen Sie die Geschoßgeschwindigkeit unter der Voraussetzung, daß der Klotz eine Masse von 2,5 kg hat und beim Pendeln eine Höhe von 50 mm über der Ruhelage erreicht.

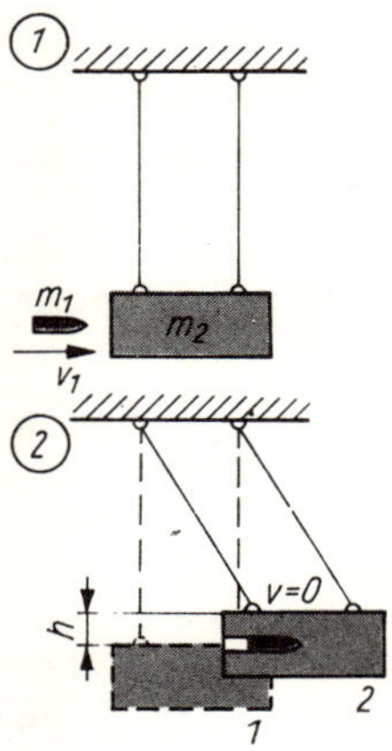

Bild 42

Gegeben: $m_1 = 5{,}0$ g; $m_2 = 2{,}5$ kg; $h = 50$ mm; $v_2 = 0$; $g = 9{,}81$ m s^{-2} *Gesucht*: v_1

Es laufen zwei Vorgänge nacheinander ab: der unelastische Stoß und die darauf folgende Pendelbewegung.
Für den unelastischen Stoß gilt nach dem Impulserhaltungssatz

$$m_1 v_1 = (m_1 + m_2)\, v_n \qquad (1)$$

Daraus läßt sich die Geschoßgeschwindigkeit v_1 bestimmen, wenn die Geschwindigkeit v_n des Pendels unmittelbar nach dem Stoß bekannt ist. Diese Geschwindigkeit ist zugleich die Anfangsgeschwindigkeit der Pendelbewegung und folgt aus dem Energieerhaltungssatz:

$$W_{p2} = W_{k1}$$

$$(m_1 + m_2)\, gh = \tfrac{1}{2}(m_1 + m_2)\, v_n^2 \qquad (2)$$

Aus (1) und (2) erhalten wir die gesuchte Geschwindigkeit

$$\underline{\underline{v_1 = \frac{m_1 + m_2}{m_1}\sqrt{2gh}}} \qquad v_1 = \underline{\underline{496 \text{ m s}^{-1}}}$$

3.66 Das Geschoß einer Pistole hat die Masse 15 g. Es dringt in einen Holzklotz (Masse 1,20 kg) ein, der auf einer horizontalen Stahlplatte gleitet und bei einer Gleitreibungszahl von 0,40 nach 1,80 m zur Ruhe kommt. 1. Berechnen Sie die Geschoßgeschwindigkeit. 2. Geben Sie an, welcher Teil der Geschoßenergie durch Reibungsarbeit und welcher Teil durch Verformungsarbeit (Geschoß und Holzklotz) in Wärme umgewandelt wird.

3.67 Eine Stahlkugel (Masse 20 g) fällt aus 1,0 m Höhe so auf eine horizontal liegende schwere Stahlplatte, daß sie mit gleichem Betrag der Geschwindigkeit reflektiert wird. Durch Kurzzeitfotografie wird festgestellt, wie sich die Kugel beim Auftreffen elastisch verformt. Ein Versuch zeigt, daß diese Verformung der Belastung durch eine Kraft von 160 N entspricht. Berechnen Sie, wie lange Kugel und Platte in Berührung stehen.

3.68 Eine Stahlkugel (Masse 120 g) fällt mit der Geschwindigkeit $10\ \mathrm{m\ s^{-1}}$ vertikal auf die gehärtete ebene Fläche eines Ambosses. Ermitteln Sie, wie hoch die Kugel steigt, wenn rein elastischer Stoß angenommen wird.

3.69 Eine Stahlkugel mit der Masse 1,5 kg stößt mit der Geschwindigkeit $45\ \mathrm{m\ s^{-1}}$ zentral auf eine ruhende Stahlkugel (Masse 60 g). Berechnen Sie die Geschwindigkeit, mit der die Kugel nach dem elastischen Stoß davonfliegt.

3.70 Eine unbewegt hängende Stahlplatte (Masse 10 kg) wird mit einem Hammer (Masse 1,0 kg) angeschlagen (Auftreffgeschwindigkeit $25\ \mathrm{m\ s^{-1}}$). Berechnen Sie die Geschwindigkeiten, mit denen sich die Körper nach dem als elastisch angesehenen Stoß bewegen.

3.71 Ein Kraftwagen (Masse 2,5 t) fährt mit einer Geschwindigkeit von $80\ \mathrm{km\ h^{-1}}$ auf einen vor ihm fahrenden Wagen (Masse 0,8 t, Geschwindigkeit $60\ \mathrm{km\ h^{-1}}$) auf. Berechnen Sie die Geschwindigkeiten der beiden Wagen nach dem als unelastischen Stoß zu behandelnden Aufprall.

3.72 Nach einem Verkehrsunfall, bei dem zwei Wagen frontal zusammenstießen und miteinander verklemmt noch 30 m in Richtung des schwereren Fahrzeugs weiterrutschten, ist zur Klärung der Schuldfrage die Geschwindigkeit des schwereren Wagens vor dem Aufprall zu bestimmen. Die Massen der Fahrzeuge betragen 2000 kg und 800 kg, die Geschwindigkeit des leichteren war vor dem Unfall $42\ \mathrm{km\ h^{-1}}$. Die Gleitreibungszahl betrage 0,20. Berechnen Sie 1. die Gleitgeschwindigkeit nach dem Stoß, 2. die Anfangsgeschwindigkeit des zweiten Wagens und 3. den Energieanteil, der zur Deformation der Wagen verbraucht wurde.

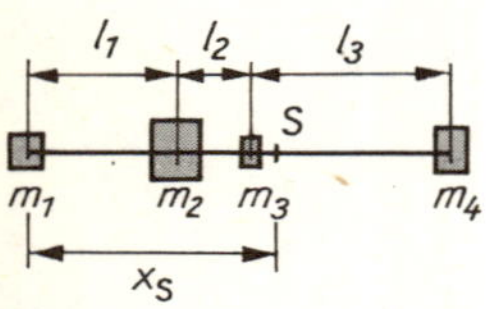

Bild 43

3.73 Vier verschieden große Körper unterschiedlicher Masse sind in einer Anordnung nach Bild 43 durch eine starre Stange verbunden. Berechnen Sie den Abstand des Massenmittelpunktes des Systems vom Massenmittelpunkt des Körpers *1*. Die Masse der Stange bleibe unberücksichtigt. Die Körper *1* ... *4* haben die Massen 5,0 kg, 12,0 kg, 3,0 kg und 10,0 kg, die Abstände l_1 ... l_3 sind 0,60 m, 0,30 m und 0,80 m.

3.74 Bei einem Demonstrationsversuch zum Impulssatz rollen zwei zusammengekuppelte Wagen (Massen 50 g und 200 g) reibungsfrei mit der Geschwindigkeit $50\ \mathrm{cm\ s^{-1}}$ auf einem Gleis, wobei der leichtere Wagen der in Fahrtrichtung vordere ist. Beim Lösen der Kupplung wird zwischen beiden Wagen eine Federkraft wirksam, die die Wagen in vernachlässigbar kurzer Zeit so voneinander abstößt, daß sich die Geschwindigkeit des vorderen Wagens verdoppelt. Berechnen Sie die

Zeitdifferenz, in der die Wagen einen 500 cm von der Entkupplungsstelle entfernten Ort erreichen. Die Wagen werden als Massenpunkte betrachtet.

Gegeben: $m_1 = 50$ g; $s = 500$ cm *Gesucht*: Δt

$m_2 = 200$ g; $v = 50 \text{ cm s}^{-1}$; $v_1 = 2v$

$$\text{Es ist} \quad \Delta t = t_2 - t_1 = \frac{s}{v_2} - \frac{s}{v_1} \tag{1}$$

Die Geschwindigkeiten v_1 bzw. v_2 ergeben sich aus der Überlagerung der Anfangsgeschwindigkeit v und der durch den Stoß bewirkten Geschwindigkeiten v_{01} bzw. v_{02}.

$$v_1 = v_{01} + v = 2v; \qquad v_{01} = 2v - v = v$$

$$v_2 = v_{02} + v$$

v_{02} folgt aus dem Impulserhaltungssatz:

$$m_1 v_{01} = -m_2 v_{02}; \qquad v_{02} = -\frac{m_1}{m_2} v_{01} = -\frac{m_1}{m_2} v$$

Somit ergibt sich

$$v_2 = -\frac{m_1}{m_2} v + v = v\left(1 - \frac{m_1}{m_2}\right) \tag{2}$$

Aus (1) und (2) folgt

$$\Delta t = \frac{s}{v\left(1 - \frac{m_1}{m_2}\right)} - \frac{s}{2v} = \underline{\underline{\frac{s}{v}\left(\frac{m_2}{m_2 - m_1} - \frac{1}{2}\right)}}$$

$$\Delta t = \frac{500 \text{ cm s}}{50 \text{ cm}}\left(\frac{200 \text{ g}}{150 \text{ g}} - \frac{1}{2}\right) = \underline{\underline{8{,}33 \text{ s}}}$$

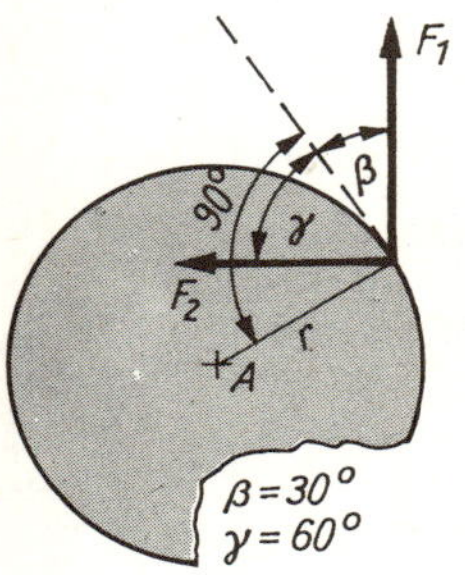

Bild 44

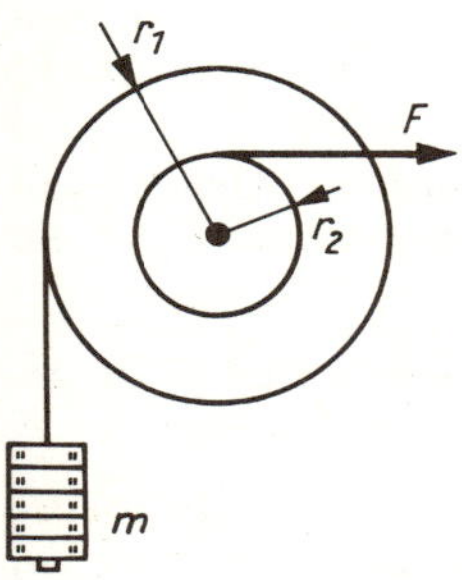

Bild 45

3.75 In Bild 44 greifen die Kräfte $F_1 = 100$ N und $F_2 = 80$ N in den angegebenen Richtungen am Rand einer Scheibe (Radius 50 cm) an, deren Achse, senkrecht auf der Scheibe stehend, durch den Punkt A läuft. Berechnen Sie 1. das Drehmoment der Kraft F_1, 2. das Drehmoment der Kraft F_2, 3. die Resultierende der beiden Momente. – Überprüfen Sie das Ergebnis, indem Sie 4. die Resultierende der Kräfte bilden und 5. das Drehmoment dieser Resultierenden bestimmen. 6. Erläutern Sie, wie sich die Ergebnisse ändern, wenn beide Kräfte nicht in der Scheibenebene, sondern unter einem Winkel $\delta = 45°$ gegen diese Ebene an der Scheibe angreifen.

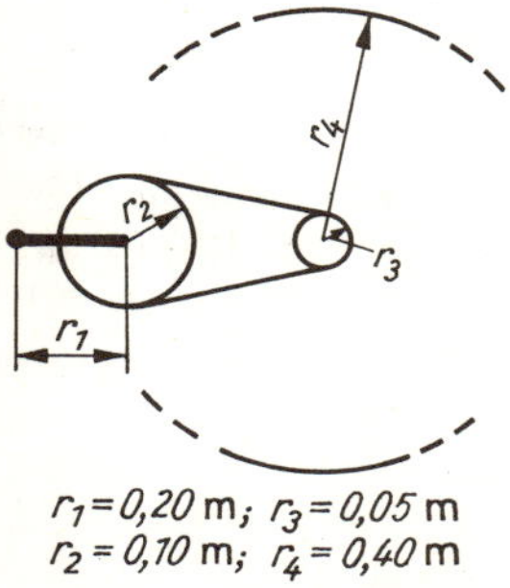

Bild 46

3.76 Ein Spanndraht wird dadurch straff gehalten, daß er nach Bild 45 an einer durch schwere Betonklötze belasteten Rolle befestigt wird. Berechnen Sie allgemein die Zugkraft, die auf den Spanndraht ausgeübt wird, wenn die Masse der Klötze sowie die Radien r_1 und r_2 bekannt sind.

3.77 Berechnen Sie die maximale Kraft, die an der Tretkurbel eines Fahrrades (Bild 46) wirken kann, wenn die Kraftübertragung zwischen Reifen und Straße ohne Gleiten erfolgen soll. Das Hinterrad ist durch die Gewichtskraft des Fahrers und des Rades mit 600 N belastet. Die Haftreibungszahl beträgt 0,30.

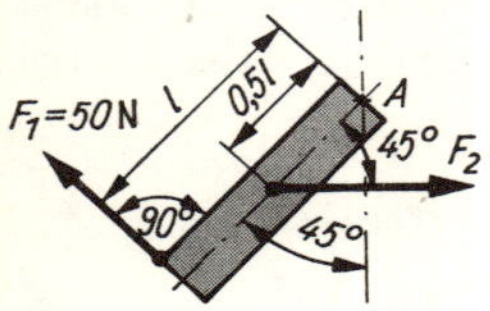

Bild 47

3.78 Im mechanischen System nach Bild 47 ist ein um die Achse A drehbarer Hebel (Gewichtskraft 100 N) um 45° aus der Vertikalen ausgelenkt und wird durch die Kräfte F_1 und F_2 in dieser Lage gehalten. Berechnen Sie 1. die Kraft F_2 und 2. die im Achslager angreifende Kraft F_3 (Betrag und Richtung).

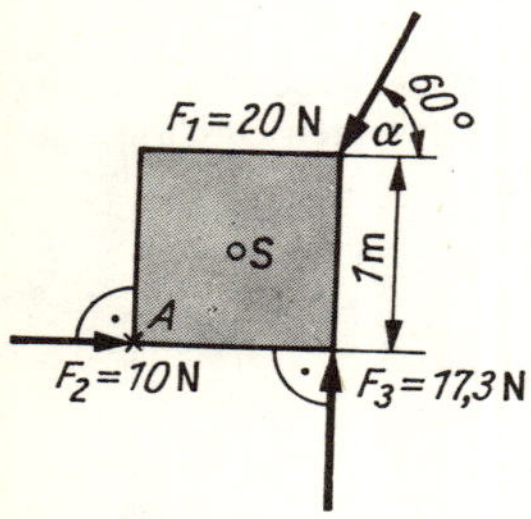

Bild 48

3.79 An einer quadratischen Holzplatte von 1,0 m Seitenlänge, die auf einer Wasseroberfläche schwimmt, greifen die in Bild 48 angegebenen Kräfte F_1, F_2 und F_3 an. 1. Untersuchen Sie, wie sich die Platte unter Einwirkung dieser Kräfte bewegt. 2. Schlagen Sie eine Kräfteanordnung vor, die die Platte ins Gleichgewicht bringt.

Gegeben: $F_1 = 20\,\text{N}$; $\alpha = 60°$ *Gesucht*: F_4

$F_2 = 10\,\text{N}$; $F_3 = 17{,}3\,\text{N}$

$\beta = \gamma = 90°$; $l = 1{,}0\,\text{m}$

1. Gleichgewichtsbedingungen:

$$\sum F_x = -F_1 \cos\alpha + F_2 = -20\,\text{N}\cdot\cos 60° + 10\,\text{N} = \underline{\underline{0}}$$

$$\sum F_y = -F_1 \sin\alpha + F_3 = -20\,\text{N}\cdot\sin 60° + 17{,}3\,\text{N} = \underline{\underline{0}}$$

$$\sum M_x = \underline{\underline{0}}; \quad \sum M_y = \underline{\underline{0}};$$

$$\sum M_z = F_1 l \cos\alpha - F_2 l \sin\alpha + F_3 l \quad \text{(um Punkt } A\text{)}$$

$$\sum M_z = \underline{\underline{10\,\text{N m} \neq 0}}$$

$\sum F = 0$ bedeutet $a = 0$ (Platte als Ganzes bewegt sich nicht);
$\sum M > 0$ bedeutet, daß die Platte eine Drehbewegung entgegen dem Uhrzeigersinn ausführt, und zwar um eine durch den Schwerpunkt gehende Achse.

2. Um die Platte ins Gleichgewicht zu bringen, muß ein Drehmoment von -10 N m wirksam werden. Dies könnte beispielsweise durch ein Kräftepaar nach Bild 49 (F_4, F_5) geschehen.

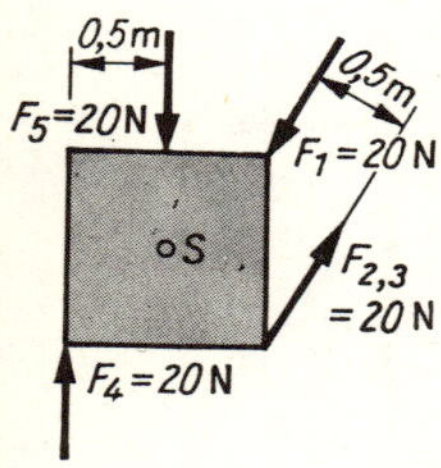

Bild 49

3.80 Berechnen Sie die Lage des Schwerpunktes für das in Bild 50 dargestellte 1,00 m lange Winkelprofil (Maßangaben in Millimeter).

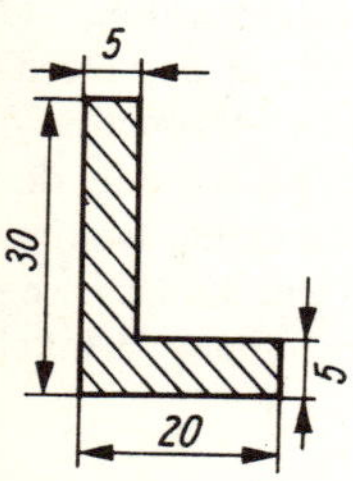

Bild 50

3.81 Berechnen Sie das auf die Längsachse bezogene Massenträgheitsmoment eines oben offenen zylindrischen Gefäßes aus 2,00 mm dickem Stahlblech (Innenradius 30,0 cm, Höhe 50,0 cm). 1. in leerem Zustand und 2. mit Wasser gefüllt.

Gegeben: $r = 30{,}0\,\text{cm}$; $h = 50{,}0\,\text{cm}$; $d = 2{,}00\,\text{mm}$ *Gesucht*: 1. J_1

$\varrho_{\text{Fe}} = 7{,}86\,\text{kg dm}^{-3}$; $\varrho_{\text{W}} = 1{,}00\,\text{kg dm}^{-3}$ 2. J_{ges}

1. Das Trägheitsmoment des leeren Gefäßes J_1 ist die Summe aus dem Trägheitsmoment des Zylindermantels J_{M} und dem des Bodens J_{B}. (Wegen der geringen Dicke des Blechs rechnen wir mit $r_a = r_i = r = 30{,}0$ cm.)

$$J_{\text{M}} = m_{\text{M}} r^2 = 2\pi r^3\, dh\, \varrho_{\text{Fe}}$$

$$J_{\text{B}} = \tfrac{1}{2} m_{\text{B}} r^2 = \tfrac{1}{2}\pi r^4 d \varrho_{\text{Fe}}$$

$$J_1 = J_{\text{M}} + J_{\text{B}} = \underline{\underline{\pi r^3 d \varrho_{\text{Fe}}\left(2h + \frac{r}{2}\right)}}; \qquad J_1 = \underline{\underline{1{,}53\,\text{kg m}^2}}$$

2. Für das Trägheitsmoment des Wassers gilt

$$J_W = \frac{1}{2} m_W r^2 = \frac{1}{2} \pi r^4 h \varrho_W \qquad J_W = 6{,}36 \text{ kg m}^2$$

$$\underline{\underline{J_{ges} = J_1 + J_W}} \qquad J_{ges} = \underline{\underline{7{,}89 \text{ kg m}^2}}$$

3.82 □ Berechnen Sie das Verhältnis der Massenträgheitsmomente einer Kugel und eines Würfels gleicher Masse und Dichte (Achsen durch Schwerpunkt, beim Würfel senkrecht zur Seitenfläche).

3.83 Die Drehachse A eines Vollzylinders (Masse 360 g) läuft parallel zur Zylinderachse. Der Abstand zwischen Zylinderachse und Drehachse beträgt ein Drittel des Radius, das Trägheitsmoment um die Achse A 1 000 g cm². Berechnen Sie den Zylinderradius.

3.84 Eine 0,50 m lange Stahlstange mit quadratischem Profil (Kantenlänge 30 mm) ist drehbar um eine ihrer Längskanten gelagert. Sie soll in 0,50 s aus dem Stillstand gleichmäßig auf die Drehzahl 2000 min⁻¹ beschleunigt werden. Berechnen Sie das dafür erforderliche Drehmoment.

Gegeben: $l = 0{,}50$ m; $a = 30$ mm; $t = 0{,}50$ s *Gesucht*: M

$\varrho_{Fe} = 7{,}86 \text{ g cm}^{-3}$; $n = 2000 \text{ min}^{-1}$

$$M = J_A \alpha \quad (1); \qquad \alpha = \frac{\Delta\omega}{\Delta t} = \frac{2\pi n}{t} \quad (2)$$

$$J_A = J_S + m s^2 \quad (3); \qquad m = \varrho_{Fe} V = \varrho_{Fe} a^2 l \quad (4)$$

$$J_S = \frac{1}{6} m a^2 \quad (5); \qquad s = \frac{a}{\sqrt{2}} \quad (6)$$

Aus (3) ... (6) ergibt sich

$$J_A = \frac{1}{6} a^4 l \varrho_{Fe} + \frac{1}{2} a^4 l \varrho_{Fe} = \frac{2}{3} a^4 l \varrho_{Fe} \quad (7)$$

Aus (1), (2) und (7) folgt

$$\underline{\underline{M = \frac{4\pi n a^4 l \varrho_{Fe}}{3t}}} \qquad M = \underline{\underline{0{,}889 \text{ N m}}}$$

3.85 1. Berechnen Sie die kinetische Energie (in Kilowattstunden) eines Turbogenerators, dessen Rotor die Drehzahl 3000 min⁻¹ und das Massenträgheitsmoment $5{,}0 \cdot 10^4$ kg m² hat. 2. Berechnen Sie die Zeit, in der der Rotor zum Stillstand kommt, wenn ein Bremsmoment von 2,5 kN m wirkt.

3.86 Berechnen Sie die kinetische Energie der Erde auf der als kreisförmig anzunehmenden Bahn um die Sonne (Energie der Revolution).

3.87 Ein Wirbelsturm läßt sich näherungsweise als ein rotierender Luftzylinder ansehen. 1. Berechnen Sie die Energie, die in einem Wirbelsturm gespeichert ist, der einen Durchmesser von 60 km und eine Höhe von 6 km hat und an dessen äußerem Rand eine Windgeschwindigkeit von 180 km h⁻¹ herrscht. Die Dichte der Luft sei 1,20 kg m⁻³. 2. Überschlagen Sie, in welcher Zeit das DDR-Kernkraftwerk Nord, das mit einer Leistung von 3,5 GW projektiert ist, die Energie des Wirbelsturms bei dauernder Volleistung produziert.

3.88 Ein Rad mit dem Durchmesser 1,2 m hat bezüglich der Rotationsachse das Massenträgheitsmoment 44 kg m^2. Es rotiert mit der Drehzahl 100 min^{-1}. Zum Abbremsen des Rades wird ein Bremsklotz mit einer Kraft von 600 N auf den Radumfang gepreßt. Die Reibungszahl beträgt 0,40. 1. Berechnen Sie die kinetische Energie des Rades vor dem Bremsen. 2. Geben Sie die Anzahl der Umdrehungen an, die das Rad beim Bremsen bis zum Stillstand ausführt.

3.89 Eine Kugel und ein Vollzylinder mit gleicher Masse und gleichem Durchmesser rollen auf einer geneigten Ebene. Ermitteln Sie, welcher von den beiden Körpern zuerst den Fußpunkt der geneigten Ebene erreicht. Der Start erfolgt gleichzeitig in gleicher Höhe.

3.90 Ein homogener Vollzylinder (Masse 2,0 kg, Radius 50 mm) rollt auf horizontaler Unterlage auf eine geneigte Ebene zu und hat am Fuß der Ebene die Drehzahl 15 s^{-1}. Berechnen Sie die Höhe, die der Zylinder erreicht.

Gegeben: $m = 2{,}0$ kg; $r = 50$ mm *Gesucht*: h

$n = 15\,s^{-1}$

Energiesatz: $W_k = W_p$

$$W_p = mgh; \quad h = \frac{W_k}{mg} \tag{1}$$

Für die Berechnung von W_k gibt es *zwei Wege*:

1. Es wird die Rotation um die Zylinderachse betrachtet. Dann gilt

$$W_k = W_{rot} + W_{k\,trans} \tag{2}$$

$$W_{rot} = \frac{J_S}{2}\omega^2 \quad (3) \qquad J_S = \frac{m}{2}r^2 \quad (4)$$

$$W_{k\,trans} = \frac{m}{2}v^2 \quad (5) \qquad v = \omega r = 2\pi n r \quad (6)$$

Aus (2) ... (6) folgt

$$W_k = 3\pi^2 n^2 r^2 m \tag{7}$$

2. Es wird die Rotation um die momentane Drehachse betrachtet. Dann gilt für das Massenträgheitsmoment J_A nach dem Steinerschen Satz $J_A = J_S = mr^2$. Aus $W_k = \frac{J_A}{2}\omega^2$ folgt für W_k das Ergebnis (7) wie nach dem ersten Weg.
Für die Höhe h ergibt sich aus (1) und (7)

$$h = \frac{3\pi^2 n^2 r^2}{g} \qquad h = 1{,}70\text{ m}$$

3.91 Der Rotor eines Generators, der als homogener Vollzylinder betrachtet wird, hat den Radius 25 cm und die Masse 1 600 kg. Er soll aus dem Stillstand in 2,0 s gleichmäßig auf eine Drehzahl von 500 min^{-1} beschleunigt werden. Berechnen Sie 1. das erforderliche Drehmoment, 2. die aufzuwendende Energie, 3. die mittlere und 4. die maximale Leistung (in Kilowatt).

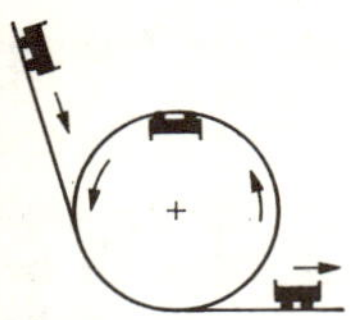
Bild 51

3.92 □ Berechnen Sie die Mindesthöhe, aus der der Wagen auf der «Todesbahn» (Bild 51) losgelassen werden muß, damit er die Schleife ohne Absturz durchfährt. (Betrachten Sie den Wagen als Massenpunkt.)

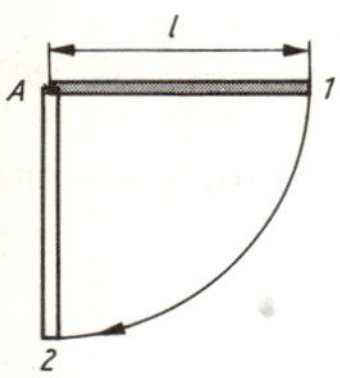

Bild 52

3.93 □ Eine dünne, lange Stange (Länge 50 cm) ist in *A* drehbar gelagert. Sie wird aus der in Bild 52 angegebenen Lage *1* losgelassen. Berechnen Sie 1. die Geschwindigkeit des freien Endes der Stange in Lage *2* und 2. die Geschwindigkeit in Lage *2*, wenn am Ende der Stange ein als Massenpunkt zu betrachtender Körper befestigt ist, der die gleiche Masse wie die Stange hat.

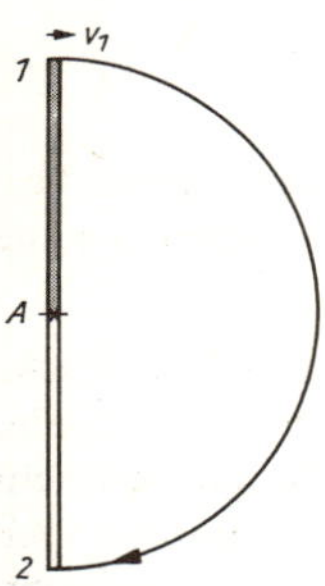

Bild 53

3.94 Das freie Ende einer nach Bild 53 drehbar gelagerten Stange (2,5 m lang, Masse 8,2 kg) hat in der angegebenen Lage eine Geschwindigkeit von 1,0 m s^{-1}. Berechnen Sie das Bremsmoment, das notwendig ist, um die Stange nach einer Drehung um 180° in der tiefsten Lage zur Ruhe zu bringen.

3.95 Berechnen Sie den Drehimpuls der Erde bezüglich ihrer Rotation um die Erdachse. Die Erde ist als homogene Kugel anzunehmen.

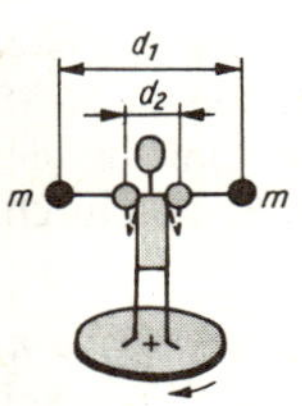

Bild 54

3.96 Bei einem Drehschemelversuch nach Bild 54 rotiert die Scheibe mit der Versuchsperson mit 2 Umdrehungen je Sekunde. Dabei trägt diese, mit ausgestreckten Armen auf der Scheibe stehend, in jeder Hand eine Hantel von 3,0 kg Masse. Die Hanteln beschreiben einen Kreis von 85 cm Radius. Berechnen Sie, wie sich die Drehzahl ändert, wenn die Versuchsperson die Hanteln dicht an den Körper heranzieht (Radius 20 cm). Für Drehschemel und Versuchsperson (ohne Hanteln) wird in beiden Fällen ein Trägheitsmoment von insgesamt 2,5 kg m^2 angenommen.

Gegeben: $m = 3{,}0$ kg; $n_1 = 2\,\text{s}^{-1}$ *Gesucht*: n_2

$J_D = 2{,}5$ kg m^2; $r_1 = 85$ cm; $r_2 = 20$ cm

Nach dem Drehimpulserhaltungssatz ist $L_1 = L_2$ und damit $J_1\omega_1 = J_2\omega_2$.

Mit $\omega = 2\pi n$ folgt $n_2 = \dfrac{J_1}{J_2}\, n_1$.

Das Gesamtträgheitsmoment ist $J = J_D + 2J_H$, für eine Hantel ist $J_H = mr^2$. Somit folgt

$$\underline{\underline{n_2 = \frac{J_D + 2mr_1^2}{J_D + 2mr_2^2}\, n_1}} \qquad n_2 = \underline{\underline{2{,}5 n_1}} = \underline{\underline{5{,}0\,\text{s}^{-1}}}$$

3.97 Ein Vollzylinder (Radius 25 cm) rotiert mit der Drehzahl 100 min^{-1} um seine Längsachse. Seine Masse beträgt 360 kg. Berechnen Sie 1. seinen Drehimpuls und 2., wie lange ein Drehmoment von 20 N m wirken muß, damit sich die Drehzahl verdoppelt.

3.98 Eine runde Scheibe mit dem Durchmesser 40 cm und der Masse 40 kg rotiert mit 180 Umdrehungen je Minute. An einem Stift, der 10 cm von der Achse angebracht ist, wird die Rotation in 50 ms gestoppt. Berechnen Sie die mittlere Kraft, mit der der Stift dabei belastet wird.

3.99 Erläutern Sie mit Hilfe des Drehimpulserhaltungssatzes, wie ein Sportler einen Salto ausführt.

2.3.4. Beispiele und Übungen zur Mechanik der Flüssigkeiten und Gase

4.1 In einem vorschriftsmäßig behandelten Einkochglas ist ein der Umgebungstemperatur entsprechender Dampfdruck vorhanden. Er betrage 3 kPa ($\approx$ 20 Torr). Berechnen Sie die Kraft, mit der ein Deckel von 10,5 cm Durchmesser auf das Glas gepreßt wird. Der Luftdruck sei 101 kPa ($\approx$ 760 Torr).

Gegeben: $p_D = 3$ kPa; $p_L = 101$ kPa *Gesucht*: F

$d = 10{,}5$ cm

Aus (4.6) folgt $F = pA$. Für den Druck setzen wir hier die Druckdifferenz ein. Somit ist

$$F = (p_L - p_D)\frac{\pi d^2}{4}$$

$$F = (101 - 3)\text{ kPa} \cdot \frac{\pi}{4} \cdot 10{,}5^2\text{ cm}^2$$

$$= \frac{98 \cdot 10^3\text{ N} \cdot \pi \cdot 10{,}5^2\text{ m}^2}{\text{m}^2 \cdot 4 \cdot 10^4} = \underline{\underline{849\text{ N}}}$$

4.2 □ Ein evakuierter Behälter ist oben mit einem kreisrunden Deckel verschlossen (Durchmesser 500 mm; Masse 10 kg). Berechnen Sie die Kraft, die zum Anheben des Deckels erforderlich ist.

4.3 □ Otto von Guericke demonstrierte 1654 die Wirkung des Luftdrucks durch den berühmten Versuch mit den Magdeburger Halbkugeln. Zwei Halbkugelschalen von 42 cm Durchmesser wurden luftdicht schließend aneinandergesetzt und der Innenraum evakuiert. An jeder Halbkugel wurde sodann eine Gruppe von 8 Pferden angesetzt, um die Kugelhälften voneinander zu trennen. Schätzen Sie ab, welche Kraft ein Pferd etwa aufbringen mußte.

4.4 Ein aus zwei zylindrischen Teilen nach Bild 55 zusammengesetztes Gefäß ist bis zur Höhe h_1 mit Wasser gefüllt. Berechnen Sie die Kraft auf die Kreisringfläche (angedeutet durch eine dicke Linie in der Schnittdarstellung). Die Höhen sind 500 mm und 50 mm, die Durchmesser 20 mm und 80 mm.

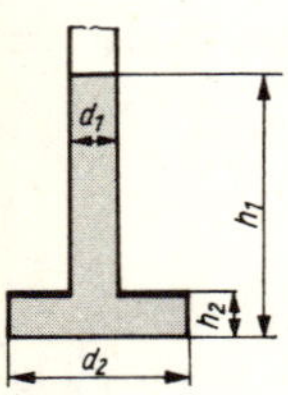

Bild 55

4.5 Ein Behälter mit Einfüllstutzen (Bild 56) ist einmal bis zur Höhe h_1 und ein anderes Mal einschließlich Einfüllstutzen mit Flüssigkeit gefüllt. 1. In welchem Verhältnis stehen die Schweredrücke am Boden des Behälters für diese beiden Füllungen? 2. Nennen Sie Anwendungsbeispiele.

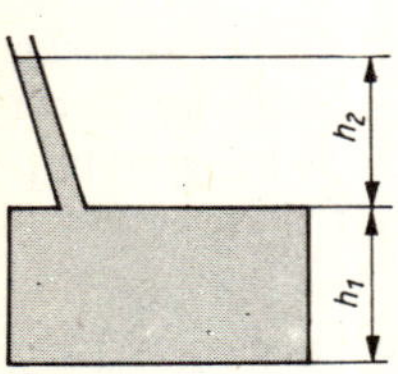

Bild 56

4.6 □ Berechnen Sie näherungsweise die Luftdruckänderung, die sich ergibt, wenn Sie den Luftdruck einmal am Erdboden und zum anderen in 100 m Höhe messen, in den Einheiten Pascal und Millibar. (Rechnen Sie mit der Dichte der Luft bei 0 °C.)

4.7 □ In welcher Höhe über der Erdoberfläche ist bei 0 °C der Luftdruck gleich $^1/_2$, $^1/_3$, $^1/_5$ und $^1/_{10}$ des Luftdrucks an der Erdoberfläche (100 kPa)? Rechnen Sie näherungsweise mit der als konstant angenommenen Fallbeschleunigung 9,8 m s^{-2}.

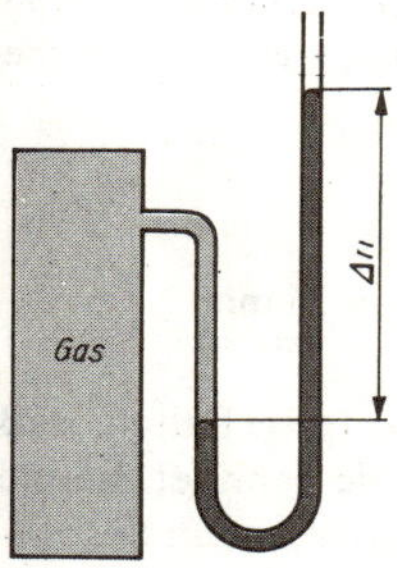

Bild 57

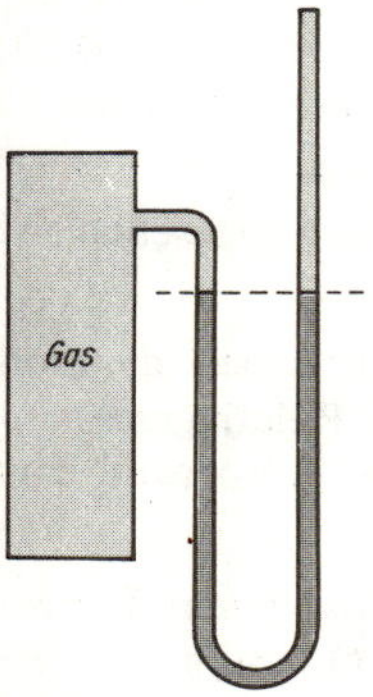

Bild 58

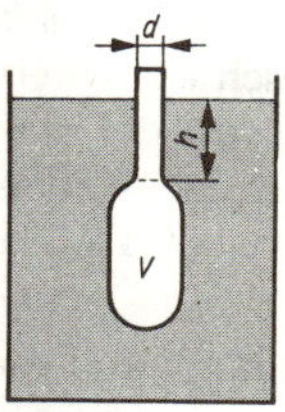

Bild 59

4.8 Ein offenes Flüssigkeitsmanometer zeigt einen Höhenunterschied der Quecksilberoberflächen von 45 mm an (Bild 57). Berechnen Sie 1. den Überdruck und 2. den Druck des Gases. Der Luftdruck sei 990 mbar.

4.9 Erläutern Sie qualitativ den Unterschied zwischen einem offenen (Bild 57) und einem geschlossenen Flüssigkeitsmanometer (Bild 58). Im geschlossenen Schenkel des U-Rohrs sei Luft eingeschlossen, deren Temperatur konstant gehalten wird. Die Flüssigkeit sei Wasser.

4.10 In einem mit großer Beschleunigung anfahrenden Wagen wird ein mit Wasserstoff gefüllter Ballon losgelassen. Beschreiben Sie die Bewegung, die der Ballon im Wagen ausführt.

4.11 Beschreiben Sie den Aufstieg eines mit Wasserstoff gefüllten Ballons in der Atmosphäre für zwei verschiedene Fälle: 1. für einen Ballon mit nichtdehnbarer Hülle und 2. für einen (Gummi-)Ballon, dessen Hülle mit vernachlässigbar kleinem Kraftaufwand dehnbar ist.

4.12 □ Ein quaderförmiger Körper aus Holz (Dichte 0,8 kg dm^{-3}; Höhe 25 cm) schwimmt in Wasser. Berechnen Sie die Eintauchtiefe.

4.13 Um wieviel Prozent ändert sich die Eintauchtiefe des Körpers der Übung 4.12, wenn 1. die Dichte des Körpers oder 2. die Dichte der Flüssigkeit um 4% größer wird?

4.14 Welchen Wert hat die mittlere Dichte des menschlichen Körpers ungefähr? Leiten Sie die Antwort aus der Beobachtung her, daß der tief einatmende Mensch in Wasser schwimmt, der ausatmende aber untergeht (jeweils ohne Schwimmbewegung).

4.15 Ein Aräometer (Bild 59) mit der Masse m taucht in eine Flüssigkeit der Dichte ϱ ein. Berechnen Sie die Eintauchtiefe h.

4.16 Ein dünnwandiges Kästchen hat die Masse 350 g, die Grundfläche 320 mm · 180 mm und die Höhe 120 mm. 1. Welche Masse Sand darf eingefüllt werden, wenn der Kasten in Wasser 20 mm tief einsinken soll? 2. Wird mehr oder weniger Sand benötigt, um in Öl die gleiche Eintauchtiefe zu erzielen? 3. Welche Masse Sand darf maximal noch hinzugefügt werden, damit der Kasten gerade noch schwimmt? Geben Sie für den letzten Fall an, welche Höhe trockener Sand im Kasten einnimmt. Setzen Sie dafür näherungsweise Innenmaße = Außenmaße.

Gegeben: $m_K = 350$ g; $a = 320$ mm; $b = 180$ mm; $H = 120$ mm

zu 1.: $h = 20$ mm; $\varrho_W = 1{,}0$ g cm^{-3}

zu 2.: $h = 20$ mm; $\varrho_{Öl} < \varrho_W$

zu 3.: $h = H$; $\varrho_S = 1{,}5$ g cm^{-3}

Gesucht: 1. m_S 2. $m_2 \gtrless m_1$? 3. Δm_S, H_S

1. Aus dem Ansatz für das Kräftegleichgewicht $G_K + G_S = F_A$ folgt mit $F_A = \varrho_W abgh$

$$\underline{\underline{m_S = \varrho_W abh - m_K}}$$

$$m_S = 1 \text{ g cm}^{-3} \cdot 32 \text{ cm} \cdot 18 \text{ cm} \cdot 2 \text{ cm} - 350 \text{ g} = \underline{\underline{802 \text{ g}}}$$

2. Wegen $m_{ges} = m_S + m_K = \varrho_F abh$ ist $m_{ges} \sim \varrho_F$. Bei kleinerer Dichte der Flüssigkeit F wird folglich weniger Sand benötigt, wenn die gleiche Eintauchtiefe erreicht werden soll.

3. $\underline{\underline{\Delta m_S = \varrho_W abh - m_K - m_S}}$; $\quad \Delta m_S = \underline{\underline{5{,}76 \text{ kg}}}$

$$\underline{\underline{H_S = \frac{m_S + \Delta m_S}{\varrho_S ab}}}; \quad H_S = \frac{(802 + 5760) \text{ g cm}^3}{1{,}5 \text{ g} \cdot 32 \text{ cm} \cdot 18 \text{ cm}} = \underline{\underline{76 \text{ mm}}}$$

4.17 Der in Übung 4.12 betrachtete Holzquader wird so festgehalten, daß sich seine Oberfläche 2 m unter der Wasseroberfläche befindet. Länge und Breite des Quaders sind 100 cm und 50 cm. 1. Berechnen Sie einzeln die am Quader in vertikaler Richtung angreifenden Kräfte. 2. Berechnen Sie die Beschleunigung, mit der der Quader aufsteigt, wenn er losgelassen wird. 3. Berechnen Sie ohne Berücksichtigung der Reibung die Zeit, in der der Körper die Wasseroberfläche erreicht. 4. Stellen Sie den Einfluß von bewegungshemmenden Kräften in einem v,t-Diagramm dar.

4.18 Weshalb wird eine wenig geöffnete Tür infolge Luftzug zugeschlagen? Erklären Sie diese Erscheinung an Hand einer Skizze.

4.19 In einem Flugzeug zeigt ein Prandtlsches Staurohr einen dynamischen Druck von 28,7 mbar an. Berechnen Sie die Relativgeschwindigkeit des Flugzeugs gegenüber der Luft, die eine Temperatur von 0 °C und einen Druck von 101,3 kPa aufweist.

4.20 In einem Wasserstrom (4 °C) zeigt eine Venturidüse einen Druckunterschied von 100 Pa ($\approx$ 10 mm WS) an. Die Querschnitte verhalten sich wie 3 : 1. Berechnen Sie die Geschwindigkeit, mit der das Wasser an der Stelle größeren Querschnitts durch die Düse strömt.

4.21 In einer Wasserleitung herrscht bei geschlossenem Hahn ein Druck von 0,6 MPa ($\approx$ 6 at). Wenn das Wasser mit einer Geschwindigkeit von 3,5 m s^{-1} aus dem geöffneten Hahn fließt, ändert sich der statische Druck. Berechnen Sie die Druckänderung in Prozent. Geben Sie weiterhin die relative Änderung des gegen den Luftdruck 0,1 MPa ($\approx$ 1 at) gemessenen statischen Überdrucks an.

4.22 Eine Kugel (Radius 3,0 mm, Dichte 2,5 g cm^{-3}) durchfällt in einer Flüssigkeit der Dichte 0,90 g cm^{-3} eine Strecke von 10 cm in 0,70 s mit konstanter Geschwindigkeit. Berechnen Sie die dynamische Viskosität der Flüssigkeit in Pascalsekunden unter der Annahme einer laminaren Umströmung.

Gegeben: $r = 3{,}0$ mm; $\varrho_K = 2{,}5$ g cm^{-3} *Gesucht*: η
$\varrho_F = 0{,}90$ g cm^{-3}; $s = 10$ cm; $t = 0{,}70$ s

Auf die Kugel wirken drei Kräfte, die miteinander im Gleichgewicht stehen:

$$G_K = F_A + F_R \tag{1}$$

$$G_K = m_K g = V_K \varrho_K g \tag{2}$$

$$F_A = G_F = m_F g = V_F \varrho_F g \tag{3}$$

$$V_F = V_K \tag{4}$$

$$F_R = 6\pi\eta v r \tag{5}$$

Kugelvolumen $V_K = \frac{4}{3}\pi r^3$ (6)

$$v = \frac{s}{t} \quad (7)$$

Nun haben wir 7 Gleichungen mit 7 unbekannten Variablen (G_K, F_A, F_R, V_K, V_F, η, v), davon ist eine gesucht (η). Einsetzverfahren: (2), (3) – unter Beachtung von (4) und (6) – sowie (5) in (1) eingesetzt, ergibt

$$\eta = \frac{V_K g t(\varrho_K - \varrho_F)}{6\pi s r} = \underline{\underline{\frac{2tgr^2(\varrho_K - \varrho_F)}{9s}}}$$

$$\eta = \frac{2 \cdot 0{,}7\ \text{s} \cdot 9{,}81\ \text{m}\ (3 \cdot 10^{-3})^2\ \text{m}^2\ (2{,}5 - 0{,}9)\ \text{g}}{9 \cdot 10\ \text{cm}\ \text{s}^2\ \text{cm}^3}$$

$$= \frac{2 \cdot 7 \cdot 9{,}81 \cdot 9 \cdot 1{,}6}{9} \cdot 10^{-1-6-1} \cdot \frac{\text{s m m}^2\ \text{kg} \cdot 10^2 \cdot 10^6}{10^3\ \text{m s}^2\ \text{m}^3}$$

Einheitenrechnung: $\frac{\text{s m}^3\ \text{kg}}{\text{m}^4\ \text{s}^2} = \frac{\text{kg m}}{\text{s}^2}\ \frac{\text{s}}{\text{m}^2} = \frac{\text{N s}}{\text{m}^2} = \text{Pa s}$

$\eta = \underline{\underline{0{,}22\ \text{Pa s}}}$ (= 220 cP)

4.23 Berechnen Sie die bei einem Kraftwagen zur Überwindung des Fahrwiderstandes und der Luftreibung erforderliche Leistung bei einer Geschwindigkeit von 100 km h^{-1} auf Asphalt. Die Gesamtmasse des Wagens beträgt 1,3 t, die Querschnittsfläche 2,06 m^2, der Widerstandsbeiwert 0,5, die Dichte der Luft 1,2 kg m^{-3} und die Fahrwiderstandszahl 0,022.

4.24 Erläutern Sie an Hand des allgemeinen Ergebnisses von Übung 4.23, wie sich 1. der Leistungsanteil zur Überwindung des Fahrwiderstandes und 2. der Leistungsanteil zur Überwindung des Luftwiderstandes bei Verdoppelung der Geschwindigkeit eines Fahrzeugs ändern.

2.3.5. Beispiele und Übungen zur kinetischen Theorie der Wärme

5.1 Berechnen Sie die Boltzmann-Konstante. Gehen Sie dabei von der Aussage aus, daß unter Normbedingungen das Verhältnis der Teilchenanzahl zum Volumen gleich der Loschmidt-Konstanten ist.

Gegeben: $p = 101{,}3$ kPa; $T = 273{,}15$ K *Gesucht*: k

$N_L = 2{,}687 \cdot 10^{25}\ \text{m}^{-3}$

Aus (5.2), (5.4), (5.14) und (5.15) folgt

$pV = NkT$

Mit $\frac{N}{V} = N_L$ wird daraus $k = \underline{\underline{\frac{p}{TN_L}}}$

$$k = \frac{101{,}3 \cdot 10^3\ \text{Pa}\ \ \text{m}^3}{273{,}15\ \text{K} \cdot 2{,}687 \cdot 10^{25}} = \underline{\underline{1{,}38 \cdot 10^{-23}\ \text{J K}^{-1}}}$$

Bemerkung: Die Boltzmann-Konstante gibt die Energie an, die ein Molekül des idealen Gases aufnimmt (abgibt), wenn die Temperatur des Gases um 1 K steigt (fällt).

5.2 Berechnen Sie das spezifische Volumen von Wasserstoff unter Normbedingungen.

5.3 Berechnen Sie überschläglich das Volumen V_{mol}, das einem einzelnen Wassermolekül zur Verfügung steht, und zwar 1. in Wasser der Dichte 1 g cm^{-3} und 2. in Wasserdampf der Dichte 0,6 kg m^{-3}.

Gegeben: $\varrho_1 = 1\ \text{g cm}^{-3}$; $\varrho_2 = 0{,}6\ \text{kg m}^{-3}$ *Gesucht*: $V_{mol\ 1}$, $V_{mol\ 2}$

$M = 18\ \text{g mol}^{-1}$

Es ist $V_{mol} = \frac{V}{N}$. Aus $V = \frac{m}{\varrho}$ und $N = N_A n$ ergibt sich

$V_{mol} = \frac{m}{\varrho N_A n}$; mit $\frac{m}{n} = M$ (molare Masse) folgt

$$V_{mol} = \frac{M}{\varrho N_A}; \qquad V_{mol\ 1} = \frac{18\ \text{g cm}^3\ \text{mol}}{\text{mol} \cdot 1\ \text{g} \cdot 6{,}02 \cdot 10^{23}} = 3 \cdot 10^{-29}\ \text{m}^3$$

Das Ergebnis zeigt, daß $V_{mol} \sim \frac{1}{\varrho}$, daher gilt $\frac{V_{mol\ 2}}{V_{mol\ 1}} = \frac{\varrho_1}{\varrho_2}$ und damit

$$V_{mol\ 2} = V_{mol\ 1} \frac{\varrho_1}{\varrho_2} \qquad V_{mol\ 2} = 5 \cdot 10^{-26}\ \text{m}^3$$

5.4 □ Berechnen Sie das Volumen, das einem Sauerstoffmolekül in flüssigem Sauerstoff der Dichte 1,1 g cm^{-3} zur Verfügung steht. Schätzen Sie daraus den Durchmesser eines O_2-Moleküls ab.

5.5 Um eine Vorstellung von der Größenordnung der Avogadro-Konstanten zu erhalten, machen wir folgenden Gedankenversuch: Die in 1 g Wasser enthaltenen Moleküle werden gleichmäßig über die Oberfläche der Erdkugel verteilt. Bestimmen Sie, wieviel Moleküle hierbei auf jeden Quadratzentimeter der Erdoberfläche entfallen.

5.6 Berechnen Sie die Dichte des Sauerstoffs in einer 40-l-Stahlflasche, in der das Gas bei einer Temperatur von 17 °C unter einem Überdruck von 14,4 MPa (gegenüber dem Luftdruck von 0,1 MPa) steht.

Gegeben: $V = 40\ \text{l}$; $M = 32\ \text{kg kmol}^{-1}$ *Gesucht*: ϱ

$T = 290\ \text{K}$; $p = 14{,}5\ \text{MPa}$

$$\varrho = \frac{Mp}{RT} \qquad \text{(aus der Zustandsgleichung und der Definition der Dichte)}$$

$$\varrho = \frac{32\ \text{kg} \cdot 14{,}5 \cdot 10^6\ \text{Pa} \cdot \text{kmol} \cdot \text{K}}{\text{kmol}\ \ 8314\ \text{J} \cdot 290\ \text{K}} = 192\ \text{kg m}^{-3}$$

5.7 Berechnen Sie das Volumen, das 0,24 kg Luft bei einem Druck von 98,6 kPa und einer Temperatur von 17 °C einnehmen.

5.8 Berechnen Sie den Druck, der erforderlich ist, um 4,2 kg Stickstoff bei einer Temperatur von 7,0 °C auf 0,48 m^3 zu komprimieren.

5.9 Berechnen Sie die Masse der Luft in einem Zimmer von 5,00 m Länge, 4,00 m Breite und 3,00 m Höhe bei 20 °C und 98,0 kPa.

5.10 3,53 g eines Gases nehmen bei einer Temperatur von 20 °C und einem Druck von 97,4 kPa ein Volumen von 2,0 l ein. Berechnen Sie die relative Molekülmasse des Gases.

5.11 Berechnen Sie die innere Energie von 0,24 kg Helium bei einer Temperatur von −13 °C.

2.3.6. Beispiele und Übungen zur Thermodynamik

6.1 Ein Glasgefäß (Pyknometer aus Labortherm G), das bei 20 °C genau 100,0 cm³ faßt, wird bis zum Rand mit Wasser gefüllt und anschließend auf 50 °C erwärmt. Berechnen Sie die Wassermenge, die beim Erwärmen aus dem Gefäß ausfließt.

Gegeben: $V_1 = 100{,}0\ \mathrm{cm^3}$; $t_1 = 20\ °\mathrm{C}$; $t_2 = 50\ °\mathrm{C}$ *Gesucht*: $\Delta V'_W$

$\alpha_G = 4{,}7 \cdot 10^{-6}\ \mathrm{K^{-1}}$; $\gamma_W = 0{,}18 \cdot 10^{-3}\ \mathrm{K^{-1}}$

Sowohl das Volumen des Wassers als auch das des Pyknometers nimmt mit steigender Temperatur zu. Das Wasservolumen wächst stärker, deshalb fließt ein Teil des Wassers aus. Das Volumen dieses Teils ist gleich der Differenz der beiden Volumenzunahmen.

$$\Delta V'_W = \Delta V_W - \Delta V_G; \quad \Delta V_G = 3\alpha_G V_1\, \Delta t; \quad \Delta V_W = \gamma_W V_1\, \Delta t$$

$$\Delta V'_W = \underline{\underline{V_1\, \Delta t(\gamma_W - 3\alpha_G)}}$$

$$\Delta V'_W = 100\ \mathrm{cm^3} \cdot (50 - 20)\ \mathrm{K} \cdot (180 - 14) \cdot 10^{-6}\ \mathrm{K^{-1}} = \underline{\underline{0{,}5\ \mathrm{cm^3}}}$$

6.2 Der Kupferdraht einer Freileitung ist bei 25 °C 200,0 m lang. Berechnen Sie die Längenänderung, die dieser Draht beim Absinken der Temperatur auf −15 °C erfährt.

6.3 □ Ein Meßglas aus Labortherm G trägt die Aufschrift «100,00 cm³ bei 20 °C». Berechnen Sie, welches Volumen es bei 120 °C hat.

6.4 Zink hat bei 18 °C eine Dichte von $7{,}12\ \mathrm{g\,cm^{-3}}$. Berechnen Sie die Temperatur, auf die es erwärmt werden muß, damit die Dichte auf $7{,}05\ \mathrm{g\,cm^{-3}}$ abnimmt.

6.5 Zur Bestimmung der Wärmekapazität eines Kalorimeters wird es mit 400 g Wasser von 15 °C gefüllt. Beim Zugießen von 600 g Wasser von 60 °C ergibt sich eine Mischungstemperatur von 39 °C. Berechnen Sie daraus die Wärmekapazität des Kalorimeters.

Gegeben: $m_1 = 600\ \mathrm{g}$; $m_2 = 400\ \mathrm{g}$ *Gesucht*: C

$t_1 = 60\ °\mathrm{C}$; $t_2 = 15\ °\mathrm{C}$

$t_m = 39\ °\mathrm{C}$; $c = 4{,}18\ \mathrm{J\,g^{-1}\,K^{-1}}$

Das warme Wasser gibt die Wärmemenge Q_1 ab:

$$Q_1 = cm_1(t_1 - t_m)$$

Das kalte Wasser nimmt die Wärmeenergie Q_2 auf:

$$Q_2 = cm_2(t_m - t_2)$$

Das Kalorimeter nimmt die Wärmemenge Q_3 auf:

$$Q_3 = C(t_m - t_2).$$

Nach dem Energieerhaltungssatz ist $Q_1 = Q_2 + Q_3$, also $cm_1(t_1 - t_m) = cm_2(t_m - t_2) + C(t_m - t_2)$, daraus

$$C = c\left(m_1 \frac{t_1 - t_m}{t_m - t_2} - m_2\right)$$

$$C = 4{,}18 \frac{\text{J}}{\text{g K}} \left(600\ \text{g} \frac{21\ \text{K}}{24\ \text{K}} - 400\ \text{g}\right) = \underline{\underline{523\ \text{J K}^{-1}}}$$

6.6 □ Berechnen Sie, um wieviel Kelvin sich die Temperatur des Wassers in einem Wasserfall ändert, wenn die Fallhöhe 40 m beträgt und der Wärmeaustausch mit der Umgebung vernachlässigt wird. Die kinetische Energie des oben zufließenden Wassers ist gleich der des unten abfließenden.

6.7 Berechnen Sie die Zeit, in der ein elektrischer Heißwasserspeicher 8,00 l Wasser von 10 °C auf 95 °C erwärmt. Die Heizleistung beträgt 950 W, der Wirkungsgrad 92%.

6.8 □ Der Pkw Wartburg 1000 hat einen Motor mit einer Nutzleistung von 33,1 kW. Berechnen Sie den Benzinverbrauch für den Fall, daß der Motor auf einem Prüfstand eine Stunde lang mit Höchstleistung läuft und einen Wirkungsgrad von 28% hat.

6.9 □ In einem elektrischen Schmelzofen soll Reinaluminium geschmolzen werden. Berechnen Sie die für ein Kilogramm Aluminium benötigte Energie in Kilowattstunden unter der Voraussetzung, daß die Anlage einen Wirkungsgrad von 60% hat und die Anfangstemperatur des Metalls 25 °C beträgt.

6.10 Berechnen Sie den Druck, bis zu dem 100 m³ Luft von 98 kPa isotherm komprimiert werden, wenn eine Arbeit von 3,00 kW h für die Kompression zur Verfügung steht.

Gegeben: $V_1 = 100\ \text{m}^3$; $W = -3{,}00\ \text{kW h}$ *Gesucht*: p_2
$p_1 = 98\ \text{kPa}$

Aus (6.17), (6.13) und (5.15) folgt $W = p_1 V_1 \ln(p_1/p_2)$

$$p_2 = p_1 \exp\left(-\frac{W}{p_1 V_1}\right)$$

$$p_2 = 98\ \text{kPa} \cdot \exp\left(\frac{3 \cdot 3{,}6 \cdot 10^6\ \text{W s m}^2}{98 \cdot 10^3\ \text{N} \cdot 100\ \text{m}^3}\right) = 98\ \text{kPa} \cdot e^{1{,}102} = \underline{\underline{295\ \text{kPa}}}$$

6.11 □ 3,0 m³ Luft von 108 kPa und 27 °C sollen isotherm auf 490 kPa komprimiert werden. Berechnen Sie 1. das Volumen nach der Verdichtung, 2. die erforderliche Kompressionsarbeit und 3. die abzuführende Wärmemenge.

6.12 1,0 m³ Luft von 88 kPa und 27 °C soll durch Temperaturerhöhung auf einen Druck von 294 kPa gebracht werden. Berechnen Sie 1. die erforderliche Temperatur und 2. die zuzuführende Wärmemenge.

6.13 □ 1,0 m³ Luft von 27 °C soll bei konstantem Druck von 90 kPa auf 727 °C erwärmt werden. Berechnen Sie 1. das Endvolumen, 2. die zuzuführende Wärmemenge und 3. die dabei verrichtete Ausdehnungsarbeit. Die mittlere spezifische Wärmekapazität beträgt im gegebenen Temperaturbereich 1,068 kJ kg⁻¹ K⁻¹.

6.14 3,0 m^3 Luft von 27 °C und 110 kPa sollen isentrop auf 500 kPa komprimiert werden. Berechnen Sie 1. das Volumen nach der Verdichtung, 2. die Temperatur, die das Gas annimmt, und 3. die zur Kompression erforderliche Arbeit.

Gegeben: $V_1 = 3{,}0\ m^3$; $p_1 = 110$ kPa; $t_1 = 27$ °C; $p_2 = 500$ kPa; $\varkappa = 1{,}4$; $M = 29$ kg $kmol^{-1}$

Gesucht: 1. V_2 2. t_2 3. W

1. (6.32) $$V_2 = V_1 \left(\frac{p_1}{p_2}\right)^{\frac{1}{\varkappa}}$$

$$V_2 = 3\ m^3 \left(\frac{110\ kPa}{500\ kPa}\right)^{\frac{1}{1,4}} = 3\ m^3 \cdot 0{,}339 = \underline{\underline{1{,}02\ m^3}}$$

2. (6.31) $$T_2 = T_1 \left(\frac{p_2}{p_1}\right)^{\frac{\varkappa-1}{\varkappa}}$$; mit $T_1 = 300$ K folgt

$$T_2 = 300\ K \left(\frac{500\ kPa}{110\ kPa}\right)^{\frac{0,4}{1,4}} = 300\ K \cdot 1{,}541 = 462\ K;\quad t_2 = \underline{\underline{189\ °C}}$$

3. Aus (6.33) und (5.15) folgt

$$W = \frac{p_1 V_1}{(\varkappa - 1)\, T_1} (T_1 - T_2)$$

$$W = \frac{110 \cdot 10^3\ Pa \cdot 3\ m^3 \cdot (-162\ K)}{0{,}4 \cdot 300\ K} = \underline{\underline{-446\ kJ}} = \underline{\underline{-0{,}124\ kW\,h}}$$

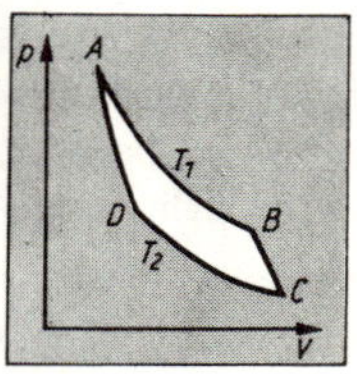

Bild 60

6.15 □ Mit 10,0 l Luft, die unter einem Druck von 1,80 MPa steht, ist ein Carnot-Prozeß zwischen 400 °C und 20 °C durchzuführen. Nach der isentropen Expansion muß das Volumen des Gases 100 l betragen. Bild 60 soll den Vorgang veranschaulichen. Berechnen Sie 1. das Volumen im Zustand *B*, 2. den Druck im Zustand *B*, 3. den Druck im Zustand *C*, 4. das Volumen im Zustand *D*, 5. den Druck im Zustand *D* und 6. den Wirkungsgrad.

6.16 Die Kompression von 3,00 m^3 Luft, die eine Temperatur von 27 °C und einen Druck von 110 kPa hat, erfolgt polytrop auf 500 kPa. Der Polytropenexponent ist 1,2, die spezifische Wärmekapazität $c_v = 0{,}779$ kJ kg^{-1} K^{-1}. Berechnen Sie die abzuführende Wärmemenge.

Gegeben: $V_1 = 3{,}00\ m^3$; $t_1 = 27$ °C; $p_1 = 110$ kPa; $k = 1{,}2$; $p_2 = 500$ kPa; $\varkappa = 1{,}4$; $M = 29 \frac{kg}{kmol}$; $c_v = 0{,}779 \frac{kJ}{kg\ K}$

Gesucht: Q

Wir benutzen die Gleichungen (6.10) $Q = \Delta U + W$ (1)

mit $\Delta U = c_v m (T_2 - T_1)$ (2)

und $W = \frac{mR}{M(k-1)} (T_1 - T_2)$ (3)

(5.15) $pV = \frac{m}{M} RT$ (4)

$$(6.25)\quad \frac{R}{M} = c_p - c_v \tag{5}$$

$$(6.29)\quad c_p = \varkappa c_v \tag{6}$$

$$(6.35)\quad \frac{T_2}{T_1} = \left(\frac{p_2}{p_1}\right)^{\frac{k-1}{k}} \tag{7}$$

Kombination von (1), (2) und (3) ergibt

$$Q = m(T_2 - T_1)\left(c_v - \frac{R}{M(k-1)}\right) \tag{8}$$

Mit (4) und (5) wird daraus

$$Q = \frac{Mp_1V_1}{RT_1}(T_2 - T_1)\,\frac{c_v k - c_v - c_p + c_v}{k-1} \tag{9}$$

und mit (6) $$Q = c_v \frac{k - \varkappa}{k-1}\,\frac{p_1V_1M}{R}\left(\frac{T_2}{T_1} - 1\right) \tag{10}$$

Mit (7) folgt das Ergebnis

$$\underline{\underline{Q = c_v \frac{k - \varkappa}{k-1}\,\frac{Mp_1V_1}{R}\left[\left(\frac{p_2}{p_1}\right)^{\frac{k-1}{k}} - 1\right]}}$$

$$Q = \frac{0{,}779\ \text{kJ}}{\text{kg K}}\,\frac{-0{,}2}{0{,}2}\,\frac{29\ \text{kg}\cdot 110\cdot 10^3\ \text{Pa}\cdot 3\ \text{m}^3\cdot \text{kmol K}}{\text{kmol}\qquad 8314\ \text{J}}\left[\left(\frac{500}{110}\right)^{\frac{0{,}2}{1{,}2}} - 1\right]$$

$$= -896{,}7\ \text{kJ}\cdot 0{,}287 = \underline{\underline{-257\ \text{kJ}}}$$

6.17 Berechnen Sie für die in Übung 6.16 behandelte polytrope Zustandsänderung 1. das Volumen nach der Verdichtung, 2. die Temperatur, die das Gas annimmt, und 3. die zur Kompression erforderliche mechanische Arbeit.

6.18 Eine Wärmepumpe entnimmt Wärmeenergie aus einem See, der eine Temperatur von 5,0 °C hat, und führt sie einer Warmwasserheizung zu, deren Heißwasser eine Temperatur von 75 °C hat. Berechnen Sie die Leistungszahl.

6.19 5,0 kg Wasser befinden sich auf Siedetemperatur. Berechnen Sie den Energiebedarf und den Entropiezuwachs für das restlose Verdampfen des Wassers.

6.20 Ein Dampferzeuger nimmt stündlich 3,0 m³ Wasser von 15 °C auf. Er gibt überhitzten Dampf von 120 °C ab. Berechnen Sie die notwendige Heizleistung, wenn die Anlage einen Wirkungsgrad von 58% hat. Die spezifische Wärmekapazität des Dampfes beträgt 1,59 kJ $\text{kg}^{-1}\ \text{K}^{-1}$.

Wasser soll in Dampf verwandelt werden. Für die Celsius-Temperatur wählen wir das Formelzeichen ϑ zur Unterscheidung von der Zeit t.

Gegeben: $\vartheta_1 = 15\ °\text{C}$; $\vartheta_2 = 120\ °\text{C}$; $\vartheta_S = 100\ °\text{C}$ *Gesucht*: P

$V = 3{,}0\ \text{m}^3$; $\varrho = 1{,}0\ \text{kg dm}^{-3}$; $t = 60\ \text{min}$

$c_W = 4{,}18\ \text{kJ kg}^{-1}\ \text{K}^{-1}$; $c_D = 1{,}59\ \text{kJ kg}^{-1}\ \text{K}^{-1}$

$\eta = 0{,}58$; $r = 2{,}26\ \text{MJ kg}^{-1}$

Die Erzeugung von überhitztem Dampf aus kaltem Wasser schließt drei *Vorgänge* ein, bei denen Energie zugeführt wird: Erwärmen des Wassers bis zum Siedepunkt, Verdampfen des Wassers und Erwärmen des Dampfes. Die zugeführte Energie findet sich, abgesehen von den Verlusten, im Dampf wieder.

Gleichungen suchen:
Wir gehen zweckmäßig vom Wirkungsgrad aus, dem Verhältnis der ausgenutzten Energie W zur aufgewendeten Energie Pt:

$$\eta = \frac{W}{Pt} \tag{1}$$

Hierin ist P die gesuchte Leistung. W ist die Summe der für die drei genannten Vorgänge aufzuwendenden Wärmemengen:

$$W = Q_1 + Q_2 + Q_3 \tag{2}$$

Wir präzisieren die in (2) auftretenden Größen:

$Q_1 = c_W m \,\Delta\vartheta_W$ Energie zur Erwärmung des Wassers (3)

$Q_2 = mr$ Energie zur Verdampfung des Wassers (4)

$Q_3 = c_D m \,\Delta\vartheta_D$ Energie zur Erwärmung des Dampfes (5)

Aus (1) bis (5) folgt, wenn wir die darin enthaltenen Temperaturdifferenzen durch die gegebenen Temperaturen ausdrücken, eine lösbare Gleichung:

$$Pt = \frac{m}{\eta}\,[c_W(\vartheta_S - \vartheta_1) + r + c_D\,(\vartheta_2 - \vartheta_S)] \tag{6}$$

und daraus mit der Definitionsgleichung für die Dichte $\varrho = m/V$

$$\underline{\underline{P = \frac{\varrho V}{\eta t}\,[c_W(\vartheta_S - \vartheta_1) + r + c_D\,(\vartheta_2 - \vartheta_S)]}}$$

Einheitenprobe:
Die Größen in der eckigen Klammer haben gleiche Einheit:

$$\frac{\text{J K}}{\text{kg K}} = \frac{\text{J}}{\text{kg}}.$$

Somit ist

$$[P] = \frac{\text{kg m}^3}{\text{m}^3\ \text{s}}\,\frac{\text{J}}{\text{kg}} = \frac{\text{J}}{\text{s}} = \text{W}$$

Die Einheit ist richtig.

Diskussion der funktionalen Abhängigkeit:
Die zuzuführende Leistung ist der verdampften Wassermenge proportional und steigt linear mit den zu erreichenden Temperaturdifferenzen. Sie ist umgekehrt proportional dem Wirkungsgrad, der spezifischen Verdampfungswärme sowie der Zeit, die für die Umwandlung der gegebenen Wassermenge zur Verfügung steht. Diese Aussagen sind sinnvoll.

Spezielles Ergebnis:

$$P = \frac{1\ \text{kg} \cdot 3\ \text{m}^3}{\text{dm}^3 \cdot 0{,}58 \cdot 60\ \text{min}} \times$$

$$\times \left[4{,}18\,\frac{\text{kJ}}{\text{kg K}}\,(100 - 15)\,\text{K} + 2{,}26\,\frac{\text{MJ}}{\text{kg}} + 1{,}59\,\frac{\text{J}}{\text{kg K}}\,(120 - 100)\,\text{K}\right]$$

$$= \frac{1\ \text{kg} \cdot 10^3 \cdot 3\ \text{m}^3}{\text{m}^3 \cdot 0{,}58 \cdot 3{,}6 \cdot 10^3\ \text{s}}\left(4{,}18 \cdot 85\,\frac{\text{kJ}}{\text{kg}} + 2{,}26\,\frac{\text{MJ}}{\text{kg}} + 1{,}59 \cdot 20\,\frac{\text{kJ}}{\text{kg}}\right)$$

Abschätzen: $P \approx \frac{3}{0{,}6 \cdot 3{,}6} (0{,}35 + 2{,}26 + 0{,}03) \frac{\text{MJ}}{\text{s}} \approx 3{,}5\ \text{MW}$

Exaktes Ergebnis: $P = \underline{\underline{3{,}80\ \text{MW}}}$

Diskussion des speziellen Ergebnisses:
Die berechnete Leistung erscheint sehr groß. Bedenken wir, daß sie dazu dient, in jeder Sekunde etwa ein Liter kaltes Wasser in Dampf zu überführen, wird sie glaubhaft. Der größte Teil der zugeführten Leistung wird für das Verdampfen verbraucht. In der Praxis findet das Verdampfen in Druckbehältern und bei höheren Temperaturen statt. Damit verändern sich die Energieanteile der drei Einzelvorgänge und der Wirkungsgrad.

6.21 33,5 kg Zinn von 25 °C sind zu schmelzen. Der Wirkungsgrad der Anlage ist 20%. Berechnen Sie die für die Beheizung erforderliche Menge Petroleum in Liter. Der Heizwert des Petroleums beträgt 42 MJ kg^{-1}, seine Dichte 0,85 kg dm^{-3}.

6.22 Zur Untersuchung der Verunreinigung von Niederschlägen wird eine Schneeprobe von −20 °C und mit der Masse 100 g über einem Spiritusbrenner verdampft. Berechnen Sie die erforderliche Spiritusmenge (Äthanol) in Kilogramm. Der Wirkungsgrad sei 30%.

6.23 Durch Verbrennen von Stadtgas ist in einem Glühofen ein Wärmestrom von 700 W aufrechtzuerhalten. Berechnen Sie die für eine Achtstundenschicht erforderliche Menge Stadtgas in Kubikmeter. Der Heizwert von Stadtgas unter Normbedingungen ist 16,8 MJ m^{-3}, der Wirkungsgrad beträgt 40%.

6.24 In einer 1200 m^3 großen Werkhalle wird bei 25 °C eine relative Luftfeuchte von 60% gemessen. Berechnen Sie 1. die absolute Feuchte, 2. den Taupunkt und 3. die Masse des Kondenswassers, wenn die Temperatur nachts auf 10 °C absinkt.

6.25 Erklären Sie, weshalb im Freien aufgehängte Wäsche im Wind rascher trocknet als in ruhender Luft, gleiche Lufttemperatur vorausgesetzt.

6.26 Die Wände eines Zimmers sollen bei Frostwetter mit Leimfarbe gestrichen werden. Beschreiben Sie die Verfahrensweise, mit der sich die Wände nach dem Anstreichen schnell trocknen lassen.

6.27 Die Zündtemperatur von Briketts beträgt etwa 300 °C, die Temperatur einer Streichholzflamme etwa 1300 °C. Begründen Sie, weshalb man trotzdem mit einem Streichholz kein Brikett entzünden kann.

6.28 Ein Warmwasserspeicher von 30 dm^2 Oberfläche und einer Wanddicke von 0,50 cm soll bei einer Raumtemperatur von 25 °C Wasser von 90 °C speichern. Die Wärmeübergangskoeffizienten sind innen 1,2 kW $\text{m}^{-2}\ \text{K}^{-1}$, außen 6,0 W $\text{m}^{-2}\ \text{K}^{-1}$. Die Wärmeleitfähigkeit des Wandmaterials ist 1,0 W $\text{m}^{-1}\ \text{K}^{-1}$. Berechnen Sie den Wärmedurchgangskoeffizienten und die mittlere Heizleistung, die zur Aufrechterhaltung der Temperaturdifferenz erforderlich ist.

Gegeben: $t_i = 90\ °\text{C}$; $t_a = 25\ °\text{C}$ *Gesucht*: k, P

$l = 0{,}5\ \text{cm}$; $A = 30\ \text{dm}^2$

$\alpha_i = 1{,}2\ \text{kW m}^{-2}\ \text{K}^{-1}$; $\alpha_a = 6{,}0\ \text{W m}^{-2}\ \text{K}^{-1}$

$\lambda = 1{,}0\ \text{W m}^{-1}\ \text{K}^{-1}$

Der Wärmedurchgang besteht aus zwei Wärmeübergängen und einem Wärmeleitungsvorgang. Nach (6.60) errechnet sich

$$\underline{\underline{k = \left(\frac{1}{\alpha_i} + \frac{1}{\alpha_a} + \frac{l}{\lambda}\right)^{-1}}}$$

$$k = \left(\frac{1}{1\,200} + \frac{1}{6} + \frac{0{,}005}{1}\right)^{-1} \left(\frac{\mathrm{m^2\,K}}{\mathrm{W}}\right)^{-1}$$

$$= \underline{\underline{5{,}80\ \mathrm{W\,m^{-2}\,K^{-1}}}} = \underline{\underline{20{,}9\ \mathrm{kJ\,m^{-2}\,h^{-1}\,K^{-1}}}}$$

Die mittlere Heizleistung ist der Quotient aus der Wärmemenge, die infolge Wärmedurchgangs nach (6.59) verlorengeht, und der Zeit:

$$\underline{\underline{P = kA(t_i - t_a)}}$$

$$P = 5{,}80\ \mathrm{W\,m^{-2}\,K^{-1}} \cdot 0{,}3\ \mathrm{m^2} \cdot 65\ \mathrm{K} = \underline{\underline{113\ \mathrm{W}}} = \underline{\underline{407\ \mathrm{kJ\,h^{-1}}}}$$

6.29 Ein Kupferstab von 1,57 m Länge und einem Durchmesser von 100 mm ist längs seines Umfangs vollständig wärmeisoliert. Zwischen seinen Enden wird eine Temperaturdifferenz von 100 K aufrechterhalten. Berechnen Sie die in einer Stunde übertragene Wärmeenergie und den Wärmeleitwiderstand.

6.30 Durch die 1,0 cm dicke Metallwand eines Kessels wird Wärmeenergie von den Heizgasen (1 100 °C) auf siedendes Wasser übertragen. Die Wärmeleitfähigkeit des Metalls ist 60 W m^{-1} K^{-1}; der Wärmeübergangskoeffizient zwischen Heizgas und Wand beträgt 60 W m^{-2} K^{-1}, zwischen Wand und Wasser dagegen 6,0 kW m^{-2} K^{-1}. Berechnen Sie 1. den Wärmedurchgangskoeffizienten und 2. die in 1 h durch die 10 m^2 große Wand übertragene Wärmeenergie.

6.31 Begründen Sie, weshalb bei niedrigen Temperaturen das Sitzen auf Holzflächen angenehmer ist als auf Stahl- oder Steinplatten.

6.32 Eine 38 cm dicke Ziegelmauer von 12 m^2 Fläche ist beiderseits mit 1,5 cm dickem Putz versehen. Die Wärmeleitfähigkeiten betragen für die Ziegel 0,6 W m^{-1} K^{-1}, für den Innenputz 0,70 W m^{-1} K^{-1} und für den Außenputz 0,85 W m^{-1} K^{-1}. Die Wärmeübergangskoeffizienten sind innen 8,0 W m^{-2} K^{-1} und außen 23 W m^{-2} K^{-1}. Die Raumtemperatur ist konstant 20 °C, die Außentemperatur −10 °C. Berechnen Sie 1. den Wärmedurchgangskoeffizienten und 2. die in 24 h durch die Mauer hindurchgehende Wärmemenge.

2.3.7. Beispiele und Übungen zum Gleichstromkreis

7.1 An einem Heizgerät mit dem Widerstand 45 Ω liegt die Spannung 220 V. Berechnen Sie 1. die Stromstärke und 2. die aufgenommene Leistung.

7.2 Der Widerstand eines Drahtes von 150 m Länge und 0,50 mm Durchmesser wird mit 13,3 Ω gemessen. Berechnen Sie 1. den Leitwert des Drahtes und 2. den spezifischen Widerstand und die Leitfähigkeit des Materials, aus dem der Draht besteht. 3. Aus welchem Material besteht der Draht?

7.3 Berechnen Sie den Widerstand eines Kupferdrahtes mit einer Masse von 0,85 kg und einer Querschnittsfläche von 1,5 mm².

7.4 Eine elektrische Kochplatte hat die Kenndaten 220 V/1,0 kW. Welche Leistung nimmt dieses Gerät auf, wenn die Spannung auf 200 V absinkt?

Gegeben: $U_0 = 220\ \text{V}$; $P_0 = 1{,}0\ \text{kW}$ *Gesucht*: P

$U = 200\ \text{V}$

$$P = \frac{U^2}{R} \qquad (1) \qquad\qquad P_0 = \frac{U_0^2}{R} \qquad (2)$$

Bei der geringen Spannungsänderung darf die Temperaturabhängigkeit des Widerstandes der Heizwendel vernachlässigt werden. Deshalb wird R ohne Index geschrieben.
Aus (1) und (2) folgt

$$\underline{\underline{P = P_0 \left(\frac{U}{U_0}\right)^2}} \qquad\qquad \underline{\underline{P = 0{,}826\ \text{kW}}}$$

7.5 Ein elektrisches Heizgerät für 220 V Betriebsspannung nimmt eine Leistung von 300 W auf. Seine Leistung soll durch einen Vorwiderstand auf 200 W reduziert werden. Berechnen Sie 1. den Gerätewiderstand, 2. die Gerätespannung bei 200 W Leistung und 3. den erforderlichen Vorwiderstand. Die Betriebstemperatur des Heizgerätes soll als konstant angesehen werden.

7.6 In einem elektrischen Kammerofen für 220 V sind 12 Silitstäbe mit je 22,8 Ω parallelgeschaltet. Berechnen Sie 1. die elektrische Leistung, die der Ofen aufnimmt, 2. die stündlich erzeugte Wärmemenge und 3. die Energiekosten für den 24stündigen Betrieb bei einem Tarif von 0,08 M/kW h.

Beim *aufmerksamen Lesen* finden wir nur direkt gegebene Größen. Eine Aussage über Verluste bzw. Wirkungsgrad gibt es nicht.

Gegeben: $U = 220\ \text{V}$; $z = 12$ *Gesucht*: 1. P_{el}

$R_1 = 22{,}8\ \Omega$; $k = 0{,}08\ \frac{\text{M}}{\text{kW h}}$ 2. Q

zu 2.: $t_2 = 1\ \text{h}$; zu 3.: $t_3 = 24\ \text{h}$ 3. K

In dem elektrischen Ofen wird elektrische Energie in Wärmeenergie umgewandelt. Teil 1 der Aufgabe bezieht sich nur auf die zugeführte Elektroenergie, Teil 2 auf die Energieumwandlung.

1. Die elektrische Leistung ist durch (7.5) definiert:

$$P = UI \qquad (1)$$

Diese Gleichung enthält zwei unbekannte Größen, ist also nicht lösbar. Da der Widerstand der Heizstäbe gegeben ist, ziehen wir noch (7.7) heran:

$$U = R_1 I_1 \quad (I_1 \text{ Stromstärke in einem Stab}) \qquad (2)$$

Die Stromstärke setzt sich aus z Teilstromstärken zusammen, die den parallelgeschalteten Silitstäben zuzuordnen sind:

$$I = zI_1 \qquad (3)$$

Damit ist das Gleichungssystem bestimmt. Aus (1) ... (3) folgt

$$P_{el} = z\frac{U^2}{R_1}; \qquad P_{el} = \frac{12 \cdot 220^2\ \mathrm{V}^2}{22{,}8\ \Omega} = 25{,}5\ \mathrm{kW}$$

2. Die zugeführte elektrische Energie wird vollständig in Wärmeenergie umgewandelt:

$$Q = W_{el} \tag{4}$$

Nach Gl. (3.21) ist $W = Pt$ und mit der Zeit t_2

$$W_{el} = P_{el}\, t_2 \tag{5}$$

Aus (4) und (5) folgt

$$Q = P_{el}\, t_2; \qquad Q = 25{,}5\ \mathrm{kW} \cdot 1\ \mathrm{h} = \frac{2{,}55 \cdot 10^4\ \mathrm{J} \cdot 3{,}6 \cdot 10^3\ \mathrm{s}}{\mathrm{s}}$$

$$= 9{,}18 \cdot 10^7\ \mathrm{J} = 91{,}8\ \mathrm{MJ}$$

3. Die Energiekosten ergeben sich als Produkt aus Energie und Kosten je Energieeinheit:

$$K = W_{el}\, k \tag{6}$$

Aus (5) und (6) folgt mit der Zeit t_3

$$K = P_{el}\, t_3 k; \qquad K = 25{,}5\ \mathrm{kW} \cdot 24\ \mathrm{h} \cdot 0{,}08\ \frac{\mathrm{M}}{\mathrm{kW\,h}} = 48{,}96\ \mathrm{M}$$

Einheitenprobe und Überschlagsrechnung konnten bei so einfachen Lösungen entfallen.

7.7 □ Ein elektrisches Gerät mit der Nennleistung 2,0 kW bei 220 V Nennspannung wird über eine Kupferleitung von 2,5 mm² Querschnitt an eine 125 m entfernte Spannungsquelle mit 225 V Spannung angeschlossen. Berechnen Sie 1. den Leitungswiderstand, 2. den Gerätewiderstand, 3. die Stromstärke und 4. die Nutzleistung am Gerät.

7.8 In 25 m Abstand von einer Spannungsquelle mit vernachlässigbar kleinem Innenwiderstand wird über eine Aluminiumleitung von 1,5 mm² Querschnitt eine Glühlampe betrieben. Die Spannung an der Glühlampe beträgt 220 V. Wird ein weiteres Gerät angeschlossen, erhöht sich die Stromstärke um 10 A. 1. Berechnen Sie den nach Zuschalten dieses Gerätes in der Leitung auftretenden zusätzlichen Spannungsabfall. 2. Welche Spannung liegt dann an der Glühlampe? 3. Um wieviel Prozent sinkt dabei die Leistung der Glühlampe?

7.9 Ein Trockenofen soll je Stunde 10 MJ (≈ 2,4 Mcal) abgeben. Bemessen Sie den Widerstand des Heizkörpers so, daß bei einer Netzspannung von 220 V die dafür notwendige Heizleistung erbracht wird.

7.10 An eine Spannungsquelle mit der Urspannung 120 V und dem inneren Widerstand 4 Ω wird ein Widerstand angeschlossen, der in den Grenzen 0 ... 25 Ω stufenlos einstellbar ist. Stellen Sie 1. die Stromstärke, 2. die Klemmenspannung und 3. die äußere Leistung in Abhängigkeit vom Außenwiderstand in Gleichungen und Diagrammen dar.

Gegeben: $U_0 = 120\,\text{V}$; $R_i = 4\,\Omega$ *Gesucht*: 1. $I(R_a)$

$R_a = 0 \ldots 25\,\Omega$ 2. $U_k(R_a)$

3. $P_a(R_a)$

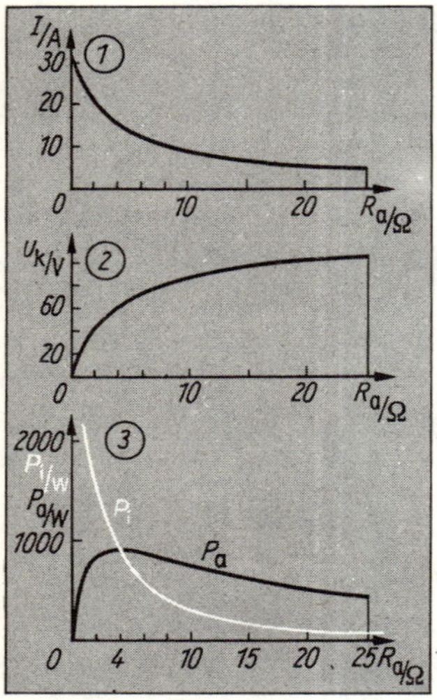

Bild 61

1. $$I(R_a) = \frac{U_0}{R_a + R_i}$$

Wollen wir wie in unserem Falle mehrere Funktionswerte ausrechnen, so empfiehlt es sich, die Gleichungen auf die gewünschten Einheiten zuzuschneiden und die konstanten Größen einzusetzen:

$$I_{/\text{A}} = \frac{120}{R_{a/\Omega} + 4}$$

2. $$U_k(R_a) = IR_a = \frac{U_0 R_a}{R_a + R_i} = \frac{U_0}{1 + \dfrac{R_i}{R_a}} \qquad U_{k/\text{V}} = \frac{120}{1 + \dfrac{4}{R_{a/\Omega}}}$$

3. $$P_a(R_a) = UI_k = \frac{R_a U_0^2}{(R_a + R_i)^2} \qquad P_{a/\text{kW}} = 14{,}4\,\frac{R_{a/\Omega}}{(R_{a/\Omega} + 4)^2}$$

Im Bild 61 sind die Diagramme zu diesen Funktionen dargestellt. Die nach außen abgegebene Leistung hat bei $R_a = 4\,\Omega$ ein Maximum. Das gilt immer, wenn $R_a = R_i$ ist. Diesen Fall bezeichnet man als *Anpassung*.

7.11 Wird einer Akkumulatorenbatterie ein Strom von 10 A entnommen, so ist die Klemmenspannung 42 V. Bei der Entnahme von 20 A sinkt die Klemmenspannung auf 36 V. Berechnen Sie 1. die Urspannung und 2. den inneren Widerstand der Batterie.

Gegeben: $I_1 = 10\,\text{A}$; $U_{k1} = 42\,\text{V}$ *Gesucht*: 1. U_0; 2. R_i

$I_2 = 20\,\text{A}$; $U_{k2} = 36\,\text{V}$

1. $U_{k1} = U_0 - I_1 R_i$ (1)

$U_{k2} = U_0 - I_2 R_i$ (2)

Daraus folgt

$$U_0 = \frac{U_{k1} I_2 - U_{k2} I_1}{I_2 - I_1} \qquad U_0 = 48\,\text{V}$$

2. Ebenfalls aus (1) und (2) folgt

$$R_i = \frac{U_{k1} - U_{k2}}{I_2 - I_1} \qquad R_i = 0{,}6\,\Omega$$

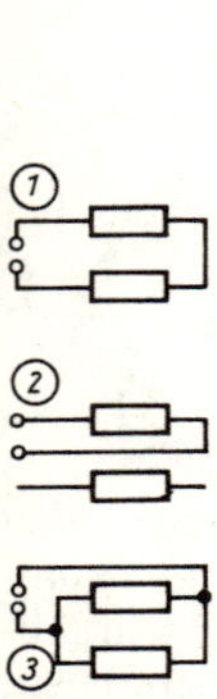

Bild 62

7.12 □ An eine Akkumulatorenbatterie mit der Urspannung 6,0 V wird ein Gerät mit dem Widerstand 2,1 Ω geschaltet. Die Stromstärke beträgt 2,8 A. Welche Stromstärke ist vorhanden, wenn ein Gerät mit dem Widerstand 1,2 Ω eingeschaltet wird?

7.13 Berechnen Sie 1. den inneren Widerstand einer Spannungsquelle mit der Urspannung 15 V, die beim Einschalten des Widerstandes 1,8 Ω einen Strom von 7,5 A abgibt, und 2. die maximal mögliche Stromstärke.

7.14 Ein elektrisches Heizgerät besitzt 3 Schaltstufen (Bild 62). An 220 V angeschlossen, fließt bei Schaltstufe 3 ein Strom von 10 A. Beide

Widerstände sind gleich. Berechnen Sie die Heizleistung der einzelnen Schaltstufen.

7.15 □ Zwei Widerstände sind parallel zueinander und mit einem dritten in Reihe geschaltet. Alle Widerstände sind gleich und an eine Batterie von 6 in Reihe geschalteten Akkus mit je 100 mΩ innerem Widerstand angeschlossen. Bei einer Gesamtstromstärke von 500 mA beträgt die Klemmenspannung je Akku 2,00 V. 1. Zeichnen Sie das Schaltbild. 2. Berechnen Sie einen Widerstand. 3. Berechnen Sie die Urspannung der gesamten Batterie.

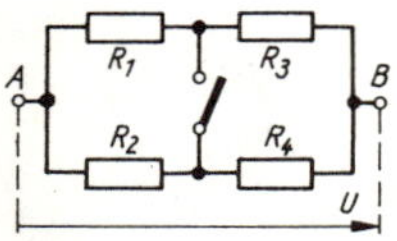

Bild 63

7.16 Zwischen den Punkten A und B der im Bild 63 dargestellten Schaltung liegt die konstante Spannung 120 V. Die Widerstände haben folgende Werte: $R_1 = R_4 = 200\,\Omega$, $R_2 = R_3 = 100\,\Omega$. Berechnen Sie die Stromstärke für den Fall, daß der Schalter 1. geöffnet und 2. geschlossen ist.

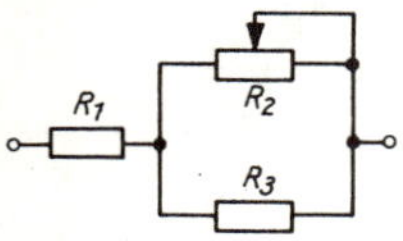

Bild 64

7.17 □ In der Schaltung nach Bild 64 kann der veränderliche Widerstand R_2 von 0 bis 30 Ω stufenlos eingestellt werden. Berechnen Sie, in welchen Grenzen der Ersatzwiderstand liegt, wenn die beiden anderen Widerstände die Werte $R_1 = 10\,\Omega$ und $R_3 = 20\,\Omega$ haben.

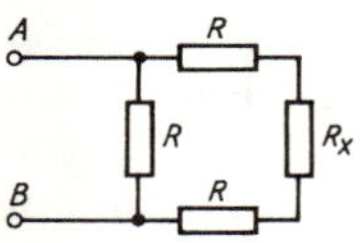

Bild 65

7.18 Bemessen Sie den Widerstand R_x in der Schaltung nach Bild 65 so, daß der Ersatzwiderstand 9 Ω beträgt. Die drei gleichen Widerstände betragen jeweils 10 Ω.

7.19 □ Sechs gleiche Widerstände sind so geschaltet, daß sie in den Seiten und Diagonalen eines Quadrates liegen (Bild 66). Berechnen Sie den Ersatzwiderstand der Schaltung zwischen zwei gegenüberliegenden Eckpunkten. Vereinfachen Sie zuvor die Schaltung schrittweise.

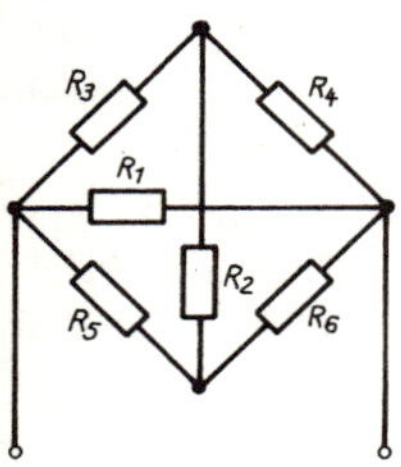

Bild 66

7.20 □ Eine Weihnachtsbaumbeleuchtung für 220 V hat 16 Kerzen. Während des Betriebes fallen zwei Kerzen aus. Sie werden durch einen dicken Kupferdraht überbrückt, so daß nur noch 14 Kerzen leuchten. Um wieviel Prozent wird dann die einzelne Kerze spannungsmäßig überlastet?

7.21 An einem Spannungsteiler (Schiebewiderstand von 120 Ω), an dessen Enden eine Spannung von 200 V liegt, soll am Teilwiderstand R_1 eine kleinere Spannung abgegriffen werden. Ohne Belastung wird ein Spannungsabfall von 100 V am Widerstand R_1 eingestellt (Bild 67.1). Dann wird ein Widerstand von 16 Ω angeschlossen (Bild 67.2). Berechnen Sie die Teilspannung an diesem Widerstand.

Gegeben: $U = 200\text{ V}$; $R = 120\,\Omega$ *Gesucht*: U_3

$R = R_1 + R_2$

$U_{1L} = 100\text{ V}$; $R_3 = 16\,\Omega$

Für den unbelasteten Spannungsteiler nach Bild 67.1 berechnen wir die Teilwiderstände R_1 und R_2:

$$\frac{R_1}{R} = \frac{U_{1L}}{U}; \qquad R_1 = \frac{RU_{1L}}{U} = \frac{120\,\Omega \cdot 100\text{ V}}{200\text{ V}} = 60\,\Omega$$

$R_2 = R - R_1 = 60\,\Omega$

Am belasteten Spannungsteiler (Bild 67.2) ändert sich die Spannungsverteilung. Die Widerstände R_1 und R_2 haben verschiedene Stromstärken.

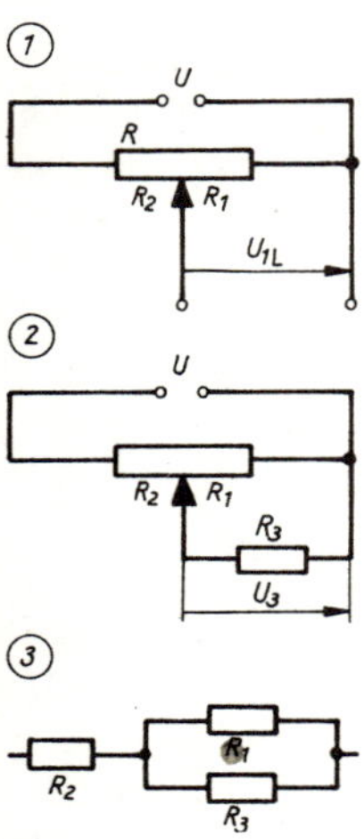

Bild 67

Nach Bild 67.3 gelten mit R_{13} als Ersatzwiderstand der Kombination von R_1 und R_3

$$U_3 = IR_{13} \quad (1) \qquad I = \frac{U}{R_{ers}} \quad (2)$$

$$R_{ers} = R_2 + R_{13} \quad (3) \qquad R_{13} = \frac{R_1 R_3}{R_1 + R_3} \quad (4)$$

Aus (1) ... (4) folgt

$$U_3 = \frac{UR_{13}}{R_{ers}} = \frac{U}{R_2 + \dfrac{R_1 R_3}{R_1 + R_3}} \cdot \frac{R_1 R_3}{R_1 + R_3} = \underline{\underline{\frac{U}{1 + \dfrac{R_2(R_1 + R_3)}{R_1 R_3}}}}$$

$$U_3 = \frac{200\ \text{V}}{1 + \dfrac{60\ \Omega \cdot 76\ \Omega}{60\ \Omega \cdot 16\ \Omega}} = \frac{200\ \text{V}}{1 + \dfrac{76}{16}} = \underline{\underline{34{,}8\ \text{V}}}$$

7.22 □ In einem Projektionsapparat, der mit 220 V betrieben wird, sind 2 Projektionslampen von je 500 W und 110 V Spannung in Reihe geschaltet. Bei einem Ausfall beider Lampen kann nur eine mit den genannten Betriebsdaten ersetzt werden, als zweite steht eine von 500 W und 80 V zur Verfügung. Was ist zu tun, damit beide Lampen entsprechend ihren Betriebsdaten betrieben werden können?

7.23 Fünf bekannte Widerstände werden auf die drei im Bild 68 dargestellten Arten zusammengeschaltet. Berechnen Sie die Ersatzwiderstände dieser Schaltungen. Die Widerstände $R_1 \dots R_5$ betragen 100 Ω, 300 Ω, 200 Ω, 500 Ω und 50 Ω.

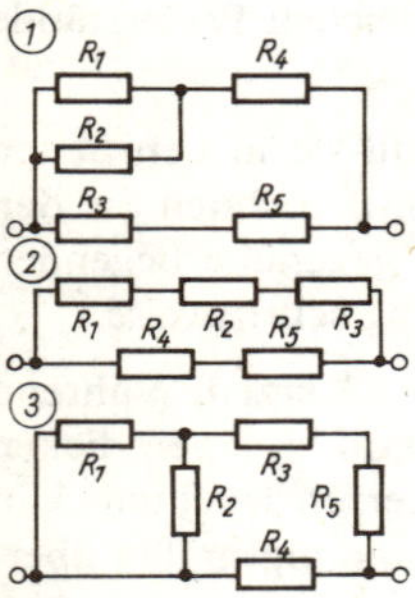

Bild 68

7.24 □ Die Batterie einer Notstromversorgungsanlage besteht aus 300 Elementen, von denen jeweils 60 in Reihe und 5 solche Zweige parallelgeschaltet sind. Jedes Element hat die Urspannung 2,02 V und den Innenwiderstand 50 mΩ. Berechnen Sie 1. die Leerlaufspannung und die Kurzschlußstromstärke der Batterie sowie 2. die Leistung, die die Batterie abgibt, wenn man sie mit 10% der Kurzschlußstromstärke belastet.

7.25 Zwei Akkumulatorenbatterien sind parallelgeschaltet. Da die zweite Batterie schon weit entladen ist, beträgt ihre Urspannung 7,8 V bei einem inneren Widerstand von 30 mΩ. Für die erste Batterie sind diese Kennwerte 8,0 V und 20 mΩ. Der Verbraucher entnimmt einen Strom von 50 A. Berechnen Sie 1. die Stromstärken, die den Einzelbatterien entnommen werden, und 2. die Klemmenspannung.

7.26 □ An einer elektronischen Spannungsquelle mit der Urspannung 400 V und dem Innenwiderstand 10 kΩ soll die Spannung gemessen werden. Bemessen Sie den Innenwiderstand des Spannungsmessers so, daß der Spannungsverlust durch den Meßstrom kleiner als 1% bleibt.

7.27 Ein Strommesser mit einem Innenwiderstand von 200 Ω und Vollausschlag bei 500 μA soll als Vielfachinstrument für folgende Meßbereiche verwendet werden: 2,5 mA, 5,0 A; 2,5 V und 250 V. 1. Entwerfen Sie eine einfache Schaltung des Vielfachmeßinstruments unter Verwendung eines Meßbereichsschalters mit 4 Schaltstellungen. Berechnen Sie 2. den Spannungsabfall am Strommesser und 3. die erforderlichen Shunts und Vorwiderstände.

7.28 Ein Galvanometer mit einem Innenwiderstand von 2,0 kΩ ist mit einem Vorschaltwiderstand von 1,0 kΩ und einem Shunt zum Meßwerk von 5,0 kΩ versehen. Berechnen Sie 1., wieviel Prozent des Gesamtstromes das Galvanometer anzeigt, und 2., welche Spannung insgesamt anliegen muß, wenn durch das Galvanometer selbst ein Strom von 0,50 μA fließen soll.

2.3.8. Beispiele und Übungen zum elektrischen und magnetischen Feld

8.1 Zeichnen Sie Feldlinien und Potentiallinien einer positiv geladenen Metallkugel, die weit von der Erde entfernt ist.

8.2 Berechnen Sie die Kraft, mit der sich zwei (zweifach positiv geladene) Heliumkerne gegenseitig abstoßen, die im Vakuum gegeneinander geschossen werden, für die Abstände 1,0 mm und 1,0 nm.

8.3 Eine kleine Metallkugel trägt die Ladung 1,6 μC. Berechnen Sie 1. die Feldstärke dieser Kugel im Abstand von 1,0 m und 2. die Kraft auf ein Staubkörnchen, das mit der Ladung 30 e im gleichen Abstand schwebt.

8.4 Zwei große Metallplatten stehen senkrecht im Abstand von 50 cm parallel. Zwischen ihnen wird die elektrische Feldstärke 100 V cm^{-1} gemessen. 1. Berechnen Sie die an den Platten liegende Spannung. 2. Geben Sie an, was mit einer kleinen positiv geladenen Kugel geschieht, die in der Mitte zwischen beiden Platten an einem als masselos betrachteten Faden aufgehängt wird.

8.5 Eine kleine Kugel aus Kupfer wird in einem großen Raum an einem isolierenden Faden aufgehängt und elektrisch geladen. In 4,0 m Abstand wird eine Feldstärke von 12 kV m^{-1} gemessen. Berechnen Sie die Ladung der Kugel.

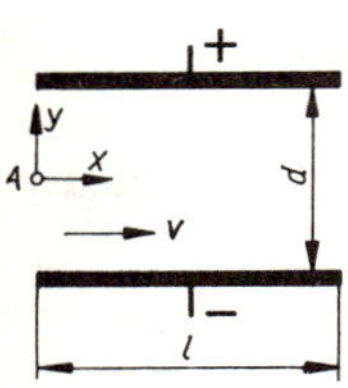

Bild 69

8.6 Das Plattenpaar in Bild 69 stellt ein Ablenksystem für einen Elektronenstrahl dar, der den Punkt A mit der Geschwindigkeit v in x-Richtung erreicht. Geben Sie an, in welcher Richtung der Strahl abgelenkt wird, und berechnen Sie die Spannung, bei deren Überschreiten der Strahl auf eine Platte auftrifft und damit gelöscht wird.

Mit den nach Bild 69 gegebenen Werten sowie mit Elektronenmasse m_e und -ladung e (→ B 6.) ist

Gegeben: v; l; d; m_e; e *Gesucht*: U_{max}

Elektronen sind negativ geladen und werden deshalb zur positiven Platte hin abgelenkt.

Vorgänge:
Die Elektronen werden durch die Coulombkraft senkrecht zu ihrer ursprünglichen Bewegungsrichtung beschleunigt. In x-Richtung wirkt keine Kraft, also auch keine Beschleunigung. Die Bewegung des Elektrons setzt sich aus zwei Komponenten zusammen: einer gleichmäßig beschleunigten Bewegung in y-Richtung und einer gleichförmigen Bewegung in x-Richtung.

Gleichungen suchen:
Die in y-Richtung wirkende Coulombkraft $F = eE = e(U/d)$ ist gleich der beschleunigenden Kraft $F = ma$. Der in y-Richtung zurückgelegte

Weg ist demnach

$$s = \frac{1}{2} at^2 = \frac{1}{2} \frac{F}{m} t^2 = \frac{1}{2} \frac{eU}{m_e d} t^2 \tag{1}$$

(1) enthält mit U und t zwei unbekannte Größen und ist nicht lösbar. Wir erhalten eine zweite Gleichung, wenn wir die gleichzeitig ablaufende Bewegung in x-Richtung beschreiben:

$$l = vt \tag{2}$$

Aus (2) folgt die für den Weg zur Platte verfügbare Zeit $t = l/v$. Diese Zeit in (1) eingesetzt, ergibt

$$s = \frac{eUl^2}{2m_e v^2 d} \tag{3}$$

Die in der Aufgabe gestellte Bedingung, daß der Elektronenstrahl die Platte nicht erreichen darf, bedeutet

$$s < \frac{d}{2} \tag{4}$$

Die Auflösung von (3) mit (4) ergibt

$$U < \underline{\underline{\frac{m_e d^2 v^2}{el^2}}}$$

Einheitenprobe:

$$[U] = \frac{\mathrm{kg\,m^2\,m^2}}{\mathrm{A\,s\,m^2\,s^2}} = \frac{\mathrm{W\,s}}{\mathrm{A\,s}} = \mathrm{V}$$

8.7 Ein sehr langer Draht von 2,0 mm Durchmesser trägt je Meter seiner Länge die Ladung 90 nC. Berechnen Sie die Feldstärke auf der Oberfläche des Drahtes.

8.8 Erklären Sie, weshalb in Betriebsanlagen, in denen die Luft viel brennbaren Staub enthält, alle Metallkonstruktionen geerdet sein müssen.

8.9 Ein Elektron mit der Geschwindigkeit $6{,}5 \cdot 10^6\ \mathrm{m\,s^{-1}}$ soll durch ein elektrisches Gegenfeld vollständig abgebremst werden. Berechnen Sie die Spannung, die das Teilchen zu diesem Zweck durchlaufen muß.

Gegeben: $v_A = 6{,}5 \cdot 10^6\ \mathrm{m\,s^{-1}}$; $v_E = 0$; $Q = e$ *Gesucht*: U

Das elektrische Feld verrichtet Beschleunigungsarbeit. Nach Gl. (7.3) ist $W = eU$. Da das Elektron vollständig gebremst werden soll, ist diese Arbeit gleich der anfangs vorhandenen kinetischen Energie: $eU = {}^1/_2 m_e v_A^2$.

Daraus folgt

$$U = \underline{\underline{\frac{m_e v_A^2}{2e}}}; \quad U = \frac{9{,}11\ \mathrm{kg} \cdot 10^{19} \cdot 6{,}5^2 \cdot 10^{12}\ \mathrm{m^2}}{10^{31} \cdot 2 \cdot 1{,}60\ \mathrm{As}\ \mathrm{s^2}} = \underline{\underline{120\ \mathrm{V}}}$$

8.10 Berechnen Sie 1. die Kapazität eines Plattenkondensators, der aus Platten mit der Fläche von 150 cm² im Abstand von 1,0 mm besteht, und 2. die Ladung, die der Kondensator speichert, wenn an seinen Klemmen eine Spannung von 1000 V liegt.

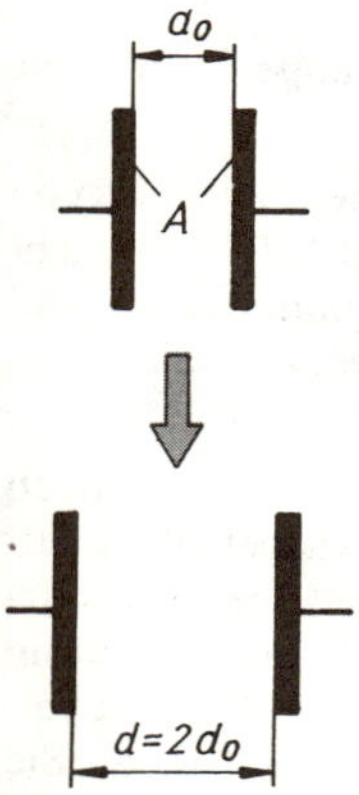

Bild 70

8.11 An den Platten eines Kondensators liegt die Spannung U_0. Untersuchen Sie, wie sich Kapazität, Spannung und Ladung des Kondensators verändern, wenn der Plattenabstand 1. bei angeschlossener Spannungsquelle und 2. bei abgetrennter Spannungsquelle auf das Doppelte des Anfangswertes vergrößert wird. Die Daten sind Bild 70 zu entnehmen.

Gegeben: A; d_0; U_0
$d = 2d_0$

Gesucht: 1. $\frac{C_1}{C_0}$; $\frac{U_1}{U_0}$; $\frac{Q_1}{Q_0}$

2. $\frac{C_2}{C_0}$; $\frac{U_2}{U_0}$; $\frac{Q_2}{Q_0}$

Es gelten die Gln. $C = \varepsilon_0 A/d$ und $Q = CU$.

1. $$\frac{C_1}{C_0} = \frac{\varepsilon_0 A}{d}\,\frac{d_0}{\varepsilon_0 A} = \frac{d_0}{d} = \frac{d_0}{2d_0} = \frac{1}{2} \qquad \underline{\underline{C_1 = \frac{1}{2}C_0}}$$

Die Kapazität hat sich auf die Hälfte verringert.

$U_1 = \underline{\underline{U_0}}$ laut Aufgabenstellung.

$$\frac{Q_1}{Q_0} = \frac{C_1 U_1}{C_0 U_0} = \frac{C_1}{C_0} = \frac{C_0}{2C_0} = \frac{1}{2} \qquad \underline{\underline{Q_1 = \frac{1}{2}Q_0}}$$

Die Ladung hat sich auf die Hälfte verringert (die eine Hälfte ist in die Spannungsquelle zurückgeflossen).

2. $\underline{\underline{C_2 = \frac{1}{2}C_0}}$ wie bei 1.

$Q_2 = \underline{\underline{Q_0}}$ laut Aufgabenstellung.

$$\frac{U_2}{U_0} = \frac{Q_2 C_0}{C_2 Q_0} = \frac{C_0}{C_2} = \frac{C_0 \cdot 2}{C_0} = 2 \qquad U_2 = \underline{\underline{2U_0}}$$

Die Spannung ist auf das Doppelte angewachsen.

8.12 Zwei Kondensatoren mit den Kapazitäten 10 μF und 40 μF sowie mit vernachlässigbar kleiner Leitfähigkeit sind in Reihe geschaltet und an eine Spannungsquelle von 200 V angeschlossen. Berechnen Sie 1. ihre Ladungen und 2. die Spannungsabfälle an den Kondensatoren.

8.13 □ Ein Drehkondensator ist aus 7 parallelen halbkreisförmigen Metallscheiben aufgebaut, die den Radius 50 mm und den gegenseitigen Abstand 0,7 mm haben. Der Zwischenraum ist mit Luft ausgefüllt. Die Scheiben *1*, *3*, *5* und *7* sind mit dem Pluspol, die übrigen mit dem Minuspol der Spannungsquelle verbunden. Die Kapazität des Drehkondensators wird verändert, indem die Scheiben *2*, *4* und *6* gleichzeitig um die gemeinsame Achse gedreht werden. Skizzieren Sie den Aufbau und berechnen Sie die größtmögliche Kapazität.

8.14 Um die Kapazität eines in Volt geeichten Elektrometers zu bestimmen, wird es zunächst so aufgeladen, daß es eine Spannung von 3,5 V anzeigt. Danach wird ein Kondensator von 3,5 pF parallelgeschaltet, wodurch sich an den Klemmen eine Spannung von 1,6 V einstellt. Berechnen Sie die Kapazität des Elektrometers.

8.15 Die Kapazitäten dreier in Reihe geschalteter Kondensatoren verhalten sich wie 1 : 3 : 5. Das System wird aufgeladen. Berechnen Sie, in welchem Verhältnis 1. die Spannungen, 2. die Ladungen und 3. die Energieinhalte der drei Kondensatoren stehen.

8.16 Eine Elektronenblitzröhre soll mit einer elektrischen Energie von 25 J betrieben werden. Die Betriebsspannung beträgt 250 V. Berechnen Sie 1. die erforderliche Kapazität des Speicherkondensators und 2. die durchschnittliche Leistung unter der Annahme, daß die Blitzröhre 1,6 ms lang eine konstante Lichtstärke hat.

8.17 Einem auf 100 V aufgeladenen Kondensator von 100 μF wird nach Abtrennen der Spannungsquelle ein zweiter ungeladener Kondensator gleicher Kapazität parallelgeschaltet. Berechnen Sie 1. die ursprünglich im Kondensator gespeicherte Energie, 2. die Spannung an den parallelgeschalteten Kondensatoren und 3. die in den parallelgeschalteten Kondensatoren gespeicherte Energie. 4. Begründen Sie die auftretende Energiedifferenz.

8.18 Ein Kondensator, dessen Platten Flächen von 5,0 cm² und einen Abstand von 1 mm haben, ist mit Glimmer ausgefüllt. Berechnen Sie 1. die Kapazität, 2. die Ladung und 3. den Energieinhalt für eine Spannung von 500 V.

8.19 □ Der Kondensator der Übung 8.18 ist geladen. Er wird von der Spannungsquelle getrennt, und danach wird die Glimmerschicht entfernt. Berechnen Sie 1. die Ladung, 2. die Kapazität und 3. den Energieinhalt des Kondensators. 4. Begründen Sie die Energiedifferenz (gegenüber 8.18.3).

8.20 Zwei 100 cm² große Kondensatorplatten haben einen Abstand von 15 mm. Sie sind mit einer Spannungsquelle von 2,0 kV verbunden. Berechnen Sie für das Feld zwischen den Platten Feldstärke und Verschiebung 1. in Luft, 2. in Transformatorenöl.

8.21 Der Kondensator der Übung 8.20 wird ohne Dielektrikum an einer 2-kV-Spannungsquelle geladen, danach von der Spannungsquelle getrennt und mit dem Dielektrikum gefüllt. Berechnen Sie Feldstärke und elektrische Verschiebung im Dielektrikum.

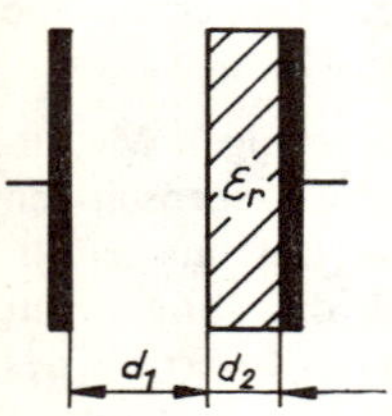

Bild 71

8.22 □ Berechnen Sie die Kapazität des im Bild 71 dargestellten Plattenkondensators, der teilweise mit einem Dielektrikum gefüllt ist. Die Plattenfläche ist A.

8.23 Der Plattenkondensator eines Füllstandsmeßgeräts besteht aus rechteckigen Metallplatten mit der Breite b, der Höhe H und dem Abstand a. Bei einer Messung ist er bis zur Höhe h mit einer nichtleitenden Flüssigkeit der Dielektrizitätszahl ε_r gefüllt. Berechnen Sie 1. die Kapazität des ungefüllten Kondensators, 2. die Kapazität des bis zur Höhe h gefüllten Kondensators und 3. die relative Kapazitätsänderung.

8.24 Berechnen Sie getrennt für die beiden Teile des Kondensators der Aufgabe 8.22 Feldstärke und Verschiebung. Die Spannung sei U.

Gegeben: A; d_1; d_2; U; ε_r *Gesucht*: E_1; D_1; E_2; D_2

Auf der inneren Grenzfläche des Dielektrikums wird die gleiche Ladung influenziert, die auf den Außenplatten liegt: $Q = CU$. Die an den beiden Teilkondensatoren liegenden Spannungen sind $U_1 = Q/C_1$ und $U_2 = Q/C_2$. Damit wird

$$E_1 = \frac{U_1}{d_1} = \frac{Q}{C_1 d_1} = \frac{\varepsilon_0 \varepsilon_r A U d_1}{(d_1 \varepsilon_r + d_2) A \varepsilon_0 d_1} = \underline{\underline{\frac{\varepsilon_r U}{d_1 \varepsilon_r + d_2}}}$$

$$D_1 = \underline{\underline{\varepsilon_0 E_1}}$$

$$E_2 = \frac{U_2}{d_2} = \frac{Q}{C_2 d_2} = \frac{\varepsilon_0 \varepsilon_r A U d_2}{(d_1 \varepsilon_r + d_2) A \varepsilon_0 \varepsilon_r d_2} = \underline{\underline{\frac{U}{d_1 \varepsilon_r + d_2}}}$$

$$D_2 = \varepsilon_0 \varepsilon_r E_2 = \underline{\underline{D_1}}$$

Bemerkung: Im Gegensatz zur Feldstärke ist die elektrische Verschiebung innerhalb eines Feldes in allen Dielektrika gleich.

8.25 Welche Stromstärke ist bei einer 120 mm langen Spule mit 820 Windungen erforderlich, damit in ihrem Innern eine magnetische Feldstärke von 225 A m^{-1} vorhanden ist?

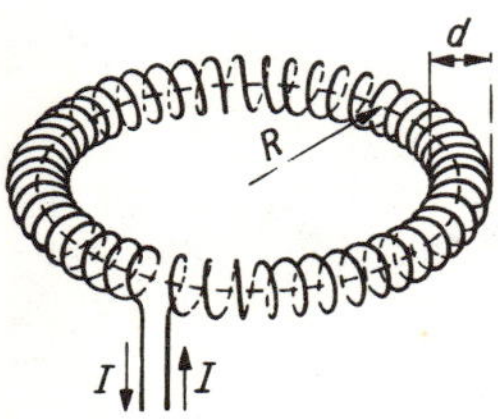

Bild 72

8.26 □ Eine Ringspule (Bild 72) hat N Windungen, den Radius R und den Wicklungsdurchmesser d. Sie wird von einem Strom der Stromstärke I durchflossen. Berechnen Sie für das Innere der Spule 1. die magnetische Feldstärke und 2. die Flußdichte.

8.27 Durch ein Magnetfeld der Flußdichte 500 mT führt ein Leiter der Länge l, der von einem Strom der Stärke 10 A durchflossen wird. Er bildet mit dem Flußdichtevektor einen Winkel von 10° (Bild 73). Berechnen Sie die Kraft, die auf ein Leiterstück von 40 mm Länge wirkt.

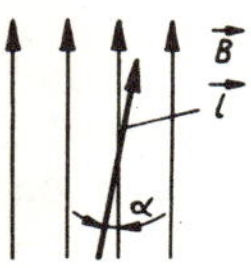

Bild 73

Gegeben: $B = 500$ mT; $I = 10$ A *Gesucht*: F

$\alpha = 10°$; $l = 40$ mm

Nach (8.24) ist

$$F = \underline{\underline{IlB \sin \alpha}}$$

$$F = 10 \text{ A} \cdot 40 \text{ mm} \cdot 500 \text{ mT} \cdot \sin 10°$$

$$= 4 \cdot 5 \cdot 0{,}174 \cdot 10^{1+1+2-3-3} \frac{\text{A m V s}}{\text{m}^2} = \underline{\underline{35 \text{ mN}}}$$

8.28 Die Zuleitung für Aluminiumschmelzöfen besteht aus Kupferschienen, die einen gegenseitigen Abstand von 40 cm haben und parallel vom Strom durchflossen werden. Berechnen Sie die Kraft, die je Meter Leiterlänge bei einem Strom der Stromstärke 8,0 kA zwischen zwei Schienen wirkt, und geben Sie die Kraftrichtung an.

8.29 Weisen Sie nach, daß die Gleichung $F = I_2 l B_1$ für die Kraft zwischen zwei parallelen Strömen I_1 und I_2 in geraden Leitern identisch ist mit der Gleichung

$$F = \frac{\mu_0 I_1 I_2 l}{2 \pi r}$$

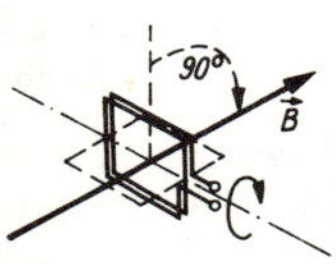

Bild 74

8.30 Eine leere Spule mit 1000 Windungen hat die Länge 12 cm und den Querschnitt 10 cm². Berechnen Sie die Induktivität der Spule.

8.31 Eine flache Spule, deren Flächennormale zunächst parallel zum Flußdichtevektor eines Magnetfeldes steht, wird in dem im Bild 74 dargestellten Drehsinn um 90° gekippt. Geben Sie die Polung der dabei auftretenden Induktionsspannung an den Spulenklemmen an und überprüfen Sie, ob sich die Polung beim Wechsel des Drehsinns ändert.

8.32 Ein Relais mit dem Widerstand 200 Ω und einer Induktivität von 2,0 H liegt an einer Gleichspannung von 6,0 V. 1. Berechnen Sie die Stromstärke. 2. Berechnen Sie die in der Relaiswicklung induzierte Spannung, die beim Abschalten entsteht, unter der Annahme, daß die Stromstärke innerhalb 1 ms gleichmäßig auf Null abfällt. 3. Wo macht sich die induzierte Spannung vor allem bemerkbar?

8.33 Auf eine Zylinderspule mit der Länge 400 mm, dem Durchmesser 50 mm und der Windungszahl 800 wird eine Sekundärwicklung von 2000 Windungen aufgebracht. Die Primärstromstärke wächst innerhalb von 0,3 s gleichmäßig von 0,1 A auf 5,0 A. Berechnen Sie die in der Sekundärspule induzierte Spannung.

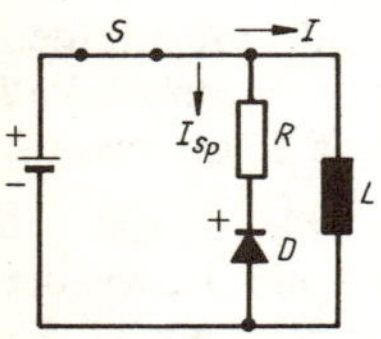

Bild 75

8.34 Durch eine Spule der Induktivität L fließt ein Strom mit der Stromstärke $I = I_0\,e^{-at}$. Berechnen Sie die induzierte Spannung.

8.35 Beim Abschalten von Spulen treten am Schalter hohe, durch die Selbstinduktion bedingte Spannungen auf. Erläutern Sie die Wirkungsweise der in Bild 75 dargestellten Schaltung zur Reduzierung des Öffnungsfunkens am Schalter S.

8.36 Berechnen Sie die magnetische Feldenergie, die in einer Spule mit 1000 Windungen bei einer Stromstärke von 2,0 A gespeichert ist. Die Spule ist 80 mm lang und hat den Durchmesser 35 mm.

8.37 Eine Zylinderspule mit 1200 Windungen, der Länge 100 mm und dem Durchmesser 20 mm wird von einem Strom der Stromstärke 100 mA durchflossen. Berechnen Sie 1. die magnetische Induktion und 2. den magnetischen Fluß innerhalb der Spule.

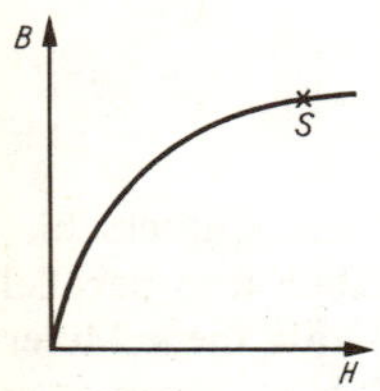

Bild 76

8.38 Mit einem Elektromagneten soll ein Feld der Flußdichte 0,30 T erzeugt werden. Die Spule ist 120 mm lang und hat 800 Windungen. Berechnen Sie die erforderliche Stromstärke für den Fall, daß die Spule 1. leer und 2. mit einem Eisenkern ($\mu_r = 500$) ausgefüllt ist.

8.39 Im B,H-Diagramm eines ferromagnetischen Stoffes (Bild 76) wird die Feldstärke über den Sättigungswert S hinaus vergrößert. Wie ändert sich die Flußdichte in diesem Bereich? Begründen Sie die Antwort.

8.40 Beschreiben Sie, was mit einem Ion geschieht, das in einer Flüssigkeit schwebt, in der sehr langsam ein Magnetfeld aufgebaut wird.

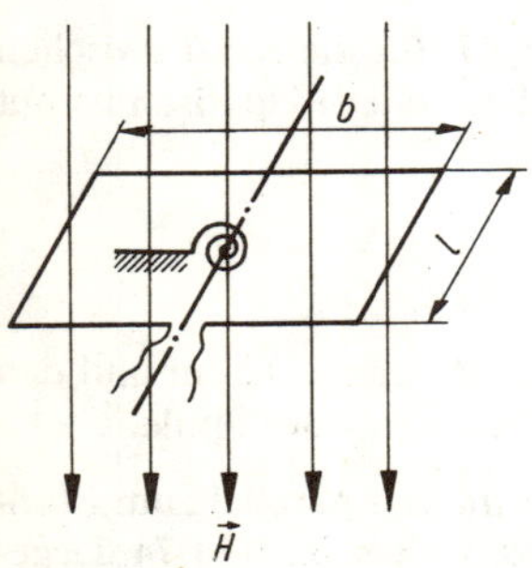

Bild 77

8.41 □ Im Feld eines Permanentmagneten der Feldstärke H ist eine rechteckige Spule der Länge l, der Breite b und der Windungszahl N (in Bild 77 ist nur eine Windung gezeichnet) drehbar gelagert. Ihre Achse wird durch eine Spiralfeder mit der Winkelrichtgröße k' in der Rotation behindert. 1. Berechnen Sie die Stromstärke in Abhängigkeit vom Verdrehungswinkel φ. 2. Führen Sie die Einheitenprobe durch.

8.42 Ein α-Strahl wird im Vakuum quer in ein Magnetfeld der Flußdichte 1,6 T eingeschossen und durchläuft eine Kreisbahn vom Radius 42 cm. Berechnen Sie die Geschwindigkeit der α-Teilchen. α-Teilchen haben die spezifische Ladung $Q/m = 2e/4m_p$.

8.43 □ Für die Trennung einfach geladener Kaliumionen der Isotope K^{39} und K^{40} im Massenspektrometer ist es erforderlich, daß sich ihre Ablenkradien im Magnetfeld mindestens um 1% unterscheiden. Prüfen Sie, ob die Trennung unter folgenden Bedingungen möglich ist: Beide Ionenarten haben die gleiche Energie 2,5 keV, die magnetische Flußdichte beträgt 0,8 T.

2.3.9. Beispiele und Übungen zur Stromleitung in Flüssigkeiten

9.1 In einem Elektrolyten befinden sich einwertige Ionen vom Radius r. Formulieren Sie die resultierende Kraft, die auf die Ionen wirkt, wenn die Feldstärke E herrscht und die innere Reibung des Lösungsmittels berücksichtigt wird. Geben Sie eine Erklärung dafür, daß sich die Beweglichkeit der Ionen mit der Temperatur ändert.

Gegeben: r; E; $z = 1$ *Gesucht*: F

Die Gesamtkraft setzt sich aus elektrischer und Reibungskraft zusammen: $F = F_{el} + F_R$. Mit (8.8), $Q' = ze$ und (4.22) folgt

$$F = \underline{\underline{zeE - 6\pi\eta rv}}.$$

Die Ionen bewegen sich dann mit der beobachteten konstanten Geschwindigkeit v, wenn $F = 0$, d. h. $zeE = 6\pi\eta rv$ ist. Daraus folgt $v/E \sim 1/\eta$. Nach (9.1) ist $v/E = u$ die Ionenbeweglichkeit. Weil mit steigender Temperatur die Viskosität η abnimmt, nimmt die Ionenbeweglichkeit mit der Temperatur zu.

Bemerkung: Außer durch die Zunahme der Ionenbeweglichkeit wächst die Leitfähigkeit des Elektrolyten mit der Temperatur auch durch Zunahme des Dissoziationsgrades, was eine Vermehrung der Ladungsträger bedeutet.

9.2 □ Berechnen Sie, wie lange es dauert, 1,0 m^3 Wasserstoff von 20 °C und 101,3 kPa durch einen Strom der Stromstärke 500 A elektrolytisch abzuscheiden.

9.3 □ Berechnen Sie die Energie, die theoretisch erforderlich ist, um 1,0 t Aluminium aus einer Aluminium-Kryolith-Schmelze bei 2,5 V abzuscheiden.

9.4 Im „Silberbad“ (Elektrolysebad mit Silbersalzlösung) soll eine Schale mit 5,0 dm^2 Oberfläche eine Auflage von 25 g Silber erhalten. Es wird mit einer Stromdichte von 30 A m^{-2} gearbeitet. Nur 98% des Stromes werden für die Silberabscheidung wirksam (katodischer Wirkungsgrad). Berechnen Sie 1. die Dauer der Behandlung und 2. die Dicke des Niederschlags.

9.5 □ Eine Akkumulatorenbatterie speichert eine Ladung von 75 A h. Berechnen Sie die Bleimenge, die bei vollständiger Entladung in $PbSO_4$ übergeführt wird.

9.6 □ An einen Akkumulator mit der Klemmenspannung 6,0 V ist ein Widerstand der Leistung 30 W angeschlossen. Berechnen Sie die Bleimenge, die durch den Stromfluß in einer Stunde an sämtlichen Katoden in $PbSO_4$ übergeführt wird.

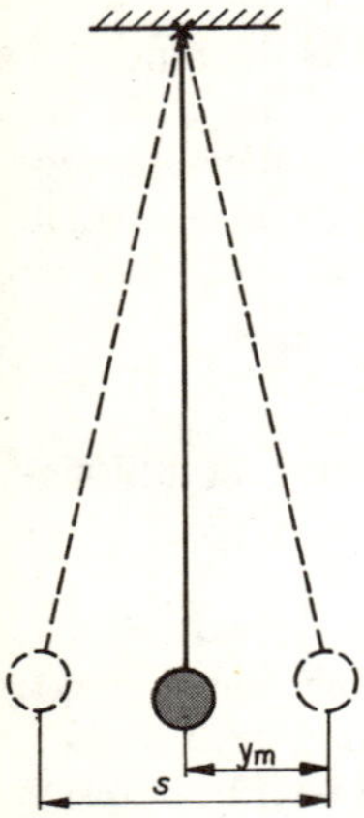

Bild 78

2.3.10. Beispiele und Übungen zu Schwingungen

10.1 Ein an einem Seil hängender Körper führt in 30 s 10 Perioden aus. Der Weg von einem Umkehrpunkt zum anderen beträgt 30 cm. Berechnen Sie die Elongation nach 1 s, 2 s, 5 s und 5 min. Alle Zeiten t_i zählen vom ersten beobachteten Durchgang des Pendels durch seine Nullage.

Nach *aufmerksamem Lesen* und Anfertigen einer *Skizze* (Bild 78) finden wir leicht die gegebenen Größen:

Gegeben: $z = 10$; $t = 30$ s; $s = 30$ cm; $\varphi = 0$; $t_1 = 1$ s; $t_2 = 2$ s; $t_3 = 5$ s; $t_4 = 5$ min

Gesucht: y_i; $i = 1, 2, 3, 4$

Gleichungen suchen:
Für die Sinusschwingung gilt bei kleiner Amplitude (10.1), hier mit dem Nullphasenwinkel $\varphi = 0$:

$$y = y_m \sin \omega t \tag{1}$$

Nach Skizze ist $y_m = \dfrac{s}{2}$. (2)

(2.5) und (2.11) ergeben $\omega = \dfrac{2\pi}{T}$. (3)

Die Periodendauer ist $T = \dfrac{t}{z}$. (4)

Aus (1) ... (4) folgt das *allgemeine Ergebnis*

$$\underline{\underline{y_i = \frac{s}{2} \sin\left(\frac{2\pi z t_i}{t}\right)}}$$

Spezielles Ergebnis berechnen:
Wir berechnen zuerst das Argument des Sinus für $i = 1$:

$$\frac{2\pi \cdot 10 \cdot 1\,\text{s}}{30\,\text{s}} = \frac{1}{3} \cdot 2\pi = \frac{1}{3} \cdot 360° = 120°.$$

Somit folgt

$$y_1 = 15\,\text{cm} \cdot \sin 120° = \underline{\underline{13\,\text{cm.}}}$$

Entsprechend folgt $y_2 = y_3 = \underline{\underline{-13\,\text{cm.}}}$

Für $t_4 = 5$ min $= 300$ s ergibt sich das Argument des Sinus

$$\frac{2\pi \cdot 10 \cdot 300\,\text{s}}{30\,\text{s}} = 100 \cdot 2\pi$$

Dies bedeutet: es sind 100 Perioden abgelaufen, und es ist

$$y_4 = \underline{\underline{0.}}$$

10.2 Ein Fadenpendel wird ausgelenkt und losgelassen. Gleichzeitig beginnt die Zeitmessung. Stellen Sie diesen Vorgang im y,t-Diagramm und als Gleichung dar.

Bild 79

10.3 □ Ein Körper wird im Schwerefeld der Erde sinusförmig bewegt. Er beschreibt dabei eine geradlinige vertikale Bahn (Bild 79). Berechnen Sie die Frequenz, mit der er schwingen muß, damit an den Umkehrpunkten die resultierenden Beschleunigungen gerade Null bzw. gleich der zweifachen Fallbeschleunigung auf der Erde sind. Die Amplitude ist 50 mm.

10.4 □ Ein Schüttelsieb bewegt sich vertikal und sinusförmig mit einer Amplitude von 30 mm. Auf dem Sieb liegen Körner der mittleren Masse *m*. Berechnen Sie die Frequenz, mit der das Sieb bewegt werden muß, damit sich die Körner vom Sieb ablösen.

10.5 □ Drei Wechselströme gleicher maximaler Stromstärke mit den Nullphasenwinkeln 0°, 120° und 240° (Drehstrom) fließen in einem Draht zusammen. Ermitteln Sie mit Hilfe der rotierenden Zeiger die resultierende maximale Stromstärke.

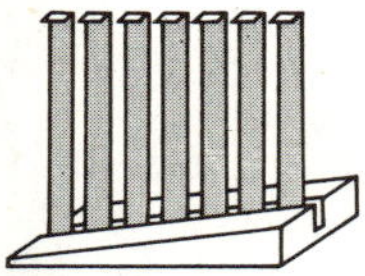

Bild 80

10.6 Ein Zungenfrequenzmesser für Wechselstrom besteht aus kleinen einseitig eingespannten Blattfedern verschiedener Länge (Bild 80), die durch eine Magnetspule (im Bild nicht gezeichnet) erregt werden. Erklären Sie die Wirkungsweise des Gerätes.

10.7 □ Es ist eine Arbeit von 0,25 *J* erforderlich, um eine gegebene Schraubenfeder um 100 mm zu dehnen. Geben Sie die Periodendauer der Schwingung an, die die Feder ausführt, wenn sie mit einem Körper der Masse 200 g belastet, danach um 50 mm ausgelenkt und losgelassen wird.

10.8 Eine Schraubenfeder (Federkonstante 250 N m^{-1}) wird durch einen angehängten Körper um 36 mm gedehnt. 1. Welche Masse hat der an die Feder angehängte Körper? – Berechnen Sie für das schwingungsfähige System (Amplitude 20 mm) 2. die Eigenfrequenz, 3. die Schwingungsenergie und 4. die Maximalwerte von Geschwindigkeit und Beschleunigung des Körpers.

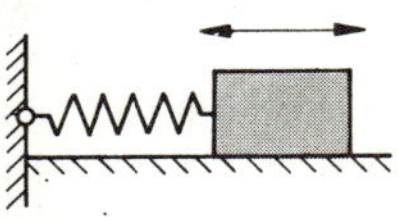

Bild 81

10.9 □ Ein Körper der Masse 150 g ist über eine Schraubenfeder (Federkonstante 50 N m^{-1}) an einer Wand befestigt und kann auf horizontaler Unterlage reibungsfrei gleiten (Bild 81). Anfangs ist die Feder um 35 mm zusammengedrückt. Berechnen Sie mit Hilfe des Energieerhaltungssatzes die maximale Geschwindigkeit des schwingenden Körpers.

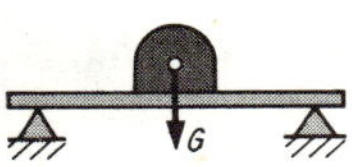

Bild 82

10.10 Eine Maschine belastet ihr Fundament. Nach Bild 82 (sehr vereinfachte Darstellung) ruft die Gewichtskraft der Maschine (5 kN) eine Durchbiegung des Fundaments um 2 mm hervor. 1. Berechnen Sie die Frequenz, mit der das System Maschine/Fundament (≙ Körper/Feder) schwingen kann. Die Masse des Fundaments sei vernachlässigbar klein gegenüber der Masse der Maschine. 2. Die Betriebsdrehzahl der Maschine ist 520 min^{-1}. Liegt Resonanz vor?

Gegeben: $G = 5$ kN; $s = 2$ mm *Gesucht*: 1. f

zu 2.: $n_B = 520$ min^{-1} 2. f_B

1. Die Frequenz eines Feder-Masse-Schwingers ist

$$f = \frac{1}{2\pi}\sqrt{\frac{k}{m}}. \qquad (1)$$

Die Federkonstante ergibt sich nach (3.10) zu

$$k = \frac{F}{s}. \qquad (2)$$

Die Kraft F ist hier die Gewichtskraft

$$G = mg. \qquad (3)$$

Aus (1) ... (3) folgt

$$f = \frac{1}{2\pi}\sqrt{\frac{g}{s}} \qquad f = 11{,}1\ \text{Hz}$$

2. $f_B = n_B = \frac{520}{\text{min}} = \frac{520}{60\ \text{s}} = 8{,}7\ \text{Hz} < 11{,}1\ \text{Hz}$

Da $f_B < f$ ist, liegt kein Resonanzfall vor.

10.11 Eine Stanze soll erschütterungsfrei aufgestellt werden. Sie führt maximal 60 Hübe je Minute aus. Die Masse der Maschine einschließlich der Fundamentplatte beträgt 2,0 t. Welche Federkonstante (als Kennzeichen der elastischen Eigenschaften) muß die Unterlage haben, damit die Resonanzfrequenz 1,5mal so groß ist wie die Betriebsfrequenz?

10.12 □ Zwei gleich lange, in Wasser schwimmende Holzbalken der Dichte 0,80 kg dm^{-3} haben 1. rechteckigen (60 cm · 40 cm) und 2. kreisförmigen Querschnitt (Durchmesser 40 cm). Die Balken werden in vertikaler Richtung so in Schwingung versetzt, daß stets die Längsachse des Balkens parallel zur Wasseroberfläche liegt. Berechnen Sie die Periodendauer dieser Schwingung unter Vernachlässigung der Reibung.

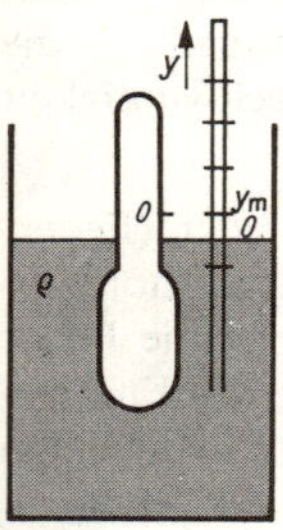

Bild 83

10.13 Ein Aräometer mit der Masse m und dem oberen Spindelquerschnitt A schwimmt, wie Bild 83 zeigt, in einer Flüssigkeit der Dichte ϱ. Es wird um eine kleine Strecke von $y = 0$ bis $y = y_m$ angehoben und zum Zeitpunkt $t = 0$ losgelassen. Danach schwingt es vertikal um die Ruhelage. Der Einfluß der Reibung und der Bewegung der Flüssigkeitsoberfläche kann vernachlässigt werden. 1. Ermitteln Sie die Gleichungen für Periodendauer und Elongation der Bewegung. 2. Begründen Sie qualitativ, wie sich die Gleichung für die Elongation bei Berücksichtigung der Reibung ändert.

10.14 Untersuchen Sie an zwei Beispielen, ob die nach Bild 84 aufgehängte Kugel als Fadenpendel aufgefaßt werden darf, indem Sie das Verhältnis der Frequenzen ausrechnen. Es ist 1. $d_1 = l/2$ und 2. $d_2 = l/10$.

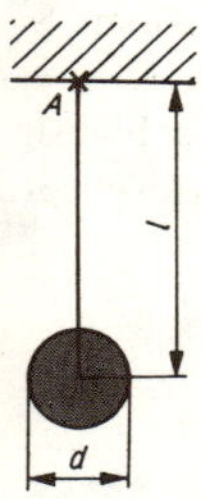

Bild 84

Gegeben: 1. $d_1 = \frac{1}{2}l$; 2. $d_2 = \frac{1}{10}l$ *Gesucht*: 1. und 2. $\frac{f_F}{f_P}$

Die Frequenzen der Pendel sind

$$f_P = \frac{1}{2\pi}\sqrt{\frac{mgl}{J_A}}; \qquad f_F = \frac{1}{2\pi}\sqrt{\frac{g}{l}}.$$

Für unsere Untersuchung sind Masse und Länge konstant. Es ändert sich nur das Verhältnis $l : d$ und damit das Massenträgheitsmoment. Wir berechnen deshalb zunächst die beiden Trägheitsmomente und verwenden dazu den Steinerschen Satz.

$$1.\ J_{A1} = \frac{2}{5}mr^2 + ml^2 = \frac{2}{5}m\left(\frac{l}{4}\right)^2 + ml^2 = ml^2\left(\frac{1}{40} + 1\right)$$

$$= \frac{41}{40}ml^2$$

$$2.\ J_{A2} = \frac{2}{5} mr^2 + ml^2 = \frac{2}{5} m \left(\frac{l}{20}\right)^2 + ml^2 = ml^2 \left(\frac{1}{1000} + 1\right)$$

$$= \frac{1001}{1000} ml^2 \approx ml^2$$

Im ersten Fall ist das Massenträgheitsmoment um 2,5% größer als das des entsprechend aufgehängten Massenpunktes. Im zweiten Fall ist der Unterschied zum Fadenpendel verschwindend klein, das Pendel mit $d_2 = {}^1/_{10} l$ verhält sich praktisch wie ein Fadenpendel.

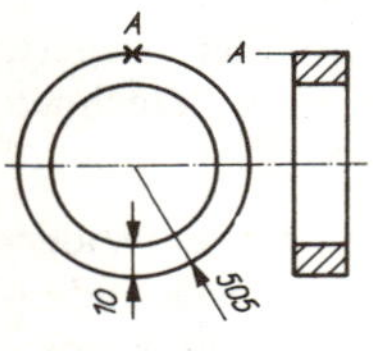

Bild 85

Das Frequenzverhältnis ist $\frac{f_F}{f_p} = \sqrt{\frac{J_A g}{mgll}} = \underline{\underline{\sqrt{\frac{J_A}{ml^2}}}}$

1. $\frac{f_F}{f_p} = \sqrt{\frac{41}{40}} = \underline{\underline{1{,}01}}$ 2. $\frac{f_F}{f_p} = \sqrt{\frac{1001}{1000}} = \underline{\underline{1{,}0005}}$

Dies bedeutet: Für $d_1 = {}^1/_2 l$ weicht die Frequenz des als Fadenpendel berechneten Pendels um 1%, für $d_2 = {}^1/_{10} l$ jedoch nur um 0,05% von der des exakt als physisches Pendel berechneten ab.

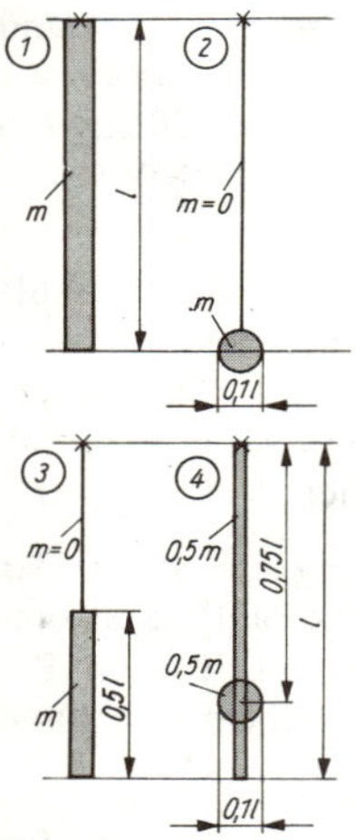

Bild 86

10.15 Ein Hohlzylinder von sehr geringer Wanddicke ist an einem Punkt des äußeren Umfangs aufgehängt. Die Lage der Drehachse und die Maße (in Millimeter) sind aus Bild 85 zu entnehmen. Berechnen Sie die Periodendauer bei Sinusschwingung um die Achse A.

10.16 Berechnen Sie die Frequenzen der verschiedenen physischen Pendel nach Bild 86 für jeweils kleinen Ausschlag. Die Gesamtmasse ist 500 g, die Länge 100 cm. Weitere Maße entnehmen Sie dem Bild. Der Körper am Stab (Bild 86.4) sei eine Kugel.

10.17 Ein physisches Pendel der Masse 8,5 kg ist um eine Achse A drehbar gelagert, die im Abstand 35 mm parallel zu einer durch den Schwerpunkt gehenden Achse verläuft. Die Schwingungsfrequenz ist 0,65 Hz. Berechnen Sie 1. die Periodendauer, 2. das Massenträgheitsmoment bezüglich der Achse A und 3. das Massenträgheitsmoment bezüglich der zur Achse A parallelen Achse durch den Schwerpunkt.

10.18 Das Massenträgheitsmoment eines kleinen Schwungrades soll experimentell bestimmt werden. Zu diesem Zweck befestigen wir es nach Bild 87.1 an einem Stahldraht und lassen es Torsionsschwingungen ausführen. Wir messen die Zeit t_1 für 100 Perioden. Danach befestigen wir zwei Wägestücke (Masse m_2 je ${}^1/_5$ bis ${}^1/_{10}$ der Masse m_1 des Schwungrades, Abstand r), wie auf dem Bildteil *2* erkennbar.

Gegeben: t; t_2; m_2; r; $z = 100$ *Gesucht*: J

Nach (10.9) unter Beachtung von (2.5) ist

$$T_1 = \frac{t_1}{z} = 2\pi \sqrt{\frac{J}{k'}} \quad \text{und} \quad T_2 = \frac{t_2}{z} = 2\pi \sqrt{\frac{J + J'}{k'}}$$

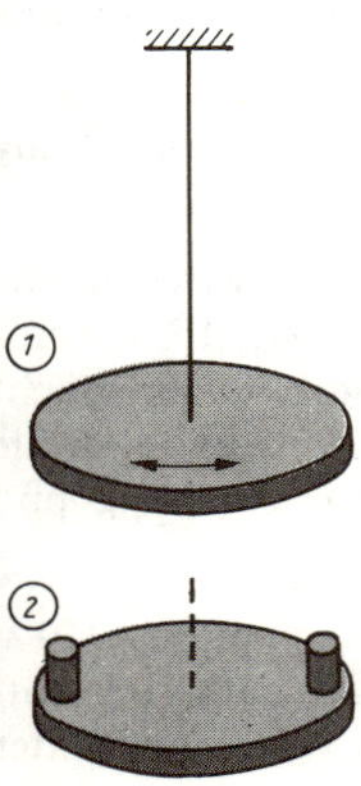

Bild 87

Darin ist J das Massenträgheitsmoment des Schwungrades und J' das Massenträgheitsmoment der beiden im Abstand r befestigten Wägestückchen ($J' = 2mr^2$). Nun gilt

$T_1 : T_2 = t_1 : t_2 = \sqrt{J : (J + J')}$. Daraus folgt

$$J = J' \frac{t_1^2}{t_2^2 - t_1^2} = \underline{\underline{2m_2 r^2 \frac{t_1^2}{t_2^2 - t_1^2}}}$$

10.19 □ Zur Bestimmung des Massenträgheitsmoments eines Zahnrades lassen wir zunächst einen zylindrischen Körper an einem Draht eine Torsionsschwingung ausführen, dann das Zahnrad. Der zylindrische Körper hat das Massenträgheitsmoment 7,80 kg cm² und führt 20 Perioden in 1,945 min aus, das Zahnrad benötigt für 20 Perioden 0,930 min. Berechnen Sie 1. die Richtgröße k', die bei der Torsion des Drahtes auftritt, und 2. das Massenträgheitsmoment des Zahnrades.

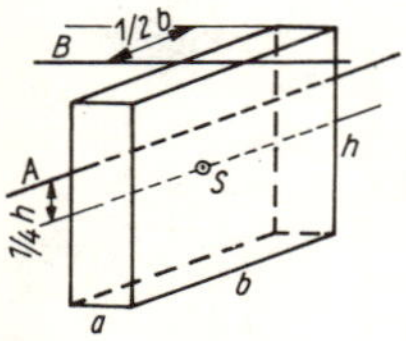

Bild 88

10.20 □ Ein homogener Quader (a = 20 mm; b = 50 mm; h = 80 mm) ist 1. um eine Achse A, 2. um eine Achse B nach Bild 88 drehbar gelagert, und er führt jeweils eine sinusförmige Schwingung aus. Berechnen Sie die beiden Frequenzen.

10.21 □ Berechnen Sie die Induktivität einer Spule, deren ohmscher Widerstand vernachlässigbar klein sei, und die Kapazität eines Kondensators, die bei der Frequenz 2,0 kHz den gleichen Wechselstromwiderstand 20 Ω haben.

10.22 Berechnen Sie die Induktivität der Spule, deren ohmscher Widerstand vernachlässigbar klein sei, und die Kapazität des Kondensators, die jeweils bei Anschluß an eine Wechselspannung von 220 V/50 Hz von der gleichen Stromstärke durchflossen werden wie eine 60-W-Glühlampe.

10.23 □ An die Netzspannung 220 V/50 Hz sind in Reihe liegend eine Spule mit der Induktivität 0,50 H und dem ohmschen Widerstand 10 Ω sowie ein Verbraucher mit dem ohmschen Widerstand 100 Ω angeschlossen. Berechnen Sie 1. die Stromstärke, 2. den Spannungsabfall über der Spule und 3. den Spannungsabfall über dem Verbraucher.

10.24 Durch eine Spule fließt bei 10,0 V Gleichspannung ein Strom der Stromstärke 6,10 A, bei 10,0 V Wechselspannung beträgt die Stromstärke 1,99 A. Die Frequenz der Wechselspannung ist 50,0 Hz. Berechnen Sie 1. den ohmschen Widerstand, 2. den Scheinwiderstand und 3. die Induktivität der Spule.

10.25 Berechnen Sie 1. Scheinwiderstand und 2. Phasenverschiebung für eine Reihenschaltung von ohmschem Widerstand (500 Ω), Spule (Induktivität 2,50 H) und Kondensator (Kapazität 1,50 μF) für eine Wechselspannung 220 V/50,0 Hz.

10.26 Berechnen Sie die Frequenz, bei der in der Schaltung nach Übung 10.25 Spannungsresonanz auftritt.

10.27 □ Eine Spule mit einem ohmschen Widerstand von 100 Ω wird an eine Wechselspannung von 220 V und 50 Hz angeschlossen. Im Stromkreis liegt ein Elektrizitätszähler, der in 2 min 5 Umdrehungen macht (Zähleraufschrift 1 kW h ≙ 1 500 Umdrehungen). Berechnen Sie 1. die Leistung, die die Spule aufnimmt, 2. die Phasenverschiebung und 3. die Induktivität der Spule.

10.28 □ Eine Glühlampe für 110 V und 60 W soll an die Netzspannung 220 V angeschlossen werden. Die Frequenz sei 50 Hz. Dies läßt sich entweder durch Reihenschaltung mit einem ohmschen Widerstand oder einer Spule (deren ohmscher Widerstand vernachlässigbar klein ist) bzw. mit einem Kondensator verwirklichen. Berechnen Sie 1. die erforderlichen Schaltelemente R, L und C sowie 2. für alle drei Fälle die Gesamtwirkleistung.

10.29 Ein Gleichstrommotor und ein Wechselstrommotor nehmen bei Anschluß an 220 V Spannung eine Wirkleistung von 1,65 kW auf. Für den Wechselstrommotor ist der Leistungsfaktor 0,50. Berechnen Sie für beide Motoren die Stromstärke.

10.30 Berechnen Sie Wirk-, Blind- und Scheinleistung für die Reihenschaltung nach Übung 10.23.

10.31 Das Typenschild eines Einphasenwechselstrommotors weist folgende Werte aus: Wirkleistung 600 W, Betriebsspannung 220 V/50 Hz, Leistungsfaktor 0,75. Berechnen Sie 1. die Scheinleistung, 2. die Stromstärke, 3. den Scheinwiderstand, 4. die Phasenverschiebung, 5. die Blindleistung.

10.32 Ein das Wechselstromnetz induktiv belastender Verbraucher nimmt bei 220 V Spannung eine Stromstärke von 1,05 A auf. Bei Parallelschaltung eines Kondensators wird die Stromstärke kleiner. Sie ist bei 6,5 μF 0,650 A, bei 13 μF 0,541 A und bei 20 μF 0,691 A. 1. Berechnen Sie jeweils die Scheinleistung (ohne bzw. mit Kondensator). 2. Stellen Sie die Abhängigkeit der Scheinleistung von der Kapazität im Diagramm dar, diskutieren Sie den Kurvenverlauf und geben Sie die Wirkleistung an. 3. Berechnen Sie den Leistungsfaktor des Verbrauchers. 4. Welche Blindleistung hat der Verbraucher?

Gegeben: $U = 220\ \text{V}$; $I_0 = 1{,}05\ \text{A}$
$C_1 = 6{,}5\ \mu\text{F}$; $I_1 = 0{,}650\ \text{A}$
$C_2 = 13\ \mu\text{F}$; $I_2 = 0{,}541\ \text{A}$
$C_3 = 20\ \mu\text{F}$; $I_3 = 0{,}691\ \text{A}$

Gesucht: 1. P_{s0}; P_{s1}; P_{s2}; P_{s3}
2. Diagramm; P
3. $\cos\varphi$
4. P_q

1. $\underline{\underline{P_s = UI}}$; $P_{s0} = 220\ \text{V} \cdot 1{,}05\ \text{A} = \underline{\underline{231\ \text{VA}}}$

$P_{s1} = \underline{\underline{143\ \text{VA}}}$; $P_{s2} = \underline{\underline{119\ \text{VA}}}$; $P_{s3} = \underline{\underline{152\ \text{VA}}}$

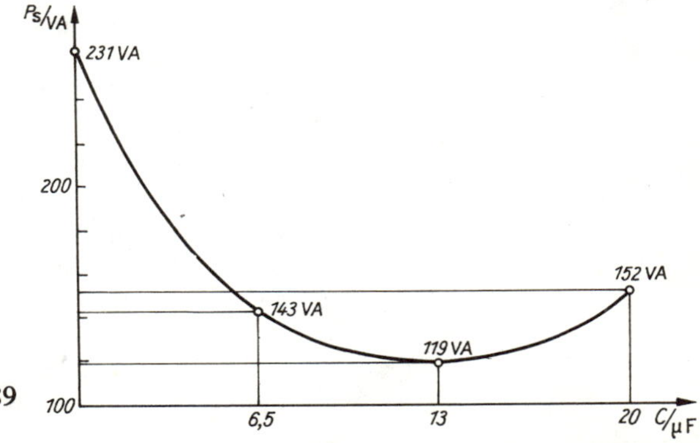

Bild 89

2. Bild 89. Kapazitive Belastung kompensiert induktive Belastung. Deshalb wird die Scheinleistung bei vorgegebener konstanter Wirkleistung des Verbrauchers mit größer werdender Kapazität zunächst kleiner. Das

Minimum entsteht dadurch, daß kapazitive und induktive Blindleistung gleichen Betrag haben, sich kompensieren. Somit ist $P_{s\,min} = P$ die Wirkleistung. Wird die Kapazität weiter vergrößert, überwiegt kapazitive Blindleistung, die Scheinleistung wird wieder größer.
Wirkleistung aus Diagramm: $P = \underline{\underline{119\ \mathrm{W}}}$

3. $\cos\varphi = \frac{P}{P_s} = \frac{P_{s\,min}}{P_{s0}}$ $\qquad \cos\varphi = \frac{119\ \mathrm{VA}}{231\ \mathrm{VA}} = \underline{\underline{0{,}515}}$

4. $P_q = \sqrt{P_s^2 - P^2} = \sqrt{P_{s0}^2 - P_{s\,min}^2}$; $\qquad P_q = \underline{\underline{198\ \mathrm{var}}}$

Zur *Probe* berechnen wir die Blindleistung des Kondensators 13 μF:

$$P_q = UI_C = 2\pi f C U^2 \qquad \left(\text{weil } I_C = \frac{U}{X_C} = U\omega C\right)$$

$$P_q = \frac{2\pi \cdot 50 \cdot 13\ \mu\mathrm{F} \cdot 220^2\ \mathrm{V}^2}{\mathrm{s}} = 100\pi \cdot 13 \cdot 220^2\ \frac{\mathrm{A\ s\ V^2}}{10^6\ \mathrm{V\ s}} = 197{,}7\ \mathrm{var}$$

Die Blindleistung des parallelgeschalteten Kondensators ist gleich der Blindleistung des Verbrauchers.

10.33 □ Ein Einphasenwechselstrommotor nimmt an einem 220-V-Netz mit 50 Hz bei seiner Nennleistung 180 W einen Strom der Stromstärke 1,17 A auf. 1. Berechnen Sie Leistungsfaktor und Phasenwinkel des Motors. 2. Bestimmen Sie die Kapazität des Kondensators, der dem Motor parallelgeschaltet werden muß, damit die aufgenommene Blindleistung Null wird.

2.3.11. Beispiele und Übungen zu Wellen

11.1 □ Ein Ultraschallsender strahlt eine Welle mit der Frequenz 800 kHz ab. Berechnen Sie die Wellenlänge dieser Ultraschallwelle 1. in Wasser und 2. in Luft, jeweils bei 20 °C Temperatur.

11.2 Berechnen Sie die Wellenlängen von Schallwellen der Frequenzen 1. 300 Hz und 2. 20 kHz in Luft, in Wasser, in Kupfer und in Aluminium, jeweils für eine Temperatur von 20 °C.

11.3 Radaranlagen ermitteln den Abstand von Flugzeugen aus Laufzeitmessungen. Es werden kurze Hochfrequenzimpulse ausgestrahlt, die nach Reflexion am Flugzeug zurückkehren. Die Laufzeit eines Impulses beträgt 1 ms. Berechnen Sie für diesen Fall die Entfernung des Flugzeuges von der Radaranlage. Geben Sie an, mit welcher Genauigkeit die Zeitmessung erfolgen muß, wenn die Entfernung auf 150 m genau bestimmt werden soll.

11.4 Berechnen Sie den Brechungswinkel 1. für Schallwellen, 2. für Lichtwellen, die unter einem Winkel von 10° bei 20 °C vom Wasser aus auf die Grenzfläche Wasser/Luft treffen. Skizzieren Sie den Strahlenverlauf.

11.5 In der Übung 11.4 sei der Einfallswinkel des Lichtstrahls 60°. Welche Schlußfolgerungen ergeben sich daraus?

11.6 Nennen Sie die physikalischen Vorgänge aus dem Bereich der Optik, die sich mit Hilfe eines Glasprismas nachweisen lassen. Skizzieren Sie diese Vorgänge.

11.7 Erklären Sie folgende Erfahrungstatsache: Wenn man tagsüber aus einem hellen Raum durch das Fensterglas nach draußen blickt, sieht man die Umgebung. Nachts dagegen erblickt man in der Fensterscheibe das Spiegelbild des hellen Raumes.

11.8 Erklären Sie, weshalb ein Fettfleck auf weißem Papier im reflektierten Licht dunkler als seine Umgebung erscheint.

11.9 Ein Großlautsprecher gibt eine Schalleistung von etwa 10 W ab. Die Schallenergie soll sich kugelförmig ungestört nach allen Seiten ausbreiten. Von Verlusten wird abgesehen. Ein Hörer befindet sich 10 m vom Lautsprecher entfernt. Berechnen Sie überschläglich 1. die Schallstärke am Ort des Hörers, 2. den vom Hörer wahrgenommenen Schallpegel, 3. die am Ort des Hörers in 1 l Luft enthaltene Schallenergie und 4. die Schalldruckamplitude am Ohr des Hörers. Die Schallgeschwindigkeit sei 340 m s^{-1}, die Dichte der Luft 1,3 kg m^{-3}.

Gegeben: $\Phi = 10\ \text{W}$; $r = 10\ \text{m}$ *Gesucht*: 1. J

$c = 340\ \text{m s}^{-1}$; $\varrho = 1{,}3\ \text{kg m}^{-3}$ 2. L

$J_0 = 10^{-12}\ \text{W m}^{-2}$ 3. W

zu 3.: $V = 1\ \text{l}$ 4. p_m

$$1.\ J = \frac{\Phi}{A} = \underline{\underline{\frac{\Phi}{4\pi r^2}}};\quad J = \frac{10\ \text{W}}{4\pi \cdot 10^2\ \text{m}^2} \approx \underline{\underline{8\ \text{mW m}^{-2}}}$$

$$2.\ L = \underline{\underline{10 \lg \frac{J}{J_0}}};\quad L = 10 \lg \frac{8 \cdot 10^{12}}{10^3} = 10 \cdot 9{,}9 \approx \underline{\underline{100\ \text{dB}}}$$

$$3.\ W = wV = \underline{\underline{\frac{JV}{c}}};\quad W = \frac{8\ \text{W} \cdot 1\ \text{m}^3}{10^3\ \text{m}^2 \cdot 10^3 \cdot 3{,}4 \cdot 10^2\ \text{m}}\,\frac{\text{s}}{} \approx \underline{\underline{24\ \text{nJ}}}$$

$$4.\ p_m = \underline{\underline{\sqrt{2J\varrho c}}};\quad p_m = \sqrt{\frac{2 \cdot 8\ \text{W} \cdot 1{,}3\ \text{kg} \cdot 3{,}4 \cdot 10^2\ \text{m}}{10^3\ \text{m}^2\ \ \text{m}^3\ \ \text{s}}} \approx \underline{\underline{2{,}7\ \text{Pa}}}$$

11.10 Der Schallintensitätspegel einer Schallquelle beträgt in 2,0 m Entfernung 60 dB. Berechnen Sie 1. die Schallstärke in 2,0 m Entfernung von der Quelle sowie 2. die Schallstärke und den Schallintensitätspegel in 4,0 m Abstand von der Quelle.

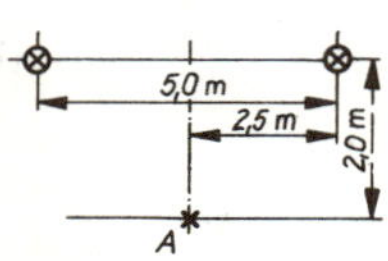

Bild 90

11.11 Das Geräusch eines Motorrades verursacht in einem bestimmten Abstand den Schallpegel 90 dB. Berechnen Sie den Schallpegel, den 10 solche Motorräder im gleichen Abstand erzeugen.

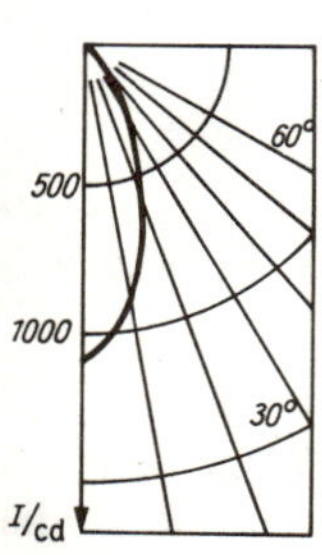

Bild 91

11.12 Zwei Glühlampen von je 32 cd sind 5,0 m voneinander entfernt 2,0 m hoch angebracht (Bild 90). Berechnen Sie die Beleuchtungsstärke für den Punkt A unter Annahme richtungsunabhängiger Lichtstärkeverteilung.

11.13 Eine HQL-Lampe 250 W mit einem Gesamtlichtstrom von 11 500 lm in einem Reflektor mit einem Lichtstärkediagramm nach Bild 91 ist 10 m über dem Erdboden befestigt. Berechnen Sie die Beleuchtungsstärke auf dem Erdboden 1. senkrecht unterhalb der Lampe, 2. auf einer Kreislinie mit dem Radius 1,75 m und 3. auf einer Kreislinie mit dem Radius 3,50 m (Kreismittelpunkte jeweils senkrecht unter dem Aufhängepunkt).

Gegeben: $\Phi = 11\,500$ lm; $h = 10$ m *Gesucht*: E_i

$R_1 = 0$; $R_2 = 1{,}75$ m $i = 1, 2, 3$

$R_3 = 3{,}5$ m

Hinweis: Die Berechnung der Beleuchtungsstärken nach (11.38′) $E_{/\mathrm{lx}} = \dfrac{I_{/\mathrm{cd}} \cos\alpha}{(r_{/\mathrm{m}})^2}$ setzt die Kenntnis der Lichtstärken des Strahlers in Richtung des Lichteinfalls auf dem Erdboden voraus. Diese können wir jedoch nicht direkt dem Diagramm entnehmen, da dieses wie allgemein üblich auf eine Gesamtstrahlung von 1000 lm bezogen ist. Aus diesen Überlegungen ergeben sich folgende Lösungsschritte:

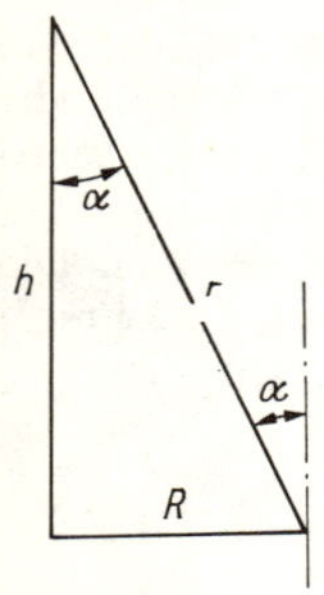

Bild 92

1. Schritt: Berechnung der Lichteinfallswinkel für die verschiedenen Radien

2. Schritt: Entnahme der zu diesen Winkeln gehörenden Lichtstärken aus dem Diagramm

3. Schritt: Umrechnung dieser Lichtstärken auf den Lichtstrom der HQL-Lampe

4. Schritt: Berechnung der gesuchten Beleuchtungsstärken.

Weiterhin formen wir (11.38′) um. Nach Bild 92 folgt $h/r = \cos\alpha$. Damit ergibt sich

$$E_{/\mathrm{lx}} = \frac{I_{/\mathrm{cd}}}{(h_{/\mathrm{m}})^2} \cos^3\alpha$$

1. Schritt: $R_1 = 0$; $\alpha_1 = 0$

$R_2 = 1{,}75$ m; $\tan\alpha_2 = \dfrac{R_2}{h} = 0{,}175$; $\alpha_2 = 9{,}93°$

$R_3 = 3{,}5$ m; $\tan\alpha_3 = \dfrac{R_3}{h} = 0{,}35$; $\alpha_3 = 19{,}29°$

2. Schritt: $\alpha_1 = 0$ $I'_1 = 1100$ cd

$\alpha_2 \approx 10°$ $I'_2 = 900$ cd

$\alpha_3 \approx 20°$ $I'_3 = 600$ cd

3. Schritt: $I = \dfrac{11\,500\ \mathrm{lm}}{1000\ \mathrm{lm}} I' = 11{,}5\, I'$

$I_1 = 11{,}5 \cdot 1100\ \mathrm{cd} = 12\,650\ \mathrm{cd}$

$I_2 = 11{,}5 \cdot 900\ \mathrm{cd} = 10\,350\ \mathrm{cd}$

$I_3 = 11{,}5 \cdot 600\ \mathrm{cd} = 6900\ \mathrm{cd}$

4. Schritt: 1. $E_{/\mathrm{lx}} = \dfrac{12\,650}{10^2}$; $\underline{\underline{E = 127\ \mathrm{lx}}}$

2. $E_{/\mathrm{lx}} = \dfrac{10\,350}{10^2} \cos^3 10°$; $\underline{\underline{E = 97\ \mathrm{lx}}}$

3. $E_{/\mathrm{lx}} = \dfrac{6900}{10^2} \cos^3 20°$; $\underline{\underline{E = 54\ \mathrm{lx}}}$

11.14 □ Eine 60-W-Glühlampe hat einen Lichtstrom von 600 lm und soll richtungsunabhängig in den Raum strahlen. Berechnen Sie 1. die Lichtausbeute (Verhältnis von Lichtstrom zu elektrischer Leistung) und 2. die Lichtstärke. 3. Welche Beleuchtungsstärke ergäbe sich für eine 1 m von der Glühlampe entfernte, senkrecht zu den Lichtstrahlen angeordnete Fläche?

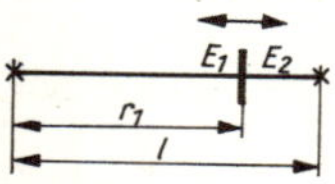

Bild 93

11.15 □ Für Meßzwecke soll die Lichtstärke einer Niedervoltglühlampe durch Vergleich mit einer geeichten Glühlampe (Lichtstärke 250 cd) ermittelt werden. Dazu werden beide Lampen auf einer optischen Bank angeordnet (Bild 93). Zwischen den beiden Lampen befindet sich ein verschiebbarer weißer Schirm, der durch geeignete Spiegelanordnungen gleichzeitig von beiden Seiten betrachtet werden kann. Der Schirm wird so lange verschoben, bis die Beleuchtungsstärke auf beiden Seiten gleich ist. Dabei ergeben sich folgende Werte: Abstand der beiden Lampen 1,50 m, Abstand des Schirmes von der geeichten Lampe bei Gleichheit der Beleuchtungsstärken 1,18 m. Berechnen Sie die Lichtstärke der zu eichenden Lampe.

2.4. Hinweise zu den Lösungen; Antworten und Ergebnisse

1.3 $E_{/\mathrm{GPa}} = \dfrac{12{,}73 \cdot F_{/\mathrm{kN}} \cdot s_{/\mathrm{cm}}}{(d_{/\mathrm{mm}})^2 \cdot \Delta s_{/\mathrm{mm}}}$

1.4 $I_{/\mathrm{l\ min^{-1}}} = \dfrac{3{,}14 \cdot (r_{/\mathrm{mm}})^4 \cdot \Delta p_{/\mathrm{Torr}}}{10^6 \cdot \eta_{/\mathrm{Pa\ s}} \cdot l_{/\mathrm{m}}}$

2.2 $v_1 = v_\mathrm{R}$ $\qquad v_1 = 300\ \mathrm{km\ h^{-1}}$

$v_2 = v_\mathrm{R} + v_\mathrm{P}$ $\qquad v_2 = 360\ \mathrm{km\ h^{-1}}$

$v_3 = v_\mathrm{R} - v_\mathrm{P}$ $\qquad v_3 = 240\ \mathrm{km\ h^{-1}}$

2.3 $v_\mathrm{auf} = \dfrac{\Delta h}{t} + v_\mathrm{ab}$ $\qquad v_\mathrm{auf} = 1{,}92\ \mathrm{m\ s^{-1}}$

2.4 $v_\mathrm{B} = \dfrac{s}{t} + v_\mathrm{Str}$ $\qquad v_\mathrm{B} = 19{,}8\ \mathrm{km\ h^{-1}}$

2.5 1. $v_\mathrm{R} = \dfrac{s}{t_\mathrm{R}}$ $\qquad v_\mathrm{RD} = 84{,}7\ \mathrm{km\ h^{-1}}$; $\quad v_\mathrm{RP} = 47{,}7\ \mathrm{km\ h^{-1}}$

2. $v_\mathrm{F} = \dfrac{s}{t_\mathrm{R} - t_\mathrm{A}}$ $\qquad v_\mathrm{FD} = 91{,}1\ \mathrm{km\ h^{-1}}$; $\quad v_\mathrm{FP} = 69{,}9\ \mathrm{km\ h^{-1}}$

2.6 1. $v_\mathrm{m1} = \dfrac{s_1}{t_1}$ $\qquad v_\mathrm{m1} = 5{,}20\ \mathrm{km\ h^{-1}}$

$v_\mathrm{m2} = \dfrac{s_2}{t_2}$ $\qquad v_\mathrm{m2} = 3{,}20\ \mathrm{km\ h^{-1}}$

$v_\mathrm{m3} = \dfrac{s_3}{t_3}$ $\qquad v_\mathrm{m3} = 4{,}86\ \mathrm{km\ h^{-1}}$

2. $v_\mathrm{ges} = \dfrac{s_1 + s_2 + s_3}{t_1 + t_2 + t_3}$ $\qquad v_\mathrm{ges} = 4{,}49\ \mathrm{km\ h^{-1}}$

Beachten Sie: v_ges darf *nicht* durch Mittelbildung aus den drei Durchschnittswerten bestimmt werden. (Nur möglich, wenn $t_1 = t_2 = t_3$.)

2.7 $a_\mathrm{m} = \dfrac{\Delta v}{\Delta t}$ $\qquad a_\mathrm{m} = 6{,}57 \cdot 10^5\ \mathrm{m\ s^{-2}}$

2.8 $a_\mathrm{m} = \dfrac{v_2 - v_1}{\Delta t}$ $\qquad a_\mathrm{m} = -0{,}157\ \mathrm{m\ s^{-2}}$

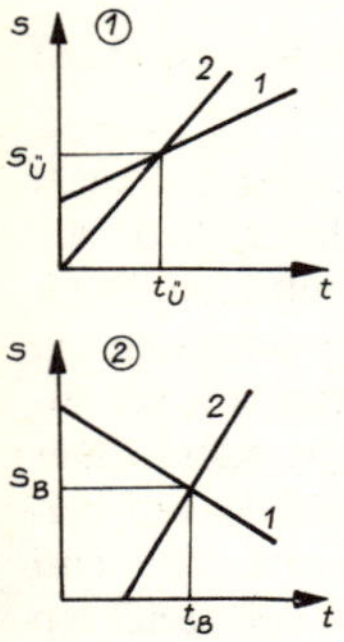

Bild 94

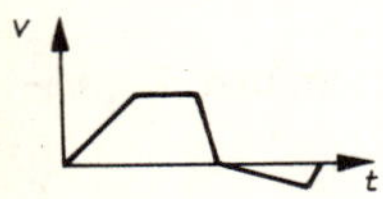

Bild 95

2.9 1. Zeitlich konstante Geschwindigkeit, gleichförmige Bewegung.
2. Zeitlich konstanter Ort, keine Bewegung.

2.10 1. Zwei gleichmäßig beschleunigt bewegte Körper haben zu der durch den Schnittpunkt gegebenen Zeit die gleiche Geschwindigkeit.
2. Zwei gleichförmig bewegte Körper befinden sich zu der durch den Schnittpunkt gegebenen Zeit am gleichen Ort.

2.11 1. Bild 94.1; 2. Bild 94.2

2.12 Bild 95

2.13 Der Körper bewegt sich mit konstanter negativer Geschwindigkeit vom Ort s_0 aus auf den Nullpunkt zu. Dieser wird zur Zeit t_1 erreicht. Der Körper bewegt sich mit gleicher Geschwindigkeit weiter bis zum Ort $s_2 = -s_0$.

2.14 Die Bewegung beginnt mit positiver Geschwindigkeit v_0. Die Geschwindigkeit nimmt gleichmäßig ab. Zur Zeit t_1 ist sie Null. Die Bewegungsrichtung kehrt um. Die Geschwindigkeit nimmt dem Betrag nach wieder zu, bis zur Zeit t_2 die Geschwindigkeit $v_2 = -v_0$ erreicht ist. Während der gesamten Bewegung hat die Beschleunigung einen konstanten negativen Wert.

2.15 1. Kurve *1*: Gerade, d. h., Geschwindigkeit ist konstant.
Kurve *2*: Gekrümmte Kurve, die mit zunehmender Zeit steiler wird, d. h., Geschwindigkeit nimmt zu. Die Steilheit der Kurven entspricht der Geschwindigkeit.

2. $t = t_0$: $v_{10} = v_1$; $v_{20} = 0$ (Kurventangente parallel zur t-Achse)
$t = t_1$: $v_{11} = v_1$; $v_{21} < v_1$ (Kurve *1* steiler als Kurve *2*)
$t = t_2$: $v_{12} = v_1$; $v_{22} > v_1$ (Kurve *2* steiler als Kurve *1*)

2.16 $t = \frac{s}{v}$ $t = 15{,}4\ \mathrm{s}$

2.17 $v = \frac{s}{t}$ $v_S = 10\ \mathrm{m\,s^{-1}}$; $v_R = 6{,}7\ \mathrm{m\,s^{-1}}$; $v_S > v_R$

2.18 $v = \frac{\Delta s}{\Delta t}$ $v = 2{,}5\ \mathrm{m\,s^{-1}}$

2.19 $s = \frac{vt}{2}$ $s = 30\ \mathrm{m}$

2.22 Für die M-Kurve gilt: $s_M = v_M t$.
Für die P-Kurve gilt: $s_P = \Delta s + v_P(t - \Delta t)$.
Für den Überholungspunkt gilt: $s_M = s_P$; $t = t_Ü$

$t_Ü = \frac{\Delta s - v_P \Delta t}{v_M - v_P}$ $t_Ü = 1\ \mathrm{h}\ 10\ \mathrm{min}$

$s_Ü = v_M t_Ü$ $s_Ü = 52{,}5\ \mathrm{km}$

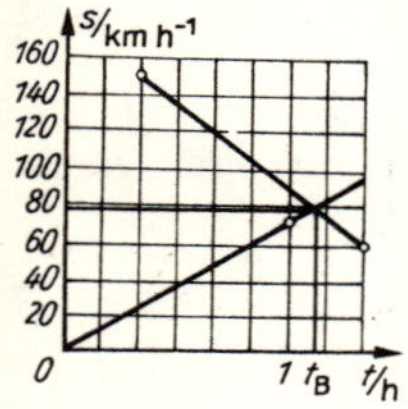

Bild 96

2.23 Die Begegnung findet statt, wenn die Summe der beiden Wege gleich der Entfernung zwischen Anfangs- und Endpunkt der Strecke ist. Es ist zu beachten, daß die Geschwindigkeit von PKW *2* mit $v_2 = -90\ \mathrm{km\,h^{-1}}$ anzusetzen ist.

1. $t_B = \frac{\Delta s - v_2 \Delta t}{v_1 - v_2}$ $t_B = 1\ \mathrm{h}\ 7{,}5\ \mathrm{min}$

2. $s_B = v_1 t_B$ $s_B = 78{,}75\ \mathrm{km}$

3. Bild 96

2.24 Wir wählen als Beginn des Bewegungsvorgangs den Zeitpunkt, zu dem der Fußgänger von der Bahn überholt wird. Dann befindet sich die folgende Bahn 10 min später an dieser Stelle. Gesucht ist der Zeitpunkt, zu dem der Fußgänger durch diese Bahn überholt wird. Für die Bahn gilt $s_B = v_B(t - \Delta t)$, für den Fußgänger $s_F = v_F t$. Aus $s_B = s_F$ folgt

$t = \dfrac{\Delta t}{1 - \dfrac{v_F}{v_B}}$ $\qquad t = 12$ min

2.25 $t = \dfrac{s}{v_1 + v_2}$ $\qquad t = 2{,}0$ s

2.27 1. $a = \dfrac{v}{t}$ $\qquad a = 1{,}0\ \mathrm{m\,s^{-2}}$

2. $s = \dfrac{v}{2} t$ $\qquad s = 163$ m

2.28 $s = -\dfrac{v_0^2}{2a}$ $\qquad s = 21{,}4$ m; Anhalten ist möglich.

2.29 $s = \dfrac{v^2 - v_0^2}{2a} + s_0$ $\qquad s = 166$ m

2.30 $a = \dfrac{v^2}{2s}$ $\qquad a_S = 5{,}0\ \mathrm{m\,s^{-2}}$; $a_K = 1{,}4\ \mathrm{m\,s^{-2}}$; $a_S > a_K$

2.31 $v_0 = \sqrt{-2as}$ $\qquad v_0 = 79{,}2\ \mathrm{km\,h^{-1}}$

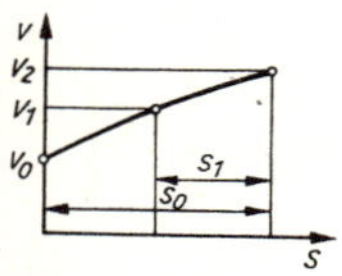

Bild 97

2.32 Bild 97 zeigt das v,s-Diagramm. Gesucht sind die Anfangsgeschwindigkeiten v_0 und v_1 bei bekannter Endgeschwindigkeit v_2 sowie Beschleunigungsstrecke s_0 bzw. s_1. Aus (2.14) folgt

1. $v_0 = \sqrt{v_2^2 - 2as_0}$ $\qquad v_0 = 40\ \mathrm{km\,h^{-1}}$

2. $v_1 = \sqrt{v_2^2 - 2as_1}$ $\qquad v_1 = 70\ \mathrm{km\,h^{-1}}$

2.34 1. $t_1 = -\dfrac{v_{01}}{a}$ $\qquad t_1 = 5{,}56$ s

2. $t_2 = \dfrac{1}{2} t_1$

3. Bild 14. Nach dem Strahlensatz ist $\dfrac{t_2}{t_1} = \dfrac{1}{2}$

2.35 $t_2 = \dfrac{t_1}{2}$ $\qquad t_2 = 5$ s

2.36 $a = -\dfrac{v_0^2}{2s}$ $\qquad a_1 = -5{,}57\ \mathrm{m\,s^{-2}}$; $a_2 = \dfrac{a_1}{2} = -2{,}78\ \dfrac{\mathrm{m}}{\mathrm{s^2}}$

2.37 1. $t = \dfrac{v - v_0}{a}$ $\qquad t = 5{,}12$ s

2. $s = \dfrac{v^2 - v_0^2}{2a}$ $\qquad s = 78{,}2$ m

2.38 1. $a = \dfrac{2(s - v_0 t)}{t^2}$ $\qquad a = -0{,}50\ \mathrm{m\,s^{-2}}$

2. $v = \dfrac{2s}{t} - v_0$ $\qquad v = 36{,}4\ \mathrm{km\,h^{-1}}$

2.39 1. $a = \dfrac{v - v_0}{t}$ $\qquad a = 3{,}47\ \mathrm{m\,s^{-2}}$

2. $s = \dfrac{(v + v_0)\,t}{2}$ $\qquad s = 83{,}3\ \text{m}$

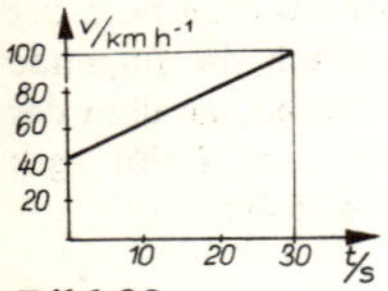

Bild 98

2.40 1. $a = \dfrac{2(vt - s)}{t^2}$ $\qquad a = 0{,}519\ \text{m s}^{-2}$

2. Zum Zeichnen des Diagramms wird v_0 berechnet:

$v_0 = \dfrac{2s}{t} - v$ $\qquad v_0 = 44{,}0\ \text{km h}^{-1}$; Bild 98

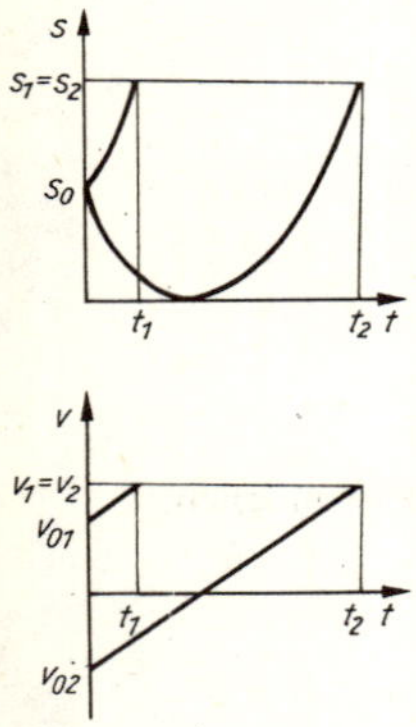

Bild 99

2.41 1. $t = \dfrac{v}{a} \pm \dfrac{1}{a}\sqrt{v^2 - 2as}$; $\qquad t_1 = 16{,}33\ \text{s}$; $t_2 = 183{,}7\ \text{s}$

2. $v_0 = \sqrt{v^2 - 2as}$ $\qquad v_0 = \pm 30{,}1\ \text{km h}^{-1}$

3. t_1 gehört zum positiven, t_2 zum negativen Wert der Anfangsgeschwindigkeit (v_{01}; v_{02}). Im letzteren Fall entfernt sich das Schiff zunächst in Rückwärtsfahrt von der Boje, wobei es bis zum Stillstand abgebremst wird. Dann bewegt es sich mit gleicher Beschleunigung nach vorn und fährt ein zweites Mal an der Boje vorbei (Bild 99).

2.43 1. Aus $t_1 = \dfrac{s_1}{v_1}$ und $v_1 = v_{02} = \dfrac{2s_2}{t_2}$ folgt $t_1 = \dfrac{s_1 t_2}{2s_2}$ und

$t_{ges} = \dfrac{s_1 t_2}{2s_2} + t_2 + t_3$ $\qquad t_{ges} = 30\ \text{s}$

2. $s_{ges} = s_1 + s_2 + \dfrac{a_3 t_3^2}{2}$ $\qquad s_{ges} = 350\ \text{m}$

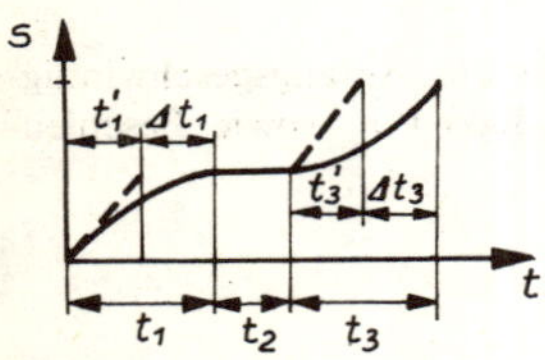

Bild 100

2.44 Die Gesamtverspätung Δt setzt sich zusammen aus Verspätung Δt_1 (beim Bremsen), Haltezeit t_2 und Verspätung Δt_3 (beim Anfahren) (Bild 100). Bezeichnen wir mit t_1' und t_3 die Fahrzeiten auf den Beschleunigungsstrecken für den Fall, daß der Zug nicht anhält, dann ist

$$\Delta t_1 = t_1 - t_1' = \frac{2s_1}{v} - \frac{s_1}{v} = \frac{s_1}{v}$$

$$\Delta t_3 = t_3 - t_3' = \frac{v}{a} - \frac{s_3}{v} = \frac{v}{a} - \frac{v^2}{2av} = \frac{v}{2a} \quad \text{und somit}$$

$\Delta t = \dfrac{s_1}{v} + t_2 + \dfrac{v}{2a}$ $\qquad \Delta t = 5{,}8\ \text{min}$

2.45 In einem mit dem LKW fest verbundenen Bezugssystem läßt sich der Vorgang durch zwei Phasen beschreiben: 1. Beschleunigung des PKW von der Geschwindigkeit Null auf die Differenzgeschwindigkeit $v_D = v_{P2} - v_{P1} = 20\ \text{km h}^{-1}$. 2. Gleichförmige Bewegung des PKW mit $v_D = 20\ \text{km h}^{-1}$ gegenüber dem LKW. Dann gilt

$t_1 = \dfrac{2s_v}{v_D}$; $\quad t_2 = \dfrac{s_L + s_n}{v_D}$

s_L Länge des LKW
s_v Weg vor } Vorbeifahrt
s_n Weg nach } am LKW

1. $t_{ges} = \dfrac{2s_v + s_L + s_n}{v_D}$ $\qquad t_{ges} = 18{,}9\ \text{s}$

2. $s_{ges} = v_L t_{ges} + s_v + s_L + s_n$ $\qquad s_{ges} = 390\ \text{m}$

2.46 1. $s = \dfrac{gt^2}{2}$ $\qquad s = 78{,}5\ \text{m}$

2. $v = gt$ $\qquad v = 39{,}2\ \text{m s}^{-1}$

2.47 1. $t = 2\sqrt{\dfrac{2h}{g}}$ $\qquad t = 1{,}28\ \text{s}$

2. $t = \sqrt{\dfrac{2h}{g}}\,(1 + 2\sqrt{z} + 2z + z\sqrt{z})$ $\qquad t = 3{,}70\ \text{s}$

(mit $z = 0{,}95$)

2.48 Wir wählen die Richtung nach unten als positive Richtung.
Nullpunkt: Abwurfstelle (Balkon).

1. $v_0 = v - gt$ $\qquad v_0 = -4{,}72\ \text{m s}^{-1}$

Der Stein wird nach *oben* geworfen.

2. $s = vt - \dfrac{gt^2}{2}$ $\qquad s = 3{,}96\ \text{m}$

2.49 1. $v = \dfrac{s}{t} + \dfrac{gt}{2}$ $\qquad v = 17{,}5\ \text{m s}^{-1}$

2. $v_0 = \dfrac{s}{t} - \dfrac{gt}{2}$ $\qquad v_0 = -2{,}5\ \text{m s}^{-1}$

Da die Richtung nach unten als positiv gewählt ist, bedeutet negative Anfangsgeschwindigkeit, daß der Körper nach oben geworfen wurde.

2.51 1. Körper *1* wird mit $v_{01} = 30\ \text{m s}^{-1}$ nach oben, Körper *2* mit $v_{02} = -30\ \text{m s}^{-1}$ nach unten geschossen. Körper *1* erreicht nach 3 s die Maximalhöhe ($v = 0$), beginnt zu fallen und passiert nach weiteren 3 s die Abwurfstelle ($v = -v_{01}$).

2. $\Delta s = (v_{01} - v_{02})\,t$ $\qquad \Delta s_5 = 300\ \text{m}$

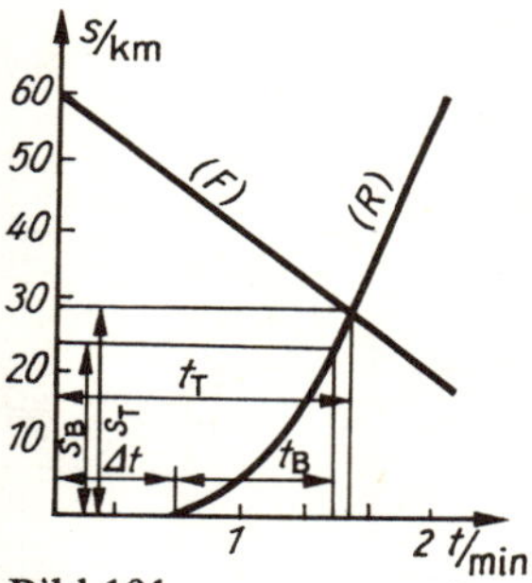

Bild 101

2.52 *1. Lösung in Teilschritten* (Bild 101):
Die Rakete hat am Ende der Beschleunigungsstrecke den Weg $s_R = {}^1/_2 a_R t_B = 25\ \text{km}$ zurückgelegt und die Geschwindigkeit $v_R = a_R t_B = 1\ \text{km s}^{-1}$ erreicht. Zu diesem Zeitpunkt ($t = 90\ \text{s}$) hat das Flugzeug den Weg $s_F = v_F t = 30\ \text{km}$ zurückgelegt. Der Abstand Rakete—Flugzeug beträgt dann noch 5 km. Da die Rakete dreimal so schnell wie das Flugzeug ist, gilt für den Treffpunkt $s_T = 28{,}75\ \text{km}$.

2. Allgemeine Lösung:

$$s_T = at_B \frac{s_0 - v_F\left(\dfrac{t_B}{2} + \Delta t\right)}{v_F + at_B} \qquad s_T = 28{,}75\ \text{km}$$

2.53 Es ist $s_1 = s_{01} - \dfrac{gt^2}{2}$ (1) und $s_2 = v_{02}\,t - \dfrac{gt^2}{2}$ (2)

Für den Treffpunkt ist $s_1 = s_2 = s_T$.
Damit folgt aus (1) und (2) $\qquad s_{01} = v_{02}t$ (3)
Aus (1) und (3) ergibt sich

$$s_T = s_{01} - \frac{gs_{01}^2}{2v_{02}^2} \qquad s_T = 9{,}22\ \text{m}$$

2.54 Bei gleichmäßig beschleunigter Bewegung muß gelten: $s = ct^2$. Dem Diagramm entnehmen wir die Wertepaare: ($t = 1$ s, $s = 1$ m), ($t = 2$ s, $s = 8$ m), ($t = 3$ s, $s = 27$ m). Somit gilt $s = ct^3$. Die Bewegung ist *nicht* gleichmäßig beschleunigt.

2.55 1. $T = \dfrac{\Delta t}{z}$ $\qquad T = 60\ \text{s}$

2. $f = \frac{1}{T}$ $f = 1{,}67 \cdot 10^{-2}$ Hz

3. $\omega = 2\pi f$ $\omega = 1{,}05 \cdot 10^{-1}\ \mathrm{s}^{-1}$

2.57 $v = \frac{2\pi(r_E + h)}{T}$ $v = 3{,}05\ \mathrm{km\,s}^{-1}$

2.58 1. $T = \frac{1}{f}$ $T = 0{,}50$ s

2. $\omega = 2\pi f$ $\omega = 12{,}6\ \mathrm{s}^{-1}$

3. $v = \frac{\omega d}{2}$ $v = 3{,}14\ \mathrm{m\,s}^{-1}$

4. $t = \frac{s}{v}$ $t = 9{,}55$ s

2.59 $n = \frac{v}{\pi d}$ $11{,}3\ \mathrm{min}^{-1} \leqq n \leqq 30{,}2\ \mathrm{min}^{-1}$

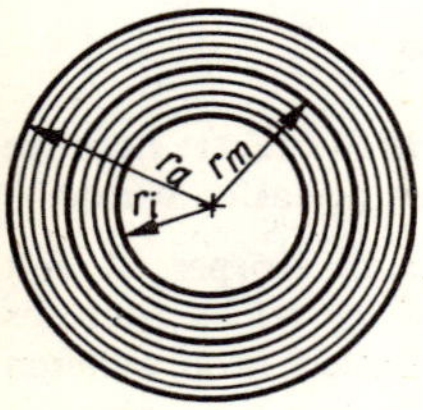

Bild 102

2.60 Das Rillenfeld wird als aus konzentrischen Kreisen bestehend angesehen. Anzahl der Rillen: $(r_a - r_i)\,k$ mit $k = 10\ \mathrm{mm}^{-1}$.

1. $t = \frac{(r_a - r_i)\,k}{n}$ $t = 26$ min

2. $v = 2\pi nr$ $21\ \mathrm{cm\,s}^{-1} \leqq v \leqq 50\ \mathrm{cm\,s}^{-1}$

3. Länge = Anzahl der Kreise (Rillen) mal mittlerer Kreisumfang (Bild 102). Mit $U_m = 2\pi r_m = \pi(r_a + r_i)$ folgt

$l = \pi k(r_a^2 - r_i^2)$ $l = 547$ m

2.61 1. $v = \sqrt{v_0^2 + 2as}$ $v = 4{,}0\ \mathrm{m\,s}^{-1}$

2. $n_0 = \frac{v_0}{\pi d}$ $n_0 = 115\ \mathrm{min}^{-1}$

$n = \frac{v}{\pi d}$ $n = 153\ \mathrm{min}^{-1}$

3. $z = \frac{s}{\pi d}$ $z = 6{,}37$

2.63 1. $\alpha = \frac{2\pi\,\Delta n}{\Delta t}$ $\alpha = 0{,}873\ \mathrm{s}^{-2}$

2. $t = \frac{n\,\Delta t}{\Delta n}$ $t = 6{,}0$ min

2.64 1. Aus $\alpha = \frac{\Delta\omega}{\Delta t} = \frac{2\pi\,\Delta n}{\Delta t}$ folgt mit $z = 40$, $t = 1$ min, $\Delta n = 2n_{max}$ und

$\Delta t = \frac{t}{z}$

$\alpha = \frac{4\pi n_{max} z}{t}$ $\alpha = 6{,}98\ \mathrm{s}^{-2}$

2. Bild 103

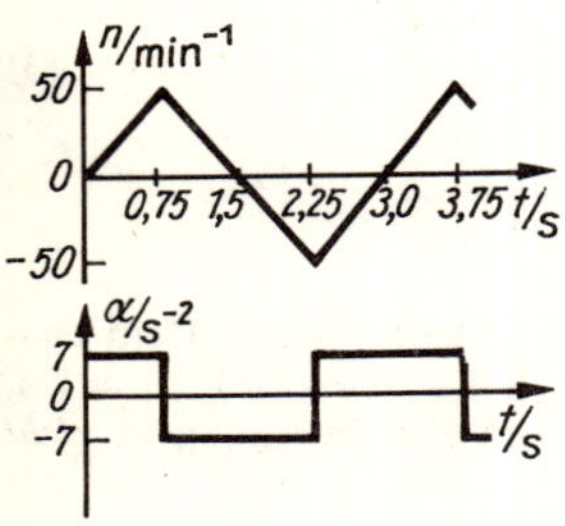

Bild 103

2.65 *3 Phasen*: *1* gleichmäßig beschleunigt, *2* gleichförmig, *3* gleichmäßig beschleunigt (symmetrisch zu *1*)

1. $s_1 = s_3 = \dfrac{\alpha t^2 d}{4}$ — $s_1 = s_3 = 45\ \text{m}$

2. $t_2 = \dfrac{2(s_{ges} - 2s_1)}{d\alpha t_1}$ — $t_2 = 22{,}7\ \text{s}$

$t_{ges} = 2t_1 + t_2$ — $t_{ges} = 30{,}7\ \text{s}$

3. $n_2 = \dfrac{\alpha t_1}{2\pi}$ — $n_2 = 172\ \text{min}^{-1}$

4. $z = \dfrac{s_{ges}}{\pi d}$ — $z = 76{,}4$

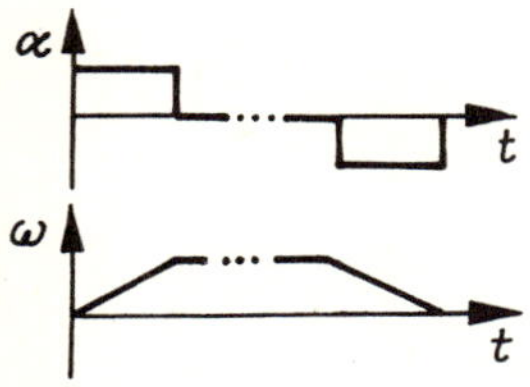

Bild 104

5. Bild 104

2.67 1. $v_B = \dfrac{\pi n_M d_M d_T}{d_Z}$ — $v_B = 90{,}5\ \text{m s}^{-1}$

2. $a_r = \dfrac{2v_B^2}{d_T}$ — $a_r = 4{,}10 \cdot 10^4\ \text{m s}^{-2}$

3. $\alpha = \dfrac{2\pi n_M d_M}{t d_Z}$ — $\alpha = 60{,}3\ \text{s}^{-2}$

4. $s = \dfrac{\pi n_M d_M t}{2}$ — $s = 170\ \text{m}$

2.68 1. $a_{r1} = \dfrac{v_{B1}^2}{r_1}$ — $a_{r1} = 1{,}2\ \text{m s}^{-2}$

2. $a_{r2} = 2a_{r1}$

2.70 1. $\sin\alpha = \dfrac{v_F}{v_B}$ — $\alpha = 30°$

2. $t = \dfrac{s}{v_B \cos\alpha}$ — $t = 46{,}2\ \text{s}$

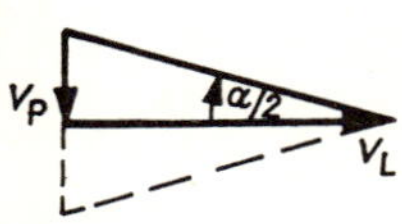

Bild 105

2.71 1. Bild 105

2. $\dfrac{v_P}{v_L} = \tan\dfrac{\alpha}{2}$ — $\dfrac{v_P}{v_L} = 0{,}176 = 176 : 1000$

2.72 1. $v_0 = \sqrt{\dfrac{gs}{\sin 2\alpha}}$ — $v_0 = 117\ \text{m s}^{-1}$

2. $t = \dfrac{s}{v_0 \cos\alpha}$ — $t = 20{,}5\ \text{s}$

3. $h_{max} = \dfrac{v_0^2 \sin^2\alpha}{2g}$ — $h_{max} = 523\ \text{m}$

4. $s_{2/3} = \dfrac{2}{3} s_{max}$ — $s_{2/3} = 0{,}8\ \text{km}$

5. $t_{1,2} = \dfrac{1}{g}\left(v_0 \sin\alpha \pm \sqrt{v_0^2 \sin^2\alpha - 2hg}\right)$; $t_1 = 3{,}58\ \text{s}$; $t_2 = 17{,}1\ \text{s}$

2.73 Gleichförmige Bewegung in x-Richtung. Es ist $v_x = \text{const.}$

$v_x = v_{0x} = v_0 \cos \alpha$

Senkrechter Wurf nach oben in y-Richtung. Es gilt

$v_{0y}^2 = 2gh_{\max}$. Somit folgt

$v_{0y}^2 = \sqrt{v_{0x}^2 + v_{0y}^2} = \sqrt{v_x^2 + 2gh}$

3.2 $F = m \dfrac{\Delta v}{\Delta t}$ $\qquad F = 0{,}521 \text{ kN}$

3.3 $s = \dfrac{v_0^2 m}{2F}$; mit $F = -50$ N folgt $\qquad s = 48$ m

3.4 $F = \dfrac{m v_0^2}{2s}$ $\qquad F = 284$ N

3.5 Die Kraft, die der Griff zu übertragen hat, ist die Gewichtskraft des Koffers sowie die zur Beschleunigung des Koffers notwendige Kraft. Ruckartiges Anheben ist mit großer Beschleunigung, d. h. also mit großer Kraft, verbunden. Die sich so ergebende Gesamtkraft überschreitet die Festigkeit des Griffs, während die Kraft bei langsamem Anheben darunter bleibt.

3.6 $t_2 = \dfrac{(m_1 + m_2 + m_R)\, t_1}{2(m_1 + m_R)}$ $\qquad t_2 = 8{,}33$ s

3.8 Aus (3.8) folgt mit $r_1 = 1{,}1 r_E$

$\Delta g = \gamma m_E \left(\dfrac{1}{r_E^2} - \dfrac{1}{1{,}1^2 r_E^2} \right)$ und

$\dfrac{\Delta g}{g_1} = 1 - \dfrac{1}{1{,}1^2} = 0{,}174 = 17{,}4\%$

3.9 $m_E = \dfrac{g}{\gamma} r_E^2$ $\qquad m_E = 5{,}99 \cdot 10^{24}$ kg

3.10 1. $k_1 = \dfrac{m_1 g}{\Delta s}$ $\qquad k_1 = 39{,}2 \text{ N m}^{-1}$

2. $m_2 = \dfrac{k_2 \Delta s}{g}$ $\qquad m_2 = 255$ g

3. $k_2 > k_1$ Die zweite Feder ist die härtere Feder.

3.11 $F = {}^1/_2 k \Delta s$ $\qquad F = 375$ N

3.12 1. Die hintereinander verbundenen Federn übertragen beide die gleiche Kraft. Sie werden demzufolge um den gleichen Betrag gedehnt wie eine einzeln belastete Feder. Die beiden Dehnungen addieren sich: $\Delta s_2 = 2 \Delta s_1$

2. Die parallel verbundenen Federn werden jede nur mit der halben Kraft beansprucht. Deshalb ist die Dehnung nur halb so groß wie die einer Einzelfeder: $\Delta s_2 = {}^1/_2 \Delta s_1$

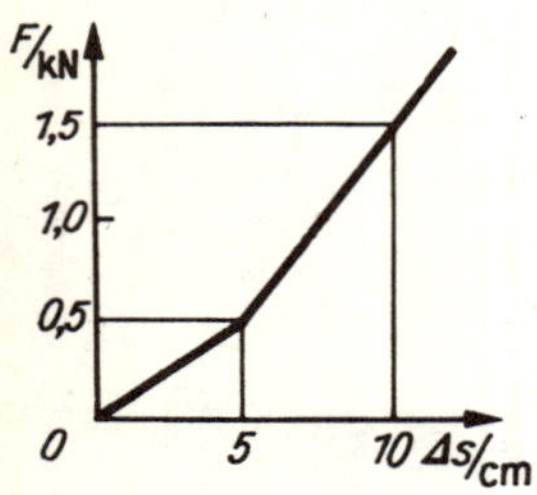

Bild 106

3.13 Bild 106

3.16 Die Bremskraft muß über die Räder als Haftreibungskraft (beim Rollen) bzw. als Gleitreibungskraft (beim Gleiten) auf die Straßenoberfläche wirken. Weil $\mu_0 > \mu_G$, ist $F_{RH\,max} > F_{RG}$. Daraus folgt für die Beträge der Bremsbeschleunigung $a_{Roll} > a_{Gleit}$ und für die Bremswege $s_{Roll} < s_{Gleit}$.

3.17

Phase	t/s	Kräfte nach unten	nach oben	Gesamtkraft	Bewegungszustand
1	0	G	–	$\downarrow F = G$	freier Fall
2	1…8	G	Reibungskraft F_R mit Geschwindigkeit zunehmend	$\downarrow F = G - F_R$	beschleunigte Bewegung mit abnehmender Beschleunigung
3	8…12	G	$F_R = G$	$F = G - F_R = 0$	gleichförmige Bewegung, Fall mit konst. Geschwindigkeit
4	12…13	G	$F_R \geqslant G$	$\uparrow F = F_R - G$	verzögerte Bewegung beim Öffnen des Schirms
5	>14	G	$F_R = G$	$F = G - F_R = 0$	gleichförmige Bewegung wie Phase *3* $v_5 \leqslant v_3$

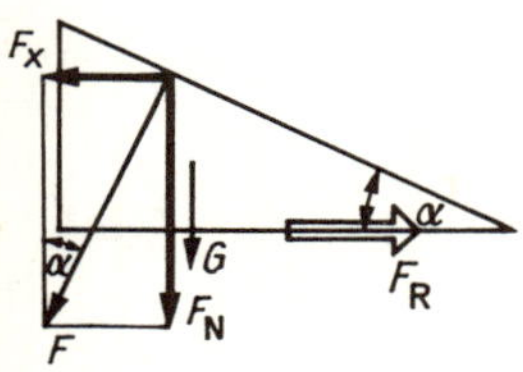

Bild 107

3.18 1. $F_{max} = \dfrac{\mu_0 mg}{\sin\alpha - \mu_0 \cos\alpha}$ $F_{max} = 366$ N

(Bild 107)

2. Für $\alpha = 90°$ ist als Normalkraft nur die Gewichtskraft mg wirksam. Es ist $F_{max} = \mu_0 mg$. Mit kleiner werdendem α wächst F_{max} bis zum Grenzfall $\sin\alpha = \mu_0 \cos\alpha$ oder $\mu_0 = \tan\alpha$. Dann gilt $F_{max} \to \infty$. Bei noch kleinerem Winkel α kann der Keil durch eine noch so große Kraft nicht mehr verschoben werden.

3.19 1. $\sin\alpha = \dfrac{h}{l}$ $\alpha = 2{,}87°$

2. $F = m(a + g\sin\alpha + \mu_F g\cos\alpha)$ $F = 1{,}48$ kN

3. $\tan\alpha_{max} = \mu_F$ $\alpha_{max} = 1{,}15°$

Das Fahrzeug kommt von selbst ins Rollen.

3.20 $\mu_F = \dfrac{v_0^2}{2gs}$ $\mu_F = 0{,}025$

3.21 Die auftretende Kraft ist gemäß $F = ma$ proportional der Bremsbeschleunigung $\Delta v/\Delta t$. Infolge der größeren Verformung der Gummikugel ist hier die Bremszeit Δt größer und somit die Bremskraft kleiner als bei der Metallkugel. Auch ist die Berührungsfläche zwischen Gummikugel und Boden größer als zwischen Metallkugel und Boden, so daß bei der Gummikugel der Druck $p = F/A$ auf die Fliesen wesentlich kleiner ist als bei der Metallkugel.

3.22 Zwischen eingeklemmter Axt und Klotz sind Reibungskräfte wirksam. Beim Aufschlag tritt an beiden Körpern (Axt und Klotz) eine in Schlagrichtung wirkende Trägheitskraft auf. Beim unteren Körper ruft sie eine Verformung der Unterlage hervor, während sie beim oberen Körper, wenn sie größer als die Haftreibungskraft ist, ein Weiterbewegen dieses Körpers in Schlagrichtung bewirkt. Gemäß $F = ma$ ist diese Wirkung um so größer, je größer die Masse des Körpers ist. Deshalb immer mit dem jeweils leichteren Körper aufschlagen!

3.23 1. $F_{Sch} = m_R \dfrac{v_2 - v_1}{\Delta t}$ $\quad F_{Sch} = 61{,}7\ \text{kN}$

2. $F_T = -m_P \dfrac{v_2 - v_1}{\Delta t}$ $\quad F_T = -865\ \text{N}$

3.25 1. $a = \dfrac{m_2}{m_1 + m_2} g$ $\quad a = 7{,}36\ \text{m s}^{-2}$

2. $F_S = m_1 a$ $\quad F_S = 7{,}36\ \text{N}$

3.26 1. $a = \dfrac{(m_2 - m_1) g \sin\alpha}{m_1 + m_2}$ $\quad a = 1{,}64\ \text{m s}^{-2}$

2. $F_S = m_2(g \sin\alpha - a)$ $\quad F_S = 6{,}53\ \text{N}$

3.28 1. $n = \dfrac{1}{2\pi}\sqrt{\dfrac{2g}{3d}}$ $\quad n = 5{,}46\ \text{min}^{-1}$

2. $\dfrac{\Delta a}{a_{rF}} = \dfrac{h}{r_F}$ $\quad \dfrac{\Delta a}{a_{rF}} = 0{,}18 = 18\,\%$

3.29 $\mu_0 = \dfrac{v^2}{gr}$ $\quad \mu_0 = 0{,}18$

3.30 $f = \dfrac{1}{2\pi}\sqrt{\dfrac{g}{r}}$ $\quad f = 0{,}5\ \text{Hz}$

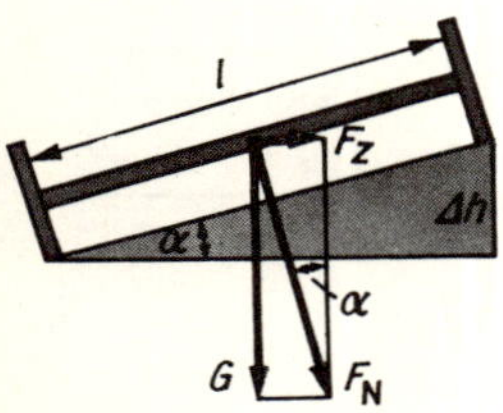

Bild 108

3.31 Aus der Skizze Bild 108 lesen wir ab:

$$\frac{F_Z}{G} = \tan\alpha \approx \sin\alpha = \frac{\Delta h}{l}$$

$\Delta h = \dfrac{v^2 l}{rg}$ $\quad \Delta h = 58{,}9\ \text{mm}$

3.32 1. $F_1 = F_Z = m \dfrac{v^2}{r}$ $\quad F_1 = 83{,}3\ \text{N}$

2. Wegen der Relativgeschwindigkeit des Fahrgastes im rotierenden Bezugssystem tritt zusätzlich zur Zentrifugalkraft noch die Corioliskraft auf, die hier – wegen tangentialer Richtung der Relativgeschwindigkeit – wie eine zusätzliche positive bzw. negative Zentrifugalkraft wirkt.

$F_2 = F_1 + \dfrac{2mvv_R}{r}$ $\quad F_2 = 99{,}3\ \text{N}$

3. $F_3 = F_1 - \dfrac{2mvv_R}{r}$ $\quad F_3 = 67{,}3\ \text{N}$

3.33 $W = Fs \cos\alpha$ $\quad W = 3{,}0\ \text{MJ}$

3.34 1. Die verrichtete mechanische Arbeit ist Null, da mit der aufgewandten Kraft kein Weg zurückgelegt wurde.

$W_{mech} = Fs = 0$

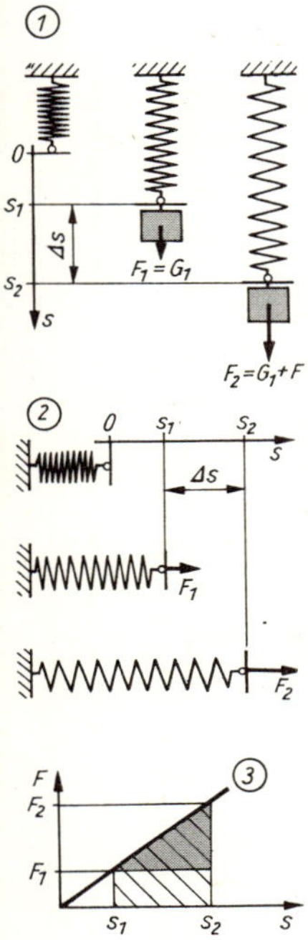

Bild 109

2. Das Anspannen der Muskeln ist mit Energieumsatz verbunden, der zur Erwärmung des Körpers führt. Diese Vorgänge machen sich als Ermüdung bemerkbar.

3.36 1.1 $F = \text{const} = 4\ \text{N}$

1.2 Lineare Abhängigkeit: $F = cs$. Die Konstante c ergibt sich aus einem F,s-Wertepaar: $c = \dfrac{6\ \text{N}}{10\ \text{m}} = 0{,}6\ \text{N m}^{-1}$

2.1 $W = Fs$ $\qquad W = 4\ \text{N} \cdot 10\ \text{m} = 40\ \text{J}$

2.2 $W = F_m s = \dfrac{F}{2} s$ $\qquad W = \dfrac{6\ \text{N} \cdot 10\ \text{m}}{2} = 30\ \text{J}$

In beiden Fällen läßt sich die Arbeit auch aus dem Diagramm als Fläche unter der Kurve bestimmen.

3.37 1. Bild 109.1. Die zu verrichtende Arbeit ist gleich der Energiezunahme der vorgespannten Feder beim weiteren Dehnen um Δs (Fläche in Bild 109.3 gerastert). Es gilt (3.18) $W = {}^1/_2 k\, \Delta s^2$. Aus (3.10) folgt mit $F_F = G_1 = m_1 g$ der Betrag der Federkonstanten $k = m_1 g / s_1$. Somit ist

$$W = \frac{m_1 g\, \Delta s^2}{2 s_1} \qquad W = 0{,}221\ \text{J}$$

2. Bild 109.2. Die zu verrichtende Arbeit entspricht der schraffierten Fläche in Bild 109.3, d. h. der Energiedifferenz $\Delta W = W_2 - W_1 = {}^1/_2 k(s_2^2 - s_1^2)$. Die Federkonstante $k = m_1 g / s_1$ ist unter 1. allgemein bestimmt worden. Somit folgt

$$\Delta W = \frac{m_1 g (s_2^2 - s_1^2)}{2 s_1} \qquad \Delta W = 0.515\ \text{J}$$

3. Im 1. Fall wird ein Teil der insgesamt zu verrichtenden Arbeit durch die Gewichtskraft G_1 des angehängten Körpers aufgebracht, entsprechend dem nicht gerasterten Teil der schraffierten Fläche in Bild 109.3. Dieser Anteil ist $W' = m_1 g (s_2 - s_1) = m_1 g\, \Delta s$.

Probe: $W + W' = \Delta W$

Die Gleichung ist erfüllt mit $W' = 0{,}294\ \text{J}$.

3.38 1. $E = \dfrac{4 m g s_0}{\pi d^2\, \Delta s}$ $\qquad E = 195\ \text{GPa}$

2. $W_{pF} = \dfrac{m g\, \Delta s}{2}$ $\qquad W_{pF} = 1{,}57\ \text{mJ}$

3.39 Es werden Hubarbeit und Reibungsarbeit verrichtet.

$W = W_H + W_R = mgh + \mu_G mgs \cos \alpha$.

Für den Weg gilt $s = h / \sin \alpha$ und somit

$W = mgh(1 + \mu_G \cot \alpha)$ $\qquad W = 4{,}22\ \text{MJ}$

3.40 Es werden Hub- und Beschleunigungsarbeit verrichtet.

1. $a = \dfrac{F_B}{m}$; $\quad F_B = \dfrac{W_B}{h} = \dfrac{mv^2}{2h}$; $\quad a = \dfrac{v^2}{2h}$; $\quad a = 1{,}0\ \text{m s}^{-2}$

2. $W_{ges} = W_H + W_B = mgh + \dfrac{mv^2}{2} = m\left(gh + \dfrac{v^2}{2}\right)$

$W_{ges} = F_S h$; $\quad F_S = \dfrac{W_{ges}}{h} = m\left(g + \dfrac{v^2}{2h}\right)$; $\quad F_S = 21{,}6\ \text{kN}$

3.41 1. $W = h(mg + F_B)$ $\qquad W = 53{,}7\ \mathrm{J}$

2. $v = \sqrt{\dfrac{2W}{m}}$ $\qquad v = 8{,}45\ \mathrm{m\,s^{-1}}$

3.42 1. $v = \dfrac{\Delta s}{\Delta t}$ $\qquad v = 80\ \mathrm{m\,s^{-1}}$

2. $W_k = \dfrac{mv^2}{2}$ $\qquad W_k = 7{,}04\ \mathrm{J}$

3. Beim Aufprall werden die Kugel (stark) und der Kugelfang (wenig) verformt. Die Verformungsarbeit wird in Wärme umgewandelt. Es erhöht sich die Temperatur der Kugel und des Kugelfangs.

4. $h = \dfrac{W_k}{mg}$ $\qquad h = 7{,}18\ \mathrm{m}$

3.43 $W_{k0} = W_{k1} + W_{p1}$

$\dfrac{m}{2} v_0^2 = \dfrac{1}{2} W_{p1} + W_{p1} = \dfrac{3}{2} mgh$ $\qquad$ (weil in 1000 m Höhe $W_{p1} = 2W_{k1}$)

$v_0 = \sqrt{3gh}$ $\qquad v_0 = 171\ \mathrm{m\,s^{-1}}$

3.45 1. $W_{k1} = \dfrac{mv_1^2}{2}$ $\qquad W_{k1} = 67{,}5\ \mathrm{kJ}$

2. $W_{k2} = m\left(\dfrac{v_1^2}{2} + g\,\Delta h\right)$ $\qquad W_{k2} = 729\ \mathrm{kJ}$

3. $v_2 = \sqrt{\dfrac{2W_{k2}}{m}}$ $\qquad v_2 = 35{,}5\ \mathrm{km\,h^{-1}}$

3.46 $k = \dfrac{mv^2}{s^2}$ $\qquad k = 2{,}78\ \mathrm{MN\,m^{-1}}$

3.47 $v = \sqrt{2g(h - \mu_G \sqrt{s^2 - h^2}) - \dfrac{2F_W s}{m}}$ $\qquad v = 13\ \mathrm{m\,s^{-1}}$

3.49 $\dfrac{mv_0^2}{2} = \mu_F mgs;\quad \mu_F = \dfrac{v_0^2}{2gs}$ $\qquad \mu_F = 0{,}025$

3.50 Bild 110; $h = \dfrac{k(\Delta s)^2}{2mg} + s - \Delta s;$ $\qquad h = 1{,}38\ \mathrm{m}$

3.51 $v_0 = \sqrt{\dfrac{k(\Delta s)^2}{m} - 2g\,\Delta s}$ $\qquad v_0 = 1{,}57\ \mathrm{m\,s^{-1}}$

3.52 $k = \dfrac{2\mu_G mgs}{(\Delta s)^2}$ $\qquad k = 59\ \mathrm{N\,m^{-1}}$

3.53 1. $mgh_1 = \dfrac{mv_2^2}{2} + \mu_G mgs \cos\alpha$ $\qquad$ (Bild 111)

$gh_1 = \dfrac{v_2^2}{2} + \mu_G g h_1 \cot\alpha$ $\qquad \left(\text{wegen } \sin\alpha = \dfrac{h_1}{s}\right)$

$h_1 = \dfrac{v_2^2}{2g(1 - \mu_G \cot\alpha)}$ $\qquad h_1 = 0{,}61\ \mathrm{m}$

2. $mgh_1 + \dfrac{mv_1^2}{2} = \dfrac{mv_2^2}{2} + \mu_G mgs \cos\alpha$

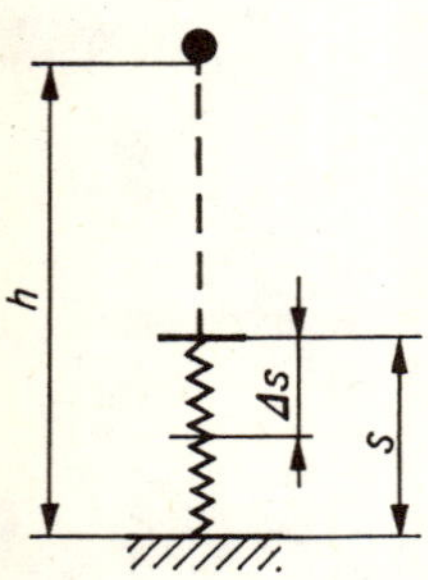

Bild 110

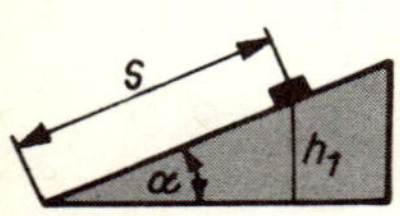

Bild 111

$$\frac{v_1^2}{2} = \frac{v_2^2}{2} + \mu_G g h_1 \cot\alpha - g h_1$$

$$v_1 = \sqrt{v_2^2 + 2gh_1(\mu_G \cot\alpha - 1)}; \qquad v_1 = 1{,}06 \text{ m s}^{-1}$$

3.55 1. Zugeführte Energie $W_{zu} = Pt_H$, abgegebene Energie $W_{ab} = mgh$. Mit $\eta = W_{ab}/W_{zu}$ folgt $Pt_H\eta = mgh$

$$t_H = \frac{mgh}{\eta P} \qquad t_H = 5{,}0 \text{ s}$$

2. $z = \dfrac{t}{t_F + t_H}$. Aus $s = \dfrac{g}{2}t^2$ folgt $t_F = \sqrt{\dfrac{2s}{g}}$

$$z = \frac{t}{t_H + \sqrt{\dfrac{2s}{g}}} \qquad z = 10$$

3.56 1. $\eta_{ges} = \eta_T \eta_P$ $\qquad \eta_{ges} = 29{,}4\%$

2. $P_W = \dfrac{P_T}{\eta_T}$ $\qquad P_W = 9{,}52$ kW

3. $P_P = \eta_P P_T$ $\qquad P_P = 2{,}80$ kW

3.57 $v = \dfrac{P\eta}{F\cos\alpha}$ $\qquad v = 0{,}979 \text{ m s}^{-1}$

3.58 1. $F_T = -ma$ $\qquad F_T = 180$ kN

2. $P = F_T v$ $\qquad P = 2{,}0$ GW

3.59 $V = \dfrac{Pt}{\varrho g h \eta}$ $\qquad V = 121 \text{ m}^3$

3.60 1. $r = s_0 + l\sin\alpha$ $\qquad r = 6{,}51$ m

2. Bild 112. Aus $\tan\alpha = F_Z/G$, $F_Z = m\omega^2 r$ und $\omega = 2\pi/T$ folgt

$$T = 2\pi\sqrt{\frac{r}{g\tan\alpha}} \qquad T = 7{,}3 \text{ s}$$

3. $P_m = \dfrac{W_k + W_p}{\eta t} = \dfrac{z}{\eta t}\left(\dfrac{mv^2}{2} + mg\,\Delta h\right)$

Mit $v = 2\pi r/T$ und $\Delta h = l - l' = l - l\cos\alpha$ folgt

$$P_m = \frac{mz}{\eta t}\left[\frac{2\pi^2 r^2}{T^2} + gl(1 - \cos\alpha)\right]; \quad P_m = 1{,}34 \text{ kW}$$

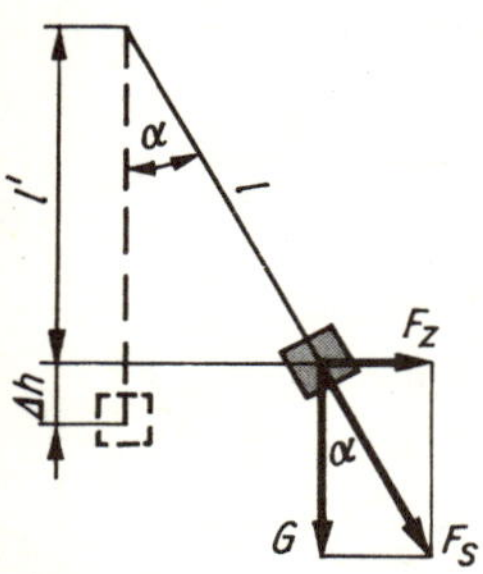

Bild 112

3.62 1. $v_2 = \dfrac{m_1}{m_2} v_1$ $\qquad v_2 = 12{,}3 \text{ m s}^{-1}$

2. $F = \dfrac{m_2 v_2^2}{2s}$ $\qquad F = 61{,}5$ kN

3.63 Wir rechnen zunächst mit ruhendem Wagen und beachten, daß unter den gegebenen Bedingungen nur die in Bewegungsrichtung des Wagens liegende Impulskomponente wirksam wird.

$$v_W = v_0 - \frac{m_M v_M \cos\alpha}{m_W} \qquad v_W = -15{,}3 \text{ m s}^{-1}$$

3.64 $\Delta v = \dfrac{F\,\Delta t}{m}$ $\qquad \Delta v = 40 \text{ m s}^{-1}$

3.66 1. $v_G = \dfrac{m_G + m_K}{m_G}\sqrt{2\mu_G g s}$ $\qquad v_G = 304\ \mathrm{m\,s^{-1}}$

2. $\dfrac{W_R}{W_{kG}} = \dfrac{m_G}{m_G + m_K}$ $\qquad \dfrac{W_R}{W_{kG}} = 1{,}2\,\%;\quad \dfrac{W_V}{W_{kG}} = 98{,}8\,\%$

3.67 Aus $Ft = \Delta p$ folgt $t = \Delta p/F_m$. Mit $\Delta p = mv - (-mv) = 2mv$, $F_m = {}^1/_2 F_{max}$ und $v = \sqrt{2gh}$ erhalten wir

$t = \dfrac{4m\sqrt{2gh}}{F_{max}}$ $\qquad t = 2{,}21\ \mathrm{ms}$

3.68 $h = \dfrac{v^2}{2g}$ $\qquad h = 5{,}10\ \mathrm{m}$

3.69 $v_K = v_1 \dfrac{2m_1}{m_1 + m_2}$ $\qquad v_K = 86{,}5\ \mathrm{m\,s^{-1}}$

3.70 $v_{n1} = v_2 \dfrac{2m_2}{m_1 + m_2}$ $\qquad v_{n1} = 4{,}55\ \mathrm{m\,s^{-1}}$

$v_{n2} = v_2 \dfrac{m_2 - m_1}{m_1 + m_2}$ $\qquad v_{n2} = -20{,}5\ \mathrm{m\,s^{-1}}$

3.71 $v_n = \dfrac{m_1 v_1 + m_2 v_2}{m_1 + m_2}$ $\qquad v_n = 75{,}2\ \mathrm{km\,h^{-1}}$

3.72 1. $v_n = \sqrt{2\mu_G g s}$ $\qquad v_n = 39\ \mathrm{km\,h^{-1}}$

2. $v_1 = v_n + \dfrac{m_2}{m_1}(v_n - v_2)$ $\qquad v_1 = 71\ \mathrm{km\,h^{-1}}$

Beachten Sie, daß v_2 negativ einzusetzen ist.

3. $\dfrac{\Delta W}{W_{ges}} = 1 - \dfrac{(m_1 + m_2)v_n^2}{m_1 v_1^2 + m_2 v_2^2}$ $\qquad \dfrac{\Delta W}{W_{ges}} = 0{,}63 = 63\,\%$

3.73 $x_M = \dfrac{\sum x_\nu m_\nu}{\sum m_\nu} = \dfrac{m_2 l_1 + m_3(l_1 + l_2) + m_4(l_1 + l_2 + l_3)}{m_1 + m_2 + m_3 + m_4}$

$x_M = 0{,}897\ \mathrm{m}$

3.75 Bild 113

1. $M_1 = F_1 r \cos\beta$ $\qquad M_1 = 43{,}3\ \mathrm{N\,m}$

2. $M_2 = F_2 r \sin\beta$ $\qquad M_2 = 20{,}0\ \mathrm{N\,m}$

3. $M_R = M_1 + M_2$ $\qquad M_R = 63{,}3\ \mathrm{N\,m}$

4. $F_R = \sqrt{F_1^2 + F_2^2}$ $\qquad F_R = 128\ \mathrm{N}$

$\tan\alpha = \dfrac{F_1}{F_2}$ $\qquad \alpha = 50{,}2°$

5. $M_R = F_R r \sin(\alpha + \beta)$ $\qquad M_R = 63{,}3\ \mathrm{N\,m}$

6. Es wirken in diesem Fall nur die in die Scheibenebene projizierten Komponenten $F' = F\cos\delta$. Damit gilt auch für die Drehmomente $M' = M\cos\delta$. Alle Ergebnisse sind somit mit $\cos 45° = {}^1/_2\sqrt{2}$ zu multiplizieren.

3.76 $F = mg\dfrac{r_1}{r_2}$

3.77 $F_1 = \dfrac{\mu_0 r_2 r_4 G}{r_1 r_3}$ $\qquad F_1 = 720\ \mathrm{N}$

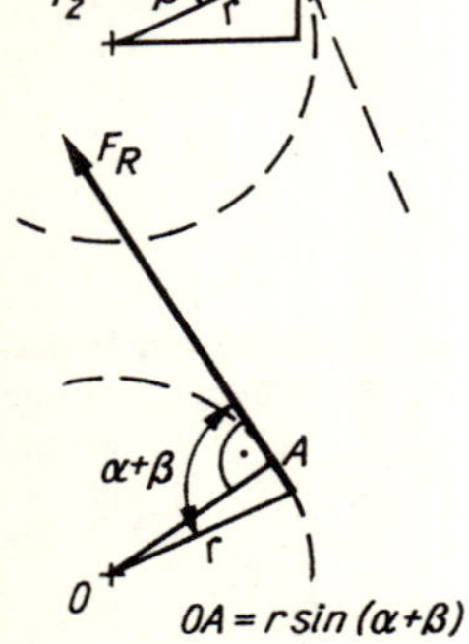

Bild 113

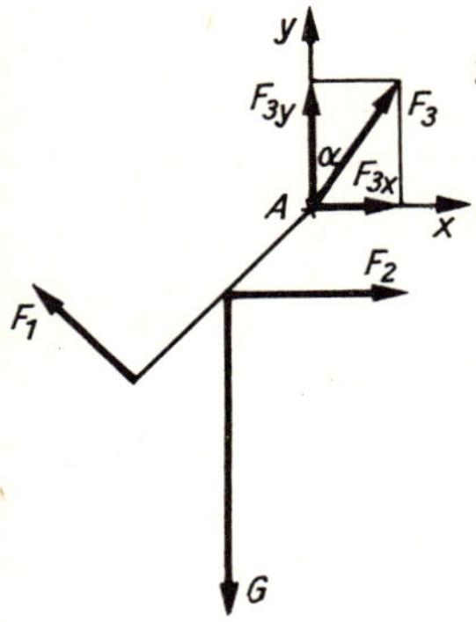

Bild 114

3.78 Bild 114. Gleichgewichtsbedingungen:

$$M = -F_1 l + \tfrac{1}{2}\sqrt{2}\cdot\tfrac{1}{2}lG + \tfrac{1}{2}\sqrt{2}\cdot\tfrac{1}{2}lF_2 = 0$$

$$F_x = -\tfrac{1}{2}\sqrt{2}\,F_1 + F_2 + F_{3x} = 0$$

$$F_y = \tfrac{1}{2}\sqrt{2}\,F_1 - G + F_{3y} = 0$$

1. $F_2 = \dfrac{4F_1}{\sqrt{2}} - G$ $\qquad F_2 = 41{,}4\ \text{N}$

2. $F_{3x} = \tfrac{1}{2}\sqrt{2}\,F_1 - F_2$ $\qquad F_{3x} = -6{,}0\ \text{N}$

$F_{3y} = G - \tfrac{1}{2}\sqrt{2}\,F_1$ $\qquad F_{3y} = 64{,}6\ \text{N}$

$F_3 = \sqrt{F_{3x}^2 + F_{3y}^2}$ $\qquad F_3 = 64{,}9\ \text{N}$

$\tan\alpha = \dfrac{F_{3x}}{F_{3y}}$ $\qquad \alpha = 5{,}3°$

3.80 $x_S = \dfrac{A_1 x_1 + A_2 x_2}{A_1 + A_2}$ $\qquad x_S = 5{,}83\ \text{mm}$

$y_S = \dfrac{A_1 y_1 + A_2 y_2}{A_1 + A_2}$ $\qquad y_S = 10{,}83\ \text{mm}$

$z_S = 500\ \text{mm}$

3.82 $J_W : J_K = \dfrac{1}{6} m_W a^2 : \dfrac{2}{5} m_K r^2$

Aus der Bedingung $m_W = m_K$ folgt mit $\varrho_W = \varrho_K$ eine einfache Beziehung zwischen r und a der beiden Körper. Es ist

$r = \sqrt[3]{\dfrac{3}{4\pi}}\,a$ und damit

$\dfrac{J_W}{J_K} = \dfrac{5a^2}{12\sqrt[3]{\dfrac{9}{16\pi^2}}\,a^2}$ $\qquad J_W = 1{,}1\ J_K$

3.83 $r = 3\sqrt{\dfrac{2J_A}{11\,m}}$ $\qquad r = 2{,}13\ \text{cm}$

3.85 1. $W_{rot} = 2\pi^2 n^2 J$ $\qquad W_{rot} = 685\ \text{kW h}$

2. $t = \dfrac{2\pi n J}{M}$ $\qquad t = 105\ \text{min}$

3.86 $W_{rot} = \dfrac{2\pi^2 m r^2}{T^2}$ $\qquad W_{rot} = 2{,}65 \cdot 10^{33}\ \text{J}$

3.87 1. $W_{rot} = \dfrac{\pi d^2 \varrho_L h v^2}{16}$ $\qquad W_{rot} = 3{,}53\ \text{TW h}$

2. $t = \dfrac{W}{P}$ $\qquad t = 42$ Tage

3.88 1. $W_{rot} = 2\pi^2 J n^2$ $\qquad W_{rot} = 2{,}41\ \text{kJ}$

2. Aus $W_{rot} = W_R = F_R s$ und $s = \pi z d$ folgt

$z = \dfrac{W_{rot}}{\pi \mu_G F_N d}$ $\qquad z = 2{,}66$

3.89 Beide Körper haben zu Beginn der Bewegung die gleiche potentielle Energie ($W_p = mgh$), die sich, wenn der Fußpunkt erreicht ist, in kinetische Energie (Translations- und Rotationsenergie) umgewandelt hat. An beiden Körpern ist wegen $r_K = r_Z$ das gleiche Drehmoment wirksam. Nach der Grundgleichung der Dynamik wird aber der Körper mit dem größeren Trägheitsmoment, also der Zylinder, weniger beschleunigt. Da Rotations- und Translationsgeschwindigkeit gekoppelt sind, rollt der Zylinder langsamer als die Kugel. Diese erreicht zuerst den Fußpunkt.

3.91 1. $M = \frac{\pi m r^2 n}{t}$ $M = 1{,}31\ \text{kN m}$

2. $W = \pi^2 r^2 n^2\ m$ $W = 68{,}6\ \text{kJ}$

3. $P_m = \frac{W}{t}$ $P_m = 34{,}3\ \text{kW}$

4. $P_{max} = 2P_m$ oder $P_{max} = M\omega_{max}$; $P_{max} = 68{,}5\ \text{kW}$

3.92 Die potentielle Energie beim Start wird umgewandelt in potentielle Energie und kinetische Energie im höchsten Punkt der Kreisbahn. Für den gesuchten Grenzfall muß die Radialkraft gleich der Gewichtskraft sein. Daraus folgt

$$h = \frac{5}{2} r$$

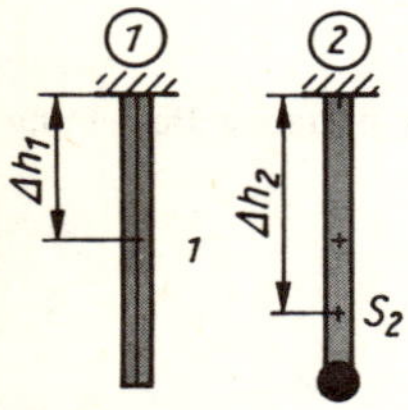

Bild 115

3.93 1. Bild 115.1. Mit der potentiellen Energie $W_{p1} = mg\,\Delta h_1 = {}^1/_2\,mgl$ (im Schwerpunkt vereinigte Stabmasse hat die Höhe $\Delta h_1 = {}^1/_2\,l$, vgl. Bild 52) folgt aus $W_{p1} = W_{rot\,2}$

$v = \sqrt{3gl}$ $v = 3{,}84\ \text{m s}^{-1}$

2. Hier gilt $\Delta h_2 = \frac{3}{4}\,l$ (Bild 115.2)

$v = \frac{3}{2}\sqrt{gl}$ $v = 3{,}32\ \text{m s}^{-1}$

3.94 Aus $W_{p1} + W_{rot\,1} = W_R = M\varphi$ folgt

$M = \frac{m\left(gl + \frac{v^2}{6}\right)}{\varphi}$ $M = 64{,}4\ \text{N m}$

3.95 $L = \frac{4\pi m r^2}{5T}$ $L = 7{,}06 \cdot 10^{33}\ \text{N m s}$

3.97 1. $L = \pi r^2 m n_1$ $L = 118\ \text{N m s}$

2. $\Delta t = \frac{\Delta L}{M}$ ($\Delta L = L$ wie bei 1.) $\Delta t = 5{,}90\ \text{s}$

3.98 $F = \frac{\pi d^2 m n}{4 r_{St} t}$ $F = 3{,}02\ \text{kN}$

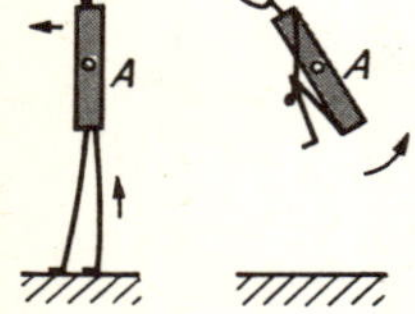

Bild 116

3.99 Der Springer beginnt in aufrechter Stellung mit über den Kopf erhobenen Armen. Bezüglich der Drehachse A durch die Körpermitte (Bild 116) hat er ein maximales Massenträgheitsmoment. Er läßt den Körper nach vorn fallen und stößt sich mit den Füßen vom Boden ab. Dadurch erteilt er sich einen Drehimpuls. Dann zieht der Springer Arme und Beine an und verkleinert dadurch sein Trägheitsmoment. Wegen der Erhaltung des Drehimpulses muß sich seine Winkelgeschwindigkeit vergrößern. Es erfolgt eine

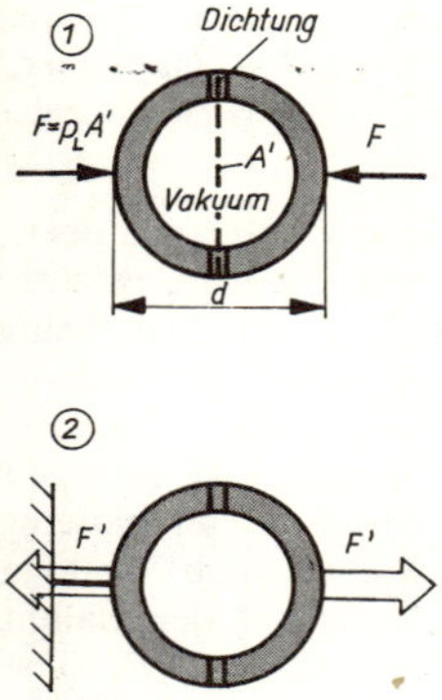

Bild 117

sehr schnelle Drehung um etwa 270°. Der Springer streckt sich nun wieder und landet mit kleiner Winkelgeschwindigkeit auf den Beinen.

4.2 Auf einen evakuierten Behälter wirkt der äußere Luftdruck. Ist dieser nicht gegeben, rechnet man mit $p_L = 100$ kPa $= 1$ bar (≈ 1 at). Der Deckel drückt durch seine Gewichtskraft zusätzlich auf die Unterlage.

$$F = G + F_L = mg + \frac{\pi}{4} d^2 p_L \qquad F = 19{,}7 \text{ kN } (\approx 2 \text{ Mp})$$

Bemerkung: Das spezielle Ergebnis zeigt, daß $G \ll F_L$.

4.3 Die durch den Luftdruck verursachte Kraft F auf jede Kugelhalbschale, mit der die eine Halbschale gegen die andere gedrückt wird (Bild 117.1), erhalten wir, indem wir die gestrichelt angedeutete Fläche A' in (4.6) einsetzen:

$$F = A' p_L = \frac{\pi d^2 p_L}{4}$$

Die Kraft, die die eine Gruppe von Pferden aufbringt, kann nach Bild 117.2 auch durch eine feste Wand ausgeübt werden. Die anderen 8 Pferde bringen die Gegenkraft F' zur Kraft F auf. Somit gilt für ein Pferd:

$$F_1 = \frac{\pi d^2 p_L}{32} \qquad F_1 \approx 1{,}7 \text{ kN}$$

4.4 $$F = \frac{\pi}{4}(d_2^2 - d_1^2)\varrho g(h_1 - h_2) \qquad F = 20{,}8 \text{ N}$$

4.5 1. Aus (4.9) folgt $\dfrac{p_{S2}}{p_{S1}} = \dfrac{h_1 + h_2}{h_1}$

2. Benzintank; Gießform (flüssiges Metall)

4.6 Für kleine Höhenunterschiede können wir die Dichte der Luft angenähert als konstant ansehen. Die Änderung des Luftdrucks mit der Höhe verläuft dann linear, und es gilt Gl. (4. :

$$\Delta p = \varrho_0 g \,\Delta h \qquad \Delta p = 1{,}27 \text{ kPa} = 12{,}7 \text{ mbar}$$

4.7 Aus (4.10) folgt durch Logarithmieren $\ln\left(\dfrac{p_0}{p_L}\right) = \dfrac{\varrho_0 g h}{p_0}$. Somit ist $h = \dfrac{p_0}{\varrho_0 g} \ln\left(\dfrac{p_0}{p_L}\right)$. Mit $\dfrac{p_0}{\varrho_0 g} = 8$ km erhalten wir

p_L	$\frac{1}{2} p_0$	$\frac{1}{3} p_0$	$\frac{1}{5} p_0$	$\frac{1}{10} p_0$
$\ln\left(\frac{p_0}{p_L}\right)$	0,6931	1,099	1,609	2,303
$h/_{\text{km}}$	5,54	8,79	12,9	18,4

4.8 1. $p_Ü = p_S = \varrho g \,\Delta h \qquad p_Ü = 5{,}98$ kPa

2. $p = p_Ü + p_L \qquad p = 105$ kPa

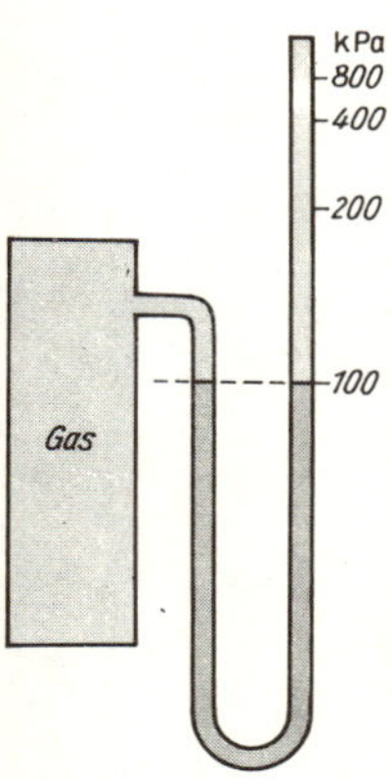

Bild 118

4.9 Wir nehmen eine Ausgangssituation nach Bild 118 an. Die im geschlossenen Schenkel des Manometers eingeschlossene Luft hat den im Gas vorhandenen Druck 100 kPa. Bei größer werdendem Gasdruck wird die Flüssigkeitssäule so verschoben, daß der Druck der eingeschlossenen Luft stets gleich dem Gasdruck ist. Der Schweredruck der Flüssigkeit der Höhe Δh ist vernachlässigbar klein. Somit gilt bei konstanter Temperatur Gl. (4.8) $pV =$ const. Daraus folgt die skizzierte Eichung.

Geschlossene Flüssigkeitsmanometer erlauben die Messung höherer Drücke als offene (Übung 4.8). Im Gegensatz zum offenen Flüssigkeitsmanometer, das stets den gegenüber dem Luftdruck gemessenen Überdruck anzeigt, zeigt das geschlossene Flüssigkeitsmanometer den Druck an.

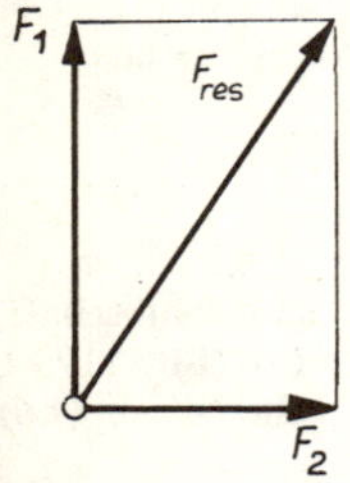

Bild 119

4.10 Der Ballon steigt im Wagen in Beschleunigungsrichtung schräg nach oben. Im *ruhenden* Wagen wirken auf den Ballon in der Vertikalen die Gewichtskraft und die Auftriebskraft. Wegen $\varrho_L > \varrho_B$ ist $F_A > G_B$. Die Kraft $F_1 = F_A - G_B$ beschleunigt den Ballon senkrecht nach oben. Im *beschleunigt anfahrenden* Wagen wirken zusätzlich in der Horizontalen Trägheitskräfte auch auf die Luftteilchen. Sie haben ein Dichtegefälle entgegen der Beschleunigungsrichtung zur Folge. Die Druckdifferenz an hinterer und vorderer Seite des Ballons verursacht eine der Auftriebskraft analoge Kraft in Beschleunigungsrichtung, die größer ist als die auf den Ballon wirkende Trägheitskraft. Die Differenz dieser beiden Kräfte sei F_2. Die Resultierende aus F_1 und F_2 (Bild 119) zeigt in Beschleunigungsrichtung schräg nach oben.

4.11 Auf den Ballon wirken Gewichtskraft und Auftriebskraft. Die Masse ist konstant. Die beschleunigende Kraft ist $F = F_A - G$.

1. Das Volumen des Ballons ist konstant. Wegen der Abnahme der Luftdichte mit zunehmender Höhe wird die Auftriebskraft kleiner. Wenn $F_A = G$ ist, schwebt der Ballon, er ändert seine Höhe nicht mehr.

2. Das Volumen des Ballons ist nicht konstant; das eingeschlossene Gas dehnt sich aus, wenn der äußere Druck abnimmt. Nach dem Boyle-Mariotteschen Gesetz (4.8) $pV = p_0V_0$ und mit (3.2) $\varrho = \frac{m}{V}$ ist $\frac{p_L}{\varrho_L} = \frac{p_0}{\varrho_0}$ = const. Ebenfalls nach Boyle-Mariotte ist $p_L V_B$ = const und somit $\varrho_L V_B$ = const. Die Auftriebskraft berechnet sich nach (4.13) $F_A = \varrho_L V_B g$, und es ist folglich $F_A = \text{const} \cdot g$. Solange g = const, ist auch die beschleunigende Kraft konstant. Der Ballon steigt ständig, bis die Hülle platzt.

Bemerkung: Die Änderung der Temperatur mit der Höhe wurde bei unseren Überlegungen nicht berücksichtigt.

4.12 Beim Schwimmen besteht Gleichgewicht zwischen der Gewichtskraft des schwimmenden Körpers und der durch die verdrängte Flüssigkeit hervorgerufenen Auftriebskraft. Somit folgt

$m_K = V_F\varrho_F$ bzw. $\varrho_K HA = \varrho_F hA$; H Körperhöhe

$$h = \frac{H\varrho_K}{\varrho_F} \qquad h = 20\text{ cm}$$

4.13 Aus $h = H\varrho_K/\varrho_F$ (Übung 4.12) folgt, daß die Eintauchtiefe bei größerer Körperdichte größer, bei größerer Flüssigkeitsdichte dagegen kleiner wird. Nach Abschnitt 1.5. ist für kleine Änderungen $\Delta\varrho_K$ bzw. $\Delta\varrho_F$

1. $\frac{\Delta h}{h} = \frac{\Delta\varrho_K}{\varrho_K}$ $\qquad \frac{\Delta h}{h} = 4\%$

2. $\frac{\Delta h}{h} = -\frac{\Delta\varrho_F}{\varrho_F}$ $\qquad \frac{\Delta h}{h} = -4\%$

(Das Vorzeichen folgt aus zusätzlicher Überlegung.)

4.14 $\varrho \approx \varrho_W$ $\qquad \varrho \approx 1\text{ kg dm}^{-3}$

4.15 $h = 4\,\frac{m - \varrho V}{\pi d^2 \varrho}$

4.17

1. $G = \varrho_K gabH$ $\qquad$ $G = 981\ \mathrm{N}\ (= 100\ \mathrm{kp})$

$F_A = G_W = \varrho_W gabH$ $\qquad$ $F_A = 1226\ \mathrm{N}\ (= 125\ \mathrm{kp})$

$F_{res} = F_A - G = gabH(\varrho_W - \varrho_K);$ $\qquad$ $F_{res} = 245\ \mathrm{N}\ (= 25\ \mathrm{kp})$

2. $a = \dfrac{F_{res}}{m}$ $\qquad$ $a = 2{,}45\ \mathrm{m\,s^{-2}}$

3. $t = \sqrt{\dfrac{2s}{a}}$ $\qquad$ $t = 1{,}28\ \mathrm{s}$

4. Bild 120; ohne Reibung: $v = at$ (gestrichelte Kurve); bei konstanter Reibungskraft: $v = a't$ (punktierte Kurve); Reibungskraft wächst mit Geschwindigkeit, folglich wird Beschleunigung kleiner (gekrümmter Kurventeil); Antriebskraft = Reibungskraft, folglich $a = 0$ (Kurventeil parallel zur Zeitachse)

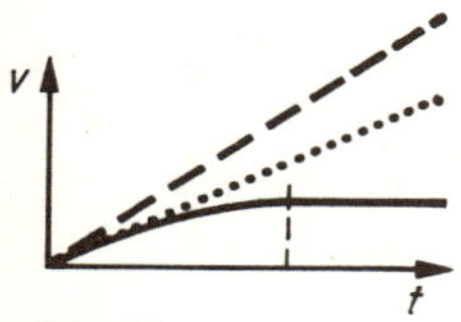

Bild 120

4.18 Nach der Kontinuitätsgleichung (4.16) ist beim kleineren Querschnitt *2* die größere Geschwindigkeit vorhanden, und somit ist der dynamische Druck $p_{dyn2} = {}^1/_2 \varrho v_2^2$ ebenfalls größer als in der Umgebung (Bild 121). Nach der Bernoullischen Gleichung (4.18″) ist die Summe von dynamischem und statischem Druck konstant. Aus beiden Gleichungen folgt für die statischen Drücke $p_{stat2} < p_{stat1}$. Die Differenz der statischen Drücke bewirkt die Kraft, die die Tür zuschlägt.

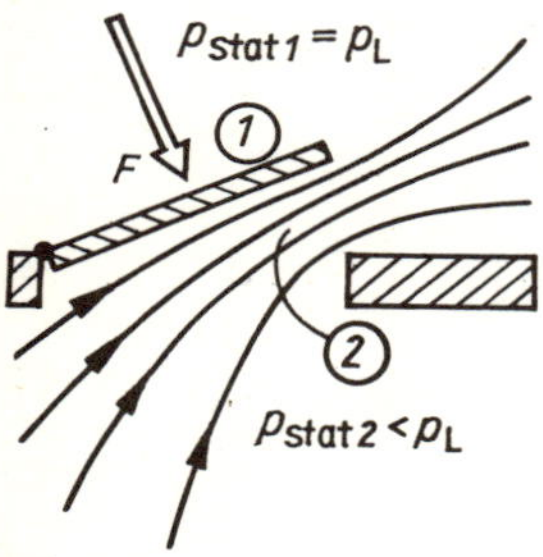

Bild 121

4.19 $v = \sqrt{\dfrac{2p_{dyn}}{\varrho}}$ $\qquad$ $v = 240\ \mathrm{km\,h^{-1}}$

4.20 $v_1 = \sqrt{\dfrac{2\Delta p}{\varrho\left(\dfrac{A_1^2}{A_2^2} - 1\right)}}$ $\qquad$ $v_1 = 0{,}158\ \mathrm{m\,s^{-1}}$

4.21 Mit dem Symbol p für den statischen Druck ist

$|\Delta p| = \frac{1}{2}\varrho v^2$ $\qquad$ $|\Delta p| = 6125\ \mathrm{Pa}$

$\left|\dfrac{\Delta p}{p}\right| = \dfrac{\varrho v^2}{2p}$ $\qquad$ $\left|\dfrac{\Delta p}{p}\right| = 1{,}021\,\%$

$\left|\dfrac{\Delta p}{p_{ü}}\right| = \dfrac{\varrho v^2}{2(p - p_L)}$ $\qquad$ $\left|\dfrac{\Delta p}{p_{ü}}\right| = 1{,}225\,\%$

4.23 $P = (F_R + F_W)\,v$

$= (\mu_F mg + \frac{1}{2}\varrho c_W A v^2)\,v$ $\qquad$ $P = 21\ \mathrm{kW}\ (\approx 29\ \mathrm{PS})$

4.24

1. $P_1 = \mu_{Fm} gv$ $\qquad$ $P_1' = 2P_1$

2. $P_2 = \frac{1}{2}\varrho c_W A v^3$ $\qquad$ $P_2' = 8P_2$

5.2 $v = \dfrac{V_m}{M}$ $\qquad$ $v = 11{,}2\ \mathrm{m^3\,kg^{-1}}$

5.4 Das einem Molekül zur Verfügung stehende Volumen wird als Würfel angesehen. Der Moleküldurchmesser kann also höchstens gleich der Würfelkante $d = \sqrt[3]{V_{0_2}}$ sein. Dieses Bild ist sehr grob und nur für eine Abschätzung geeignet.

Wir dividieren das Gesamtvolumen durch die Anzahl der darin vorhandenen Moleküle und erhalten damit das gesuchte Teilvolumen

$V = \dfrac{m}{\varrho}$ (Gesamtvolumen) $\qquad$ $N = \dfrac{m}{M} N_A$ (Teilchenanzahl)

$$V_{O_2} = \frac{M}{\varrho N_A} \qquad V_{O_2} = 4{,}8 \cdot 10^{-29}\ \mathrm{m}^3$$

$$d_{O_2} = \sqrt[3]{V_{O_2}} \qquad d_{O_2} = 3{,}6 \cdot 10^{-10}\ \mathrm{m}$$

5.5 $$\frac{N}{A} = \frac{mN_A}{4\pi M r_E^2} \qquad \frac{N}{A} = 6{,}55 \cdot 10^3\ \mathrm{cm}^{-2}$$

5.7 $$V = \frac{mRT}{Mp} \qquad V = 0{,}202\ \mathrm{m}^3 \text{ (mit } T = 290\ \mathrm{K})$$

5.8 Es interessiert hier nur der Endzustand, nicht der Vorgang des Komprimierens.

$$p = \frac{mRT}{MV} \qquad p = 0{,}73\ \mathrm{MPa}\ (= 7{,}4\ \mathrm{at})$$

5.9 $$m = \frac{Mpl_1l_2l_3}{RT} \qquad m = 70\ \mathrm{kg}$$

5.10 $$M = \frac{mRT}{pV}; \quad M_r = M/_{\mathrm{kg\ kmol^{-1}}} \qquad M_r = 44{,}1$$

5.11 $$U = \frac{3}{2}\frac{m}{M}RT \qquad U = 194\ \mathrm{kJ}$$

6.2 $$\Delta l = \alpha l_1 \Delta t \qquad \Delta l = -120\ \mathrm{mm}$$

6.3 Es handelt sich um eine Volumenzunahme. Da der Raumausdehnungskoeffizient γ nicht gegeben ist, benutzen wir $\gamma = 3\alpha$.

$$V_2 = V_1(1 + 3\alpha\,\Delta t) \qquad V_2 = 100{,}14\ \mathrm{cm}^3$$

6.4 $$t_2 = t_1 + \frac{\varrho_1 - \varrho_2}{3\alpha\varrho_2} \qquad t_2 = 113\ ^\circ\mathrm{C}$$

6.6 Die potentielle Energie des Wassers $W = mgh$ verwandelt sich in Wärmeenergie $Q = cm\,\Delta t$.

$$\Delta t = \frac{gh}{c} \qquad \Delta t = 0{,}09\ \mathrm{K}$$

6.7 $$t = \frac{cm\,\Delta T}{\eta P} \qquad t = 54\ \mathrm{min}\ 12\ \mathrm{s}$$

6.8 Aus der Definition des Wirkungsgrades $\eta = \frac{W_{ab}}{W_{zu}}$ folgt

$$m = \frac{Pt}{\eta H} \qquad m = 9{,}4\ \mathrm{kg}$$

6.9 Es ist Energie für zwei Vorgänge zuzuführen: Erwärmen und Schmelzen.

$$\frac{Q}{m} = \frac{c\,\Delta t + q}{\eta} \qquad \frac{Q}{m} = 0{,}447\ \mathrm{kW\,h\,kg^{-1}}$$

6.11 Zur Berechnung von 1. genügt das Gesetz von Boyle-Mariotte.

1. $$V_2 = \frac{p_1V_1}{p_2} \qquad V_2 = 0{,}661\ \mathrm{m}^3$$

2. $$W = p_1V_1 \ln\frac{p_1}{p_2} \qquad W = -490\ \mathrm{kJ} = -0{,}136\ \mathrm{kW\,h}$$

3. Die gesamte vom Kompressor aufgewendete (und in Wärme umgewandelte) Energie ist abzuführen, wenn die Temperatur konstant bleiben soll.

	$Q = W$	$Q = -490$ kJ (= -117 kcal)
6.12	1. $T_2 = \dfrac{T_1 p_2}{p_1}$	$T_2 = 1002$ K; $t_2 = 729$ °C
	2. $Q = \dfrac{c_v VM}{R}(p_2 - p_1)$	$Q = 0{,}517$ kJ (= 0,123 kcal)

6.13 Die Angabe «bei konstantem Druck» schließt die Möglichkeit zur Ausdehnung des Gases ein.

1. $V_2 = \dfrac{V_1 T_2}{T_1}$	$V_2 = 3{,}33$ m^3
2. $Q = c_p \dfrac{MpV_1}{RT_1}(T_2 - T_1)$	$Q = 782$ kJ (= 187 kcal)
3. $W = \dfrac{pV_1}{T_1}(T_2 - T_1)$	$W = 210$ kJ

6.15 Der Carnot-Prozeß setzt sich aus zwei isentropen und zwei isothermen Prozessen zusammen. Jeder Prozeß wird gesondert berechnet.

1. $V_B = V_C \left(\dfrac{T_2}{T_1}\right)^{\frac{1}{\varkappa-1}}$	$V_B = 12{,}5$ l
2. $p_B = \dfrac{V_A p_A}{V_B}$	$p_B = 1{,}44$ MPa (= 14,6 at)
3. $p_C = p_B \left(\dfrac{T_2}{T_1}\right)^{\frac{\varkappa}{\varkappa-1}}$	$p_C = 78$ kPa (= 0,80 at)
4. $V_D = \dfrac{V_C V_A}{V_B}$	$V_D = 80$ l
5. $p_D = \dfrac{p_C V_C}{V_D}$	$p_D = 97{,}5$ kPa (= 0,99 at)
6. $\eta = \dfrac{T_1 - T_2}{T_1}$	$\eta = 56{,}4\%$

6.17	1. $V_2 = V_1 \left(\dfrac{p_1}{p_2}\right)^{\frac{1}{k}}$	$V_2 = 0{,}85$ m^3
	2. $T_2 = T_1 \left(\dfrac{p_2}{p_1}\right)^{\frac{k-1}{k}}$	$T_2 = 386$ K
	3. $W = \dfrac{p_1 V_1}{k-1}\left[1 - \left(\dfrac{p_2}{p_1}\right)^{\frac{k-1}{k}}\right]$	$W = -474$ kJ
6.18	$\varepsilon_W = \dfrac{T_1}{T_1 - T_2}$	$\varepsilon_W = 4{,}97$
6.19	$Q = rm$	$Q = 11{,}3$ MJ
	$\Delta S = \dfrac{rm}{T}$	$\Delta S = 30{,}3$ kJ K^{-1}
6.21	$V = \dfrac{m[q + c(t_{sm} - t_1)]}{\eta H_Q}$	$V = 0{,}49$ l

(q, c und $t_{sm} \rightarrow$ B)

6.22 $m = \frac{m_{Eis}}{H} [c_E (T_{sm} - T_1) + q + c_W(T_S - T_{sm}) + r]$; $m = 35$ g

6.23 $V = \frac{Pt}{\eta H'}$ $V = 3\ m^3$

6.24 1. $f = \varphi f_{max}$; $f_{max} = 23\ g\ m^{-3}$ bei 25 °C (B 7.10)

$f = 13{,}8\ g\ m^{-3}$

2. $\tau \approx 16{,}2$ °C

3. $m = (f - f_{max2})\ V$ $m = 5{,}28$ kg

6.25 Durch den Wind wird ständig die wasserdampfgesättigte Luft von der Oberfläche entfernt und relativ trockenere Luft zugeführt.

6.26 Kalte Außenluft, die durchaus die relative Luftfeuchte 100% haben kann, wird eingelassen. Die Fenster werden geschlossen, und das Zimmer wird geheizt. Dadurch sinkt die relative Luftfeuchte, die Luft sättigt sich mit Wasser aus der Wand. Danach wird mit kalter Außenluft ausgetauscht.

6.27 Das Brikett benötigt infolge seiner großen Wärmekapazität eine wesentlich größere Wärmemenge, als bei der Verbrennung eines Streichholzes frei wird. Die vom Brikett aufgenommene Wärme wird außerdem durch Wärmeleitung auf das ganze Volumen verteilt, so daß örtliche Erwärmung auf Temperaturen über der Entzündungstemperatur nicht möglich ist. Körper mit schlechter Wärmeleitung und geringer Wärmekapazität (Papier, Holzspäne) lassen sich leichter örtlich auf hohe Temperatur erhitzen.

6.29 $Q = \frac{\pi d^2 \lambda t\ \Delta T}{4l}$ $Q = 692\ kJ = 0{,}192\ kW\ h$

$R = \frac{4l}{\pi \lambda d^2}$ $R = 0{,}521\ K\ W^{-1}$

6.30 1. $k = \left(\frac{1}{\alpha_1} + \frac{1}{\alpha_2} + \frac{l}{\lambda}\right)^{-1}$ $k = 58{,}8\ W\ m^{-2}\ K^{-1}$

$= 212\ kJ\ m^{-2}\ h^{-1}\ K^{-1}$

2. $Q = kAt\ \Delta T$ $Q = 2{,}12\ GJ = 588\ kW\ h$

6.31 Holz ist ein schlechter Wärmeleiter. Wer darauf sitzt, hat fast nur die Fläche zu erwärmen, die er bedeckt. Metall oder Stein leitet die Wärme ständig in das Innere weiter. Obwohl der Sitzende ständig Wärmeenergie nachliefert, wird ein beträchtlicher Temperaturunterschied zwischen Körper und Metall bzw. Stein aufrechterhalten.

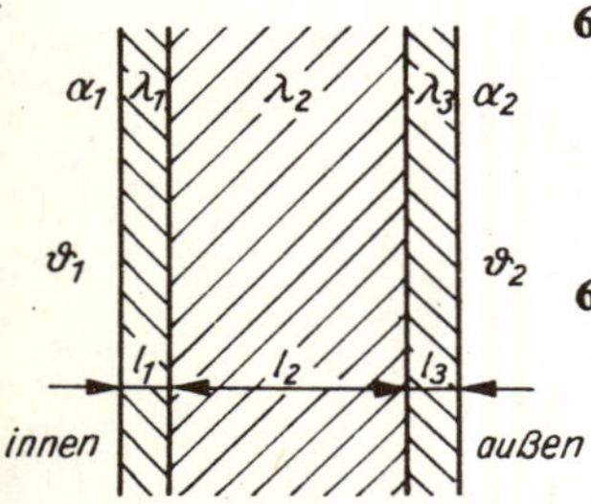

Bild 122

6.32 Bild 122

1. $k = \left(\frac{1}{\alpha_1} + \frac{1}{\alpha_2} + \frac{l_1}{\lambda_1} + \frac{l_2}{\lambda_2} + \frac{l_3}{\lambda_3}\right)^{-1}$ $k = 1{,}19\ W\ m^{-2}\ K^{-1}$

2. $Q = kAt(\vartheta_1 - \vartheta_2)$ $Q = 10{,}3\ kW\ h = 37\ MJ$

7.1 1. $I = \frac{U}{R}$ $I = 4{,}89$ A

2. $P = UI$ $P = 1{,}08$ kW

7.2 1. $G = \frac{1}{R}$ $G = 75{,}2$ mS

2. $\varrho = \dfrac{\pi d^2 R}{4l}$ $\varrho = 0{,}0174\,\Omega\,\mathrm{mm^2\,m^{-1}}$

$\varkappa = \dfrac{1}{\varrho}$ $\varkappa = 57{,}5\,\mathrm{S\,m\,mm^{-2}}$

3. Kupfer

7.3 Wir unterscheiden die Dichte ϱ und den spezifischen elektrischen Widerstand ϱ_{el}.

$R = \varrho_{el} \dfrac{m}{\varrho A^2}$ $R = 0{,}754\,\Omega$

7.5 1. $R_G = \dfrac{U_1^2}{P_1}$ $R_G = 161\,\Omega$

2. $U_G = \sqrt{R_G P_2}$ $U_G = 180\,\mathrm{V}$

3. $R_V = R_G \dfrac{U_1 - U_G}{U_G}$ $R_V = 35{,}8\,\Omega$

7.7 Mit der Drahtlänge $l = 2s$ folgt

1. $R_L = \dfrac{\varrho \cdot 2s}{A}$ $R_L = 1{,}78\,\Omega$

2. Der Gerätewiderstand folgt aus Nennleistung und Nennspannung:

$R_G = \dfrac{U_N^2}{P_N}$ $R_G = 24{,}2\,\Omega$

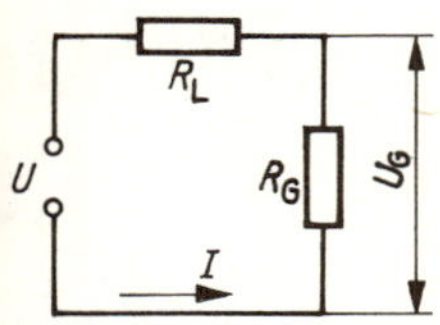

Bild 123

3. Nach Schaltbild (Bild 123) sind Leitungs- und Gerätewiderstand in Reihe geschaltet. Es ist

$I = \dfrac{U}{R_G + R_L}$ $I = 8{,}66\,\mathrm{A}$

4. $P = I^2 R_G$ $P = 1{,}815\,\mathrm{kW}$

Die Leistung ist infolge des Spannungsverlustes in der Leitung kleiner als die Nennleistung.

7.8 1. $\Delta U = \dfrac{\varrho I l}{A}$ $\Delta U = 9{,}53\,\mathrm{V}$

2. $U_G = U - \Delta U$ $U_G \approx 210\,\mathrm{V}$

3. Nach den Regeln der Fehlerfortpflanzung, die für kleine Änderungen ΔU angewendet werden dürfen, gilt bei konstantem Widerstand R, wenn $P = U^2/R$,

$\dfrac{\Delta P}{P} = 2\dfrac{\Delta U}{U}$ $\dfrac{\Delta P}{P} = \dfrac{2 \cdot 9{,}53\,\mathrm{V}}{220\,\mathrm{V}} = 8{,}7\%$

7.9 $R = \dfrac{U^2 t}{Q}$ (Q Wärmeenergie) $R = 17{,}4\,\Omega$

7.12 Wir verwenden (7.11) $I = U_0/(R_i + R_a)$ zweimal mit verschiedenen Wertepaaren (Index 1 und Index 2). Aus $I_1 = \dfrac{U_0}{R_i + R_{a1}}$ folgt $R_i = \dfrac{U_0}{I_1} - R_{a1}$. Somit wird

$$I_2 = \frac{U_0}{R_i + R_{a2}} = \frac{U_0}{\dfrac{U_0}{I_1} - R_{a1} + R_{a2}}; \qquad I_2 = 4{,}8\,\mathrm{A}$$

7.13 1. $R_i = \frac{U_0}{I} - R_a$ $R_i = 0{,}2\,\Omega$

2. $I_{max} = I_K = \frac{U_0}{R_i}$ $I_{max} = 75\,\text{A}$

7.14 $P_3 = UI$ $P_3 = 2{,}2\,\text{kW}$

$P_2 = \frac{1}{2}P_3$ $P_2 = 1{,}1\,\text{kW}$

$P_1 = \frac{1}{2}P_2 = \frac{1}{4}P_3$ $P_1 = 0{,}55\,\text{kW}$

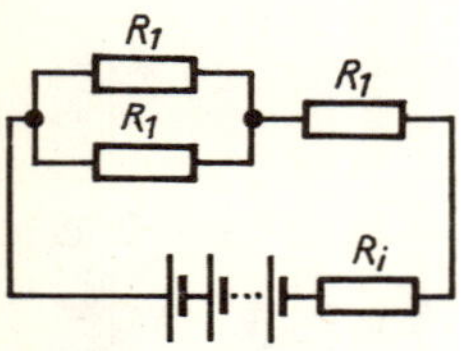

Bild 124

7.15 1. Bild 124

2. Aus $R_{ers} = R_1 + {}^1/_2 R_1 = {}^3/_2 R_1$ folgt

$R_1 = \frac{2}{3} R_{ers} = \frac{2zU_k}{3I}$ $R_1 = 16\,\Omega$

3. $U_0 = z(U_k + IR_i)$ $U_0 = 12{,}3\,\text{V}$

7.16 1. $R_{ers1} = \frac{(R_1 + R_3)(R_2 + R_4)}{R_1 + R_2 + R_3 + R_4}$

$I_1 = \frac{U}{R_{ers1}}$ $I_1 = 0{,}8\,\text{A}$

2. $R_{ers2} = \frac{R_1 R_2}{R_1 + R_2} + \frac{R_3 R_4}{R_3 + R_4}$

$I_2 = \frac{U}{R_{ers2}}$ $I_2 = 0{,}9\,\text{A}$

7.17 $R = f(R_2) = R_1 + \frac{R_2 R_3}{R_2 + R_3}$

Für $R_2 = 0$ erhalten wir den minimalen Ersatzwiderstand

$R_{min} = R_1$ $R_{min} = 10\,\Omega$

Für $R_2 = 30\,\Omega$ ergibt sich der maximale Ersatzwiderstand

$R_{max} = R_1 + \frac{R_2 R_3}{R_2 + R_3}$ $R_{max} = 22\,\Omega$

Der Ersatzwiderstand läßt sich stufenlos zwischen $10\,\Omega$ und $22\,\Omega$ einstellen.

7.18 $R_x = \frac{3R_{AB} - 2R}{R - R_{AB}} R$ $R_x = 70\,\Omega$

7.19 Vereinfachte Schaltung Bild 125. Da die Spannungsabfälle an R_3, R_4, R_5 und R_6 gleich sind, ist der Spannungsabfall $U_{AB} = 0$. Somit gilt

$$\frac{1}{R_{ers}} = \frac{1}{R_1} + \frac{1}{2R_1} + \frac{1}{2R_1} = \frac{4}{2R_1}; \quad R_{ers} = \frac{1}{2} R_1$$

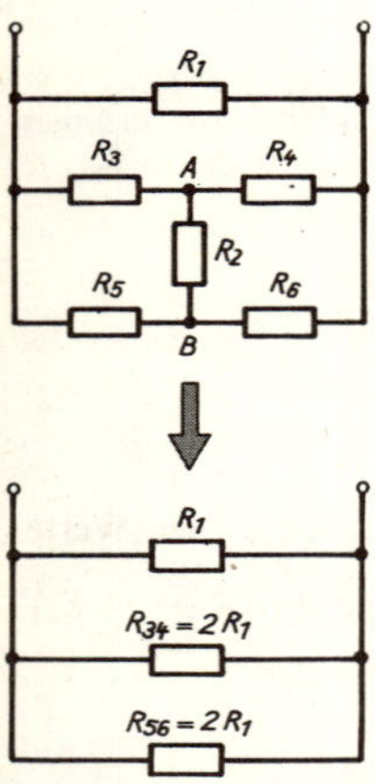

Bild 125

7.20 Die Überlastung entsteht dadurch, daß die Spannung, die ursprünglich an den beiden nun ausgefallenen Kerzen abfiel, sich auf die anderen Kerzen als Überspannung verteilt.

$U_K = \frac{U}{n}$

$\Delta U_K = \frac{U}{n-2} - \frac{U}{n} = U\left(\frac{1}{n-2} - \frac{1}{n}\right)$

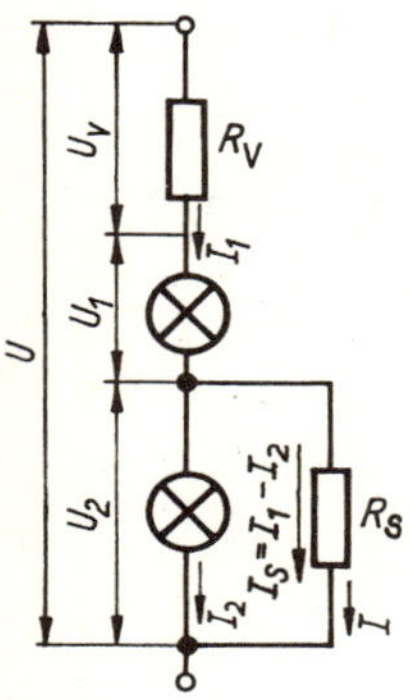

Bild 126

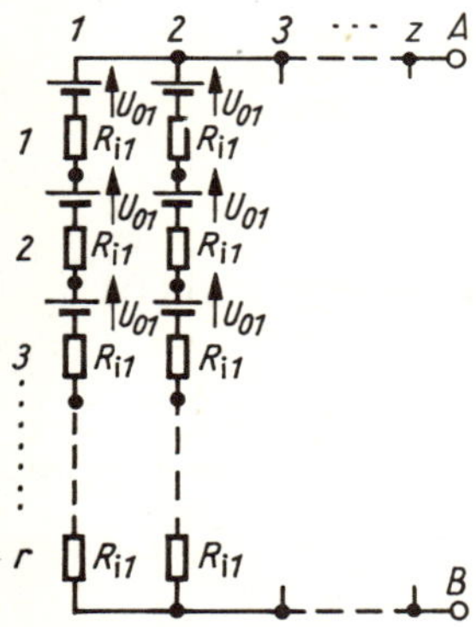

Bild 127

$$\frac{\Delta U_K}{U_K} = \frac{n}{n-2} - 1 \qquad \frac{\Delta U_K}{U_K} = 0{,}14 = 14\%$$

7.22 Die Schaltung erfordert folgende Überlegungen: An der Ersatzlampe fällt eine zu geringe Spannung ab. Ihr ist ein Widerstand vorzuschalten.
Da $P = UI$ bzw. $I = P/U$ ist, benötigt die Ersatzlampe bei geringerem Spannungsabfall eine größere Stromstärke als die Originallampe für die gleiche Leistung. Die Differenz der Stromstärken muß durch einen Nebenwiderstand (Shunt) zur Originallampe aufgenommen werden (Bild 126).

$$R_V = \frac{U_V}{I_1} = \frac{U - U_1 - U_2}{I_1} \qquad R_V = 4{,}80\,\Omega$$

$$R_S = \frac{U_2}{I_S} = \frac{U_1 U_2^2}{P(U_2 - U_1)} \qquad R_S = 64{,}5\,\Omega$$

7.23 1. $R_{ers1} = \dfrac{R_{124} R_{35}}{R_{124} + R_{35}}$ $\qquad R_{ers1} = 174\,\Omega$

($R_{\mu\nu}$ ist der Ersatzwiderstand der Kombination R_μ und R_ν)

2. $R_{ers2} = \dfrac{(R_1 + R_2 + R_3)(R_4 + R_5)}{R_1 + R_2 + R_3 + R_4 + R_5}$

$R_{ers2} = 287\,\Omega$

3. $R_{ers3} = \dfrac{(R_{12} + R_3 + R_5) R_4}{R_{12} + R_3 + R_4 + R_5}$ $\qquad R_{ers3} = 197\,\Omega$

7.24 1. Eine Reihe von r Spannungsquellen (Bild 127) hat die Ersatzurspannung $U_{0r} = rU_{01}$ und den Ersatzwiderstand $R_{ir} = rR_{i1}$. Bei Parallelschaltung mehrerer Reihen mit r Widerständen ändert sich die Urspannung nicht. Die Leerlaufspannung ist gleich der Urspannung

$$U_L = rU_{01} \qquad U_L = 121{,}2\text{ V}$$

Bei Parallelschaltung der z Reihen ist $R_{i\,ers} = \dfrac{r}{z} R_{i1}$. Damit folgt die Kurzschlußstromstärke

$$I_K = \frac{U_0}{R_{i\,ers}} = \frac{zU_{01}}{R_{i1}} \qquad I_K = 202\text{ A}$$

2. $P = U_k p I_K = (U_0 - pI_K R_{i\,ers})\, pI_K$

$$= \left(U_0 - \frac{prR_{i1}I_K}{z}\right) pI_K \qquad P = 2{,}2\text{ kW}$$

7.25 1. $I_1 = \dfrac{U_{01} - U_{02} + IR_{i2}}{R_{i1} + R_{i2}}$ $\qquad I_1 = 34\text{ A}$

$I_2 = \dfrac{U_{02} - U_{01} + IR_{i1}}{R_{i1} + R_{i2}}$ $\qquad I_2 = 16\text{ A}$

2. $U_k = U_{01} - \dfrac{R_{i1}}{R_{i1} + R_{i2}} (U_{01} - U_{02} + IR_{i2})$

$U_k = 7{,}3\text{ V}$

7.26 Der bei der Messung fließende Strom fließt nacheinander durch den «Innenwiderstand» der Quelle und durch das Meßinstrument. Die Stromstärke muß so klein bleiben, daß der Spannungsabfall am inneren Widerstand unter dem angegebenen Wert bleibt.
R_a ist der Instrumentenwiderstand. Für ihn gilt

$$R_a > (10^2 - 1)\, R_i \qquad R_a \approx 1\text{ M}\Omega$$

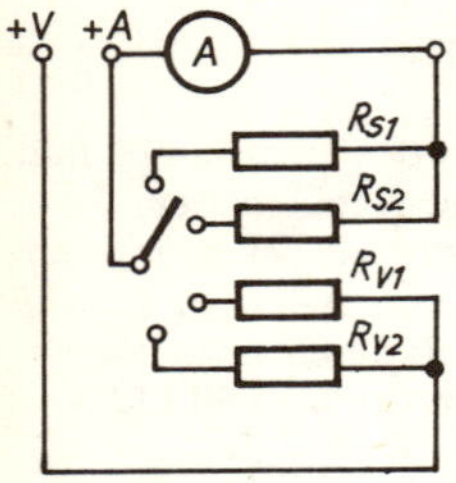

Bild 128

7.27 1. Bild 128

2. $U_i = I_i R_i$ $\qquad U_i = 0{,}1$ V

3. $R_S = \dfrac{R_i}{n-1} = \dfrac{R_i}{\dfrac{I}{I_i} - 1}$ $\qquad R_{S1} = 50\,\Omega$; $R_{S2} = 0{,}02\,\Omega$

$R_V = R_i\left(\dfrac{U}{U_i} - 1\right)$ $\qquad R_{V1} = 4{,}8$ kΩ; $R_{V2} = 500$ kΩ

7.28 1. $\dfrac{I_G}{I} = \dfrac{R_S}{R_S + R_G}$ $\qquad \dfrac{I_G}{I} = 71\,\%$

2. $U = I\left(R_V + \dfrac{R_G R_S}{R_G + R_S}\right)$ $\qquad U = 1{,}71$ mV

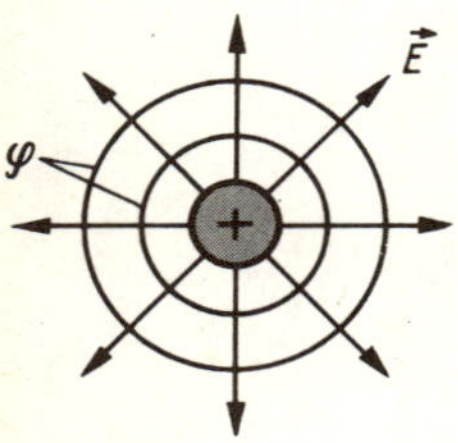

Bild 129

8.1 Bild 129

8.2 $F_i = \dfrac{QQ'}{4\pi\varepsilon_0 r_i^2}$ $\qquad F_1 = 9{,}21 \cdot 10^{-22}$ N

$F_2 = 9{,}21 \cdot 10^{-10}$ N

8.3 1. $E = \dfrac{Q}{4\pi\varepsilon_0 r^2}$ $\qquad E = 14{,}4$ kV m^{-1}

2. $F = Q'E$ $\qquad F = 6{,}91 \cdot 10^{-14}$ N $= 69{,}1$ fN

8.4 1. $U = Ed$ $\qquad U = 5{,}0$ kV

2. Auf die Probeladung wirken zwei Kräfte, Coulombkraft und Gewichtskraft. Der Faden orientiert sich in Richtung der Resultierenden (Bild 130).

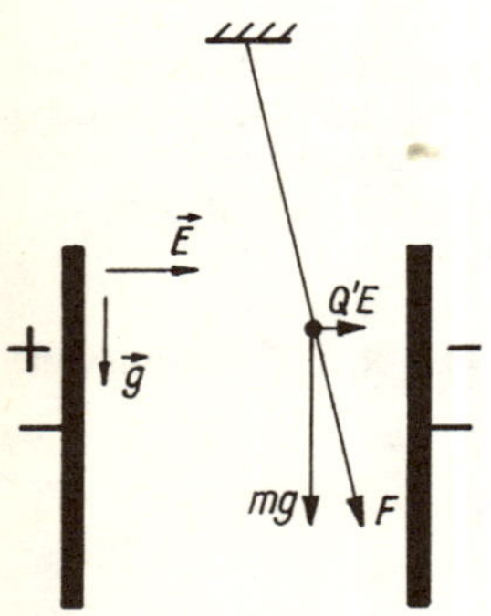

Bild 130

8.5 $Q = 4\pi\varepsilon_0 r^2 E$ $\qquad Q = 21{,}3$ μC

8.7 $E = \dfrac{Q}{\pi\varepsilon_0 dl}$ $\qquad E = 1{,}6$ MV m^{-1}

8.8 Staubteilchen, die sich infolge der unvermeidlichen Luftbewegung durch Reibung aufladen, transportieren ihre Ladung auf die Unterlage, auf der sie sich absetzen. In den leitenden Metallteilen verteilt sich die Ladung und erreicht dabei auch Eckpunkte, an denen bei genügend großer Ladungsdichte durch Spitzenwirkung große Feldstärken auftreten können. Hohe Feldstärken aber führen zu Funkenentladungen, die in dem explosionsgefährdeten Luft-Staub-Gemisch nicht auftreten dürfen.

8.10 1. $C = \varepsilon_0 \dfrac{A}{d}$ $\qquad C = 0{,}13$ nF

2. $Q = CU$ $\qquad Q = 0{,}13$ μC

8.12 1. $Q_1 = Q_2 = Q = C_{ers} U$ $\qquad Q = 1{,}6$ mC

2. $U = \dfrac{Q}{C}$ $\qquad U_1 = 160$ V; $U_2 = 40$ V

8.13 Bild 131.1 und 2: Vorderansicht (in Richtung der Drehachse), Bild 131.3 Draufsicht (D Lager der Drehachse, A mit Drehachse starr und elektrisch leitend verbundene Platten, A′ elektrisch isoliert angeordnete Platten; schwarze Punkte kennzeichnen elektrisch leitende Verbindung)

$C_{max} = (n-1)\dfrac{\pi\varepsilon_0 r^2}{2d}$ $\qquad C_{max} = 298$ pF

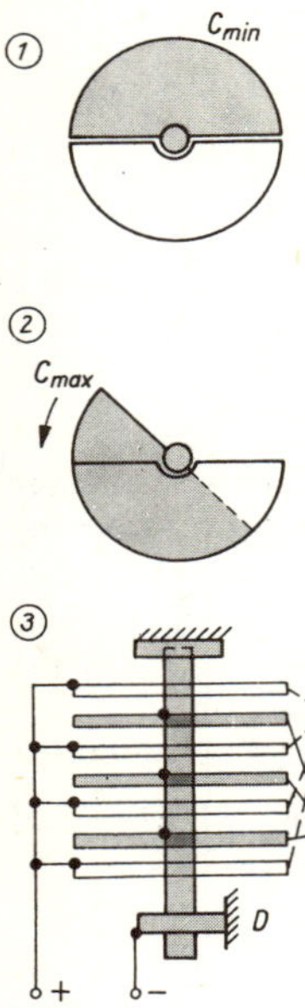

Bild 131

8.14 $C = C_2 \dfrac{U_2}{U_1 - U_2}$ $\qquad C = 2{,}9$ pF

8.15 1. $U_1 : U_2 : U_3 = \dfrac{1}{C_1} : \dfrac{1}{C_2} : \dfrac{1}{C_3}$; $\qquad U_1 : U_2 : U_3 = 15 : 5 : 3$

2. $Q_1 : Q_2 : Q_3 = 1 : 1 : 1$

3. Weil $W = {}^1/_2 QU$ und $Q =$ const, gilt

$W_1 : W_2 : W_3 = U_1 : U_2 : U_3$; $\qquad W_1 : W_2 : W_3 = 15 : 5 : 3$

8.16 1. $C = \dfrac{2W}{U^2}$ $\qquad C = 800\ \mu$F

2. $P = \dfrac{W}{t}$ $\qquad P = 15{,}6$ kW

8.17 1. $W_1 = \frac{1}{2} C_1 U_1^2$ $\qquad W_1 = 0{,}50$ J

2. $U_2 = \frac{1}{2} U_1$ $\qquad U_2 = 50$ V

3. $W_2 = \frac{1}{2} W_1$ $\qquad W_2 = 0{,}25$ J

4. Die Ladungsträger breiten sich über die doppelte Fläche aus. Dieser Vorgang stellt einen Stromfluß dar, bei dem Bewegungsenergie der Ladungsträger in Wärmeenergie umgewandelt wird.

8.18 1. $C = \varepsilon_0 \varepsilon_r \dfrac{A}{d}$ $\qquad C = 31$ pF

2. $Q = CU$ $\qquad Q = 15{,}5$ nC

3. $W = \frac{1}{2} CU^2$ $\qquad W = 3{,}88\ \mu$J

8.19 Die Ergebnisse von 8.18 werden jetzt als gegebene Größen betrachtet. Wir nennen sie C_1, Q_1 und W_1. Laut Tabelle (→ B 7.13) sind $\varepsilon_{r1} = 7$ und $\varepsilon_{r2} = 1$. Trennung von der Spannungsquelle bedeutet, daß die Ladung konstant bleibt.

1. $Q_2 = Q_1$ $\qquad Q_2 = 15{,}5$ nC

2. $C_2 = \dfrac{1}{\varepsilon_{r1}} C_2$ $\qquad C_2 = 4{,}42$ pF

3. $W_2 = \frac{1}{2} C_2 U_2^2 = 7 W_1$ $\qquad W_2 = 27\ \mu$J

4. Zum Entfernen des Glimmers mußte mechanische Arbeit verrichtet (von außen zugeführt) werden.

8.20 1. $E_1 = \dfrac{U}{d}$ $\qquad E_1 = 133$ kV m^{-1}

$D_1 = \varepsilon_0 E_1$ $\qquad D_1 = 1{,}18\ \mu$C m^{-2}

2. $E_2 = E_1$

$D_2 = \varepsilon_r \varepsilon_0 E_1$ $\qquad D_2 = 2{,}83\ \mu$C m^{-2}

8.21 $E = \dfrac{U}{\varepsilon_r d} = \dfrac{E_1}{\varepsilon_r}$ $\qquad E = 55{,}4$ kV m^{-1}

$D = \varepsilon_r \varepsilon_0 E = D_1$

8.22 Der Kondensator läßt sich als Reihenschaltung eines leeren und eines stoffgefüllten Kondensators beschreiben

$$C = \frac{\varepsilon_0 \varepsilon_r A}{d_1 \varepsilon_r + d_2}$$

8.23 1. $C_1 = \varepsilon_0 \frac{bH}{a}$

2. $C_2 = \varepsilon_0 \frac{b(H-h)}{a} + \varepsilon_0 \varepsilon_r \frac{bh}{a}$

3. $\frac{\Delta C}{C_1} = \frac{h}{H} (\varepsilon_r - 1)$

8.25 $I = \frac{Hl}{N}$ $I = 33$ mA

8.26 1. Für die Berechnung der Feldstärke ist die Spule als gestreckt mit der mittleren Länge $l = 2\pi R$ zu betrachten. Längs der Spulenachse ist $H = \frac{NI}{2\pi R}$.
Entlang ihrer Innenseite ist die Spule kürzer: $l_i = 2\pi \left(R - \frac{d}{2}\right)$, entlang der Außenseite entsprechend länger: $l_a = 2\pi \left(R + \frac{d}{2}\right)$. Damit ändert sich die magnetische Feldstärke innerhalb der Spule von

$$H_{max} = \frac{NI}{2\pi \left(R - \frac{d}{2}\right)} \quad \text{zu} \quad H_{min} = \frac{NI}{2\pi \left(R + \frac{d}{2}\right)}.$$

2. Wegen $B = \mu_0 H$ ändert sich die Flußdichte in gleicher Weise. Außerhalb der Spule ist die Feldstärke Null.

8.28 $F = \frac{\mu_0 I^2 l}{2\pi r}$ $F = 32$ N

Da bei Zuleitungen gleiche Stromrichtung vorauszusetzen ist, wirkt die Kraft nach innen. Die Leiter ziehen sich an.

8.29 Die Flußdichte B_1 wird vom Strom der Stärke I_1 verursacht. Aus (8.2 3) und (8.27) folgt

$$B = \mu_0 \frac{I_1}{2\pi r}$$

Dieser Ausdruck, in die Ausgangsgleichung eingesetzt, führt zum Nachweis der Identität.

8.30 $L = \mu_0 N^2 \frac{A}{l}$ $L = 10{,}5$ mH

8.31 Weil $\frac{d\Phi}{dt} < 0$, ist nach dem Induktionsgesetz $U_i > 0$. Das bedeutet: Die Urspannung U_i wirkt im positiven Rechtsschraubensinn. An der oberen Klemme entsteht der positive Pol. Die Polung bleibt beim Wechsel des Drehsinns gleich.

8.32 1. $I = \frac{U}{R}$ $I = 30$ mA

2. $U_i = -L \frac{\Delta I}{\Delta t}$ $U_i = -60$ V

3. Am Schalter als Öffnungslichtbogen

8.33 $U_i = -\frac{\pi d_1^2 N_1 N_2 \mu_0 (I_2 - I_1)}{4 l_1 \Delta t}$ $U_i = -0{,}16$ V

8.34 $U_i = -L \frac{dI}{dt} = LaI_0 e^{-at}$

Der abnehmende Strom induziert eine positive Spannung.

8.35 Die Diode D wird bei geschlossenem Schalter S in Sperrichtung betrieben, über den Widerstand R fließt nur der (sehr kleine) Sperrstrom I_{Sp}. Beim Öffnen des Schalters wird in der Spule L eine Spannung induziert, die zunächst den bisher fließenden Strom aufrecht erhält. Wegen der Unterbrechung des Stromkreises bei S ist der Stromkreis auf die beiden rechten Zweige mit der Spule L als Spannungsquelle reduziert. Damit fließt jetzt der Strom in Durchlaßrichtung über die Diode D und durch den Widerstand R in die Spule zurück. Dieser Stromfluß bleibt erhalten, bis alle magnetische Feldenergie der Spule im Widerstand R in Wärme umgewandelt ist. Auf diese Weise wird die Stromstärkeänderung in der Spule verlangsamt und bei kleinem Widerstand R die am Schalter auftretende Spannung wesentlich reduziert.

8.36 $W = \frac{\mu_0 N^2 \pi d^2 I^2}{8l}$ $W = 30$ mJ

8.37 1. $B = \mu_0 N \frac{I}{l}$ $B = 1{,}51$ mT

2. $\Phi = B \frac{\pi d^2}{4}$ $\Phi = 0{,}474\ \mu$Wb

8.38 1. $I_1 = \frac{Bl}{\mu_0 N}$ $I_1 = 36$ A

2. $I_2 = \frac{Bl}{\mu_0 \mu_r N} = \frac{1}{\mu_r} I_1$ $I_2 = 72$ mA

8.39 Bei der Sättigungsfeldstärke sind alle Weißschen Bezirke bereits in Feldrichtung umgeklappt. Wird die Feldstärke weiter erhöht, ändert sich die Flußdichte kaum noch.

8.40 Es geschieht nichts. Nach (8.24) gibt es nur dann eine Wechselwirkung zwischen Ladungsträger und Magnetfeld, wenn sie sich relativ zueinander bewegen.

8.41 1. Die Spule wird so weit verdreht, bis das von der Lorentzkraft erzeugte Moment gleich dem rücktreibenden Drehmoment der Feder ist:

$NIlb\mu_0 H \cos\varphi = k'\varphi$

$$I = \frac{k'\varphi}{Nlb\mu_0 H \cos\varphi}$$

2. *Einheitenprobe*: $[I] = \frac{\text{N m m A m}}{\text{m m A V s}} = \text{A}$

8.42 $v = \frac{2e}{m} rB$ $v = 3{,}2 \cdot 10^7$ m s^{-1}

8.43 Die Ionenmasse ist gleich dem Produkt aus Massenzahl A und durchschnittlicher Nukleonenmasse.

$r = \sqrt{\frac{2Wm}{eB}}$; $\frac{\Delta r}{r_1} = \sqrt{\frac{A_2}{A_1}} - 1$ $\frac{\Delta r}{r_1} = 2{,}5\,\%$

Die Trennung ist möglich.

9.2 Aus (9.8′) folgt mit (5.15) und (7.22″)

$$t = \frac{M_{H_2} zFpV}{M_{H^+} IRT}$$ Darin sind $M_{H_2} = 2\ \text{kg kmol}^{-1}$; $M_{H^+} = 1\ \text{kg kmol}^{-1}$ und $z = 1$.

$t = 4\ \text{h}\ 28\ \text{min}$

9.3 Aus (7.5) und (3.21′) folgt mit (7.2″) und (9.8′)

$$W = \frac{UzFm}{M} \quad \left(z = 3;\ M = 27\ \frac{\text{kg}}{\text{kmol}}\ :\right)$$

$W = 7{,}4\ \text{MW h}$

Bemerkung: Die tatsächlich benötigte Elektroenergie beträgt etwa das Dreifache des theoretischen Wertes (Wärmeverluste).

9.4 1. $t = \dfrac{zFm}{\eta MjA}$ $\quad t = 4\ \text{h}\ 14\ \text{min}$

2. $d = \dfrac{m}{\varrho A}$ $\quad d = 48\ \mu\text{m}$

9.5 Blei ist im $PbSO_4$ zweiwertig und hat die molare Masse $207\ \text{kg kmol}^{-1}$.

$m = \dfrac{QM}{zF}$ $\quad m = 0{,}29\ \text{kg}$

9.6 Eine 6-V-Bleibatterie besteht aus 3 Zellen von je 2 V, die in Reihe geschaltet, also von der gleichen Ladung durchflossen sind.

$m = 3\dfrac{ItM}{zF} = 3\dfrac{PtM}{UzF}$ $\quad m = 174\ \text{g}$

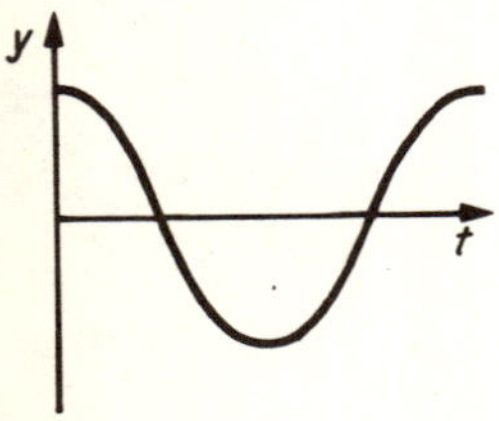

Bild 132

10.2 Bild 132; $y = y_m \cos \omega t = y_m \sin\left(\omega t + \dfrac{\pi}{2}\right)$

10.3 An den Umkehrpunkten wirken maximale Beschleunigung nach (10.3) und die Fallbeschleunigung. Die Bedingung $a_{ges} = 0$ bzw. $a_{ges} = 2g$ wird erfüllt durch $a_m = g$ (z. B. $a_{ges} = a_m + g = 2g$). Dann folgt aus (10.3) $a_m = \omega^2 y_m$ mit (2.11)

$f = \dfrac{1}{2\pi}\sqrt{\dfrac{g}{y_m}}$ $\quad f = 2{,}23\ \text{Hz}$

10.4 Ein Ablösen vom Sieb erfolgt, wenn sich das Sieb am oberen Umkehrpunkt mit der Beschleunigung a_m, die Körner aber mit der kleineren Beschleunigung g nach unten bewegen:
$\omega^2 y_m \geqq g$. Daraus folgt

$f = \dfrac{1}{2\pi}\sqrt{\dfrac{g}{y_m}}$ $\quad f = 2{,}88\ \text{Hz}$

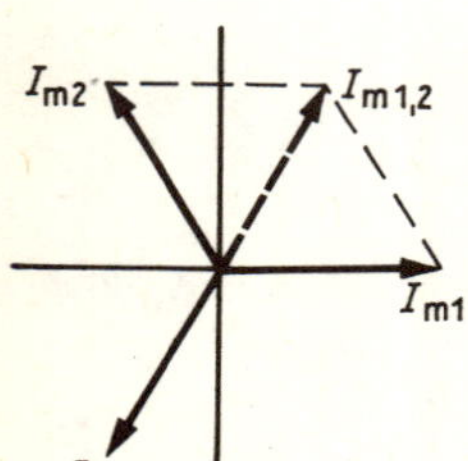

Bild 133

10.5 Die Stromstärke eines Wechselstromes ist eine sich sinusförmig ändernde Größe wie die Elongation bei der mechanischen Schwingung. Die resultierende maximale Stromstärke (aus $I_{m1,2}$ und I_{m3}) ist Null (Bild 133). Das bedeutet: die resultierende Stromstärke ist zu allen Zeiten Null.

10.6 Die Blattfeder, die die Eigenfrequenz 50 Hz hat, schwingt bei Netzfrequenz 50 Hz in Resonanz, also mit maximaler Amplitude. Die Eigenfrequenz der Feder ist durch deren Länge und Dicke bestimmt.

10.7 Es gelten für den Schwingungsvorgang (10.6) und (2.5). Somit ist $T = 2\pi\sqrt{m/k}$. Zur Berechnung von T benötigen wir die Federkonstante k. Diese erhalten wir aus dem zweiten in der Aufgabe beschriebenen Vorgang: Spannen der Feder. Es gilt (3.18), und für k folgt $k = 2W/s^2$. Somit ist

$$T = 2\pi s \sqrt{\frac{m}{2W}} \qquad T = 0{,}40\ \text{s}$$

10.8 1. $m = \dfrac{k\,\Delta s}{g}$ $\qquad m = 917\ \text{g}$

2. $f = \dfrac{1}{2\pi}\sqrt{\dfrac{k}{m}}$ $\qquad f = 2{,}63\ \text{Hz}$

3. $W = \frac{1}{2} k y_m^2$ $\qquad W = 50\ \text{mJ}$

4. $v_m = 2\pi f y_m$ $\qquad v_m = 0{,}33\ \text{m s}^{-1}$

$a_m = 4\pi^2 f^2 y_m$ $\qquad a_m = 5{,}46\ \text{m s}^{-2}$

10.9 Aus $^1/_2 k\,\Delta s^2 = {}^1/_2 m v_m^2$ folgt

$$v_m = \Delta s \sqrt{\frac{k}{m}} \qquad v_m = 0{,}639\ \frac{\text{m}}{\text{s}}$$

10.11 $k = 9\pi^2 m f^2$ $\qquad k = 177{,}7\ \dfrac{\text{kN}}{\text{m}}$

10.12 Bei der Schwingung eines Körpers in Wasser ist die Auftriebskraft die rücktreibende Kraft. Sie hängt von der Elongation y (zusätzliche Eintauchtiefe beim Anstoß) ab. Bild 134 zeigt die Querschnittsflächen der beiden Balken in der Gleichgewichtslage und gestrichelt in der um y tiefer eingedrückten Lage.

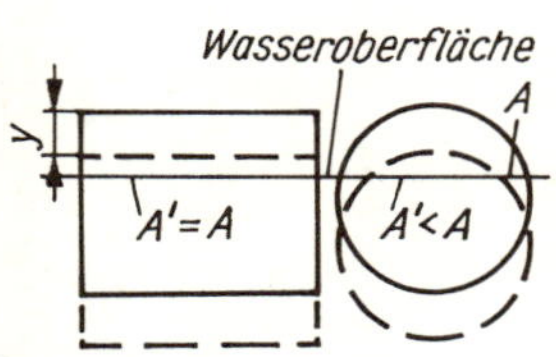

Bild 134

1. Die rücktreibende Kraft ist $F = -\varrho_W g A y = -ky$. Daraus folgt mit (10.6) und (2.5)

$$T = 2\pi \sqrt{\frac{m}{k}} = 2\pi \sqrt{\frac{\varrho_K H}{\varrho_W g}} \qquad T = 1{,}4\ \text{s}$$

2. Für den Balken mit kreisförmigem Querschnitt ist die Bedingung $k = \varrho_W g A = \text{const}$ nicht erfüllt, da die Schnittfläche A in Höhe der Wasseroberfläche von der Eintauchtiefe abhängt ($A' < A$). Dieser Balken kann nicht sinusförmig schwingen.

10.13 1. $T = 2\pi \sqrt{\dfrac{m}{\varrho A g}}$ $\qquad y = y_m \cos\left(\sqrt{\dfrac{\varrho A g}{m}}\, t\right)$

2. Bei Berücksichtigung der Reibung erhalten wir eine gedämpfte Schwingung. An die Stelle von y_m tritt $y_n(t)$ (→ L 10.3.1.3.).

10.15 Das Massenträgheitsmoment bestimmen wir mit Hilfe des Steinerschen Satzes. Nach Skizze (Bild 85) ist der mittlere Radius $r_m = 500$ mm. Mit $J_A = m(r_m^2 + r_a^2)$ folgt

$$T = 2\pi \sqrt{\frac{r_m^2 + r_a^2}{g r_a}} \qquad T = 2{,}01\ \text{s}$$

10.16 $f = \dfrac{1}{2\pi}\sqrt{\dfrac{mgs}{J_A}}$

1. $J_A = \dfrac{1}{3} m l^2$; $\quad s = \dfrac{l}{2}$; $\quad f = \dfrac{1}{2\pi}\sqrt{\dfrac{3g}{2l}}$; $\quad f = 0{,}61\ \text{Hz}$

2. $l \gg r$, folglich gilt wie beim Fadenpendel

$$f = \frac{1}{2\pi}\sqrt{\frac{g}{l}} \qquad f = 0{,}50\ \text{Hz}$$

3. $J_S = \frac{1}{12} m \left(\frac{l}{2}\right)^2$; $\quad J_A = \frac{7}{12} ml^2$; $\quad s = \frac{3}{4} l$

$$f = \frac{1}{2\pi}\sqrt{\frac{9g}{7l}} \qquad f = 0{,}57\ \text{Hz}$$

4. $J_A = J_{\text{Stab}} + J_{\text{Kugel}}$. Mit der Kugel als Massenpunkt folgt

$$J_A = \frac{43}{96} ml^2; \qquad s = \frac{s_1 + s_2}{2} = \frac{5}{8} l$$

$$f = \frac{1}{2\pi}\sqrt{\frac{60g}{43l}} \qquad f = 0{,}59\ \text{Hz}$$

10.17 1. $T = \frac{1}{f}$ $\qquad T = 1{,}54\ \text{s}$

2. $J_A = \frac{mgs}{4\pi^2 f^2}$ $\qquad J_A = 0{,}175\ \text{kg m}^2$

3. $J_S = J_A - ms^2$ $\qquad J_S = 0{,}165\ \text{kg m}^2$

10.19 Aus (10.9) folgt mit (2 5) $T = 2\pi\sqrt{J_1/k'}$. Mit $T = t/z$ folgt

1. für den zylindrischen Körper

$$k' = \frac{4\pi^2 z^2 J_1}{t_1^2} \qquad k' = 9{,}04 \cdot 10^{-4}\ \text{Nm}$$

2. Für das Zahnrad ergibt sich damit

$$J_2 = \frac{k' t_2^2}{4\pi^2 z^2} \qquad J_2 = 1{,}78\ \text{kg cm}^2$$

Bemerkung: Die Rechnung läßt sich vereinfachen, wenn wir zur Berechnung von J_2 das allgemeine Ergebnis von k' verwenden:

$$J_2 = \frac{4\pi^2 z^2 J_1 t_2^2}{t_1^2 4\pi^2 z^2} = J_1 \frac{t_2^2}{t_1^2}$$

10.20 1. Mit $s = \frac{h}{4}$ und $J_A = \frac{1}{12} m(a^2 + h^2) + m\left(\frac{h}{4}\right)^2$ folgt

$$f_1 = \frac{1}{2\pi}\sqrt{\frac{12gh}{4a^2 + 7h^2}} \qquad f_1 = 2{,}27\ \text{Hz}$$

2. Mit $s = \frac{h}{2}$ und $J_B = \frac{1}{12} m(b^2 + h^2) + m\left(\frac{h}{2}\right)^2$ folgt

$$f_2 = \frac{1}{2\pi}\sqrt{\frac{6gh}{b^2 + 4h^2}} \qquad f_2 = 2{,}06\ \text{Hz}$$

10.21 Nach (10.22) und (10.23) sind die Wechselstromwiderstände

$X_C = \frac{1}{\omega C}$ und $X_L = \omega L$. Damit ist

$$L = \frac{X_L}{2\pi f} \qquad L = 1{,}6\ \text{mH}$$

$$C = \frac{1}{2\pi f X_C} \qquad C = 4\,\mu\text{F}$$

10.22 $$L = \frac{U^2}{2\pi f P_G} \qquad L = 2{,}57\ \text{H}$$

$$C = \frac{P_G}{2\pi f U^2} \qquad C = 3{,}95\,\mu\text{F}$$

10.23 Eine Spule mit ohmschem Widerstand wird als Reihenschaltung von ohmschem und induktivem Widerstand aufgefaßt (Ersatzschaltbild Bild 135.1). Die Bilder 135.2 und 135.3 stellen Zeigerdiagramm und Widerstandsdreieck für die gesamte Schaltung dar, das Bild 135.4 gibt das Widerstandsdreieck für die Spule allein wieder.

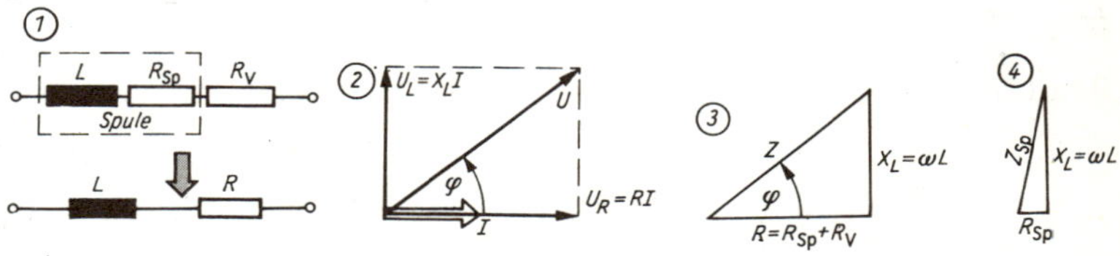

Bild 135

1. Mit Z nach Bild 135.3 ist

$$I = \frac{U}{Z} = \frac{U}{\sqrt{(R_{Sp} + R_V)^2 + (2\pi f L)^2}}; \qquad I = 1{,}15\ \text{A}$$

2. Mit Z_{Sp} nach Bild 135.4 ist

$$U_{Sp} = Z_{Sp} I = \sqrt{R_{Sp}^2 + (2\pi f L)^2} \cdot I; \qquad U_{Sp} = 180\ \text{V}$$

3. $U_V = R_V I \qquad U_V = 115\ \text{V}$

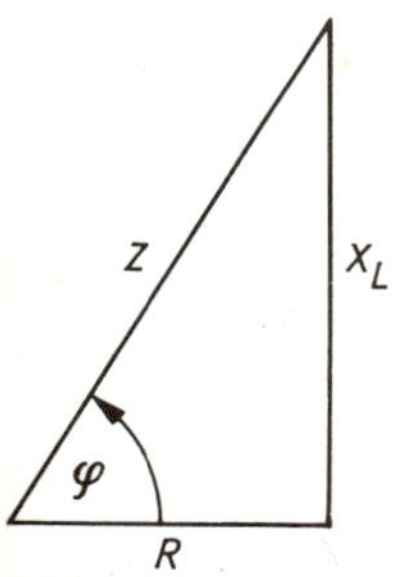

Bild 136

10.24 1. $R = \frac{U_-}{I_-} \qquad R = 1{,}64\,\Omega$

2. $Z = \frac{U_\sim}{I_\sim} \qquad Z = 5{,}03\,\Omega$

3. $L = \frac{X_L}{\omega} = \frac{\sqrt{Z^2 - R^2}}{2\pi f}$ (Bild 136) $\qquad L = 15{,}1\ \text{mH}$

10.25 1. $Z = \sqrt{R^2 + \left(2\pi f L - \frac{1}{2\pi f C}\right)^2} \qquad Z = 1\,430\,\Omega$

2. $\varphi = \arctan \frac{2\pi f L - \frac{1}{2\pi f C}}{R} \qquad \varphi = -69{,}5°$

10.26 $f_0 = \frac{1}{2\pi\sqrt{LC}} \qquad f_0 = 82{,}3\ \text{Hz}$

10.27 1. Allgemein gilt $P = W/t$. Die Arbeit W ist der Zahl der Umdrehungen proportional: $W = W_0 z/z_0$. So folgt

$$P = W_0 \frac{z}{z_0 t} \qquad P = 100\ \text{W}$$

2. Mit $\cos\varphi = R/Z$, $P = I^2 R$ und $I = U/Z$ ergibt sich

$$\cos\varphi = \frac{\sqrt{PR}}{U} \qquad \varphi = \arccos\frac{\sqrt{PR}}{U} = 63°$$

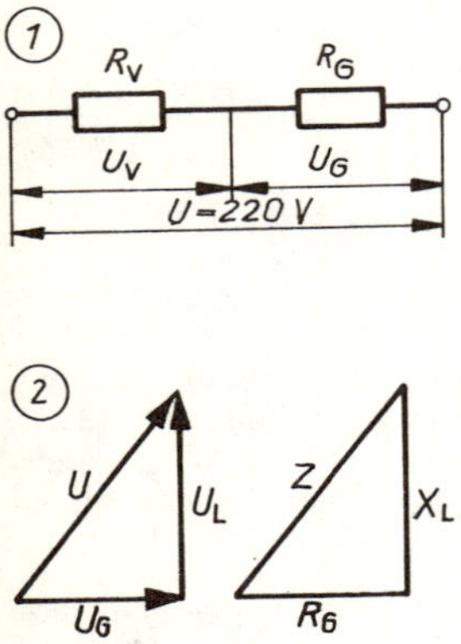

Bild 137

3. Nach (10.23) und (2.11) ist $X_L = 2\pi f L$, nach Bild 136 ist aber auch $X_L = R \tan\varphi$. Daraus folgt

$$L = \frac{R \tan\varphi}{2\pi f} \qquad L = 624 \text{ mH}$$

10.28 1.1 Bei Reihenschaltung eines ohmschen Widerstandes und Spannungsteilung nach Bild 137.1 ist der erforderliche Vorwiderstand gleich dem Widerstand der Glühlampe:

$$R_V = R_G = \frac{U^2}{P} \qquad R_V = R_G = 202\,\Omega$$

1.2 Die Glühlampe muß dieselbe Stromstärke haben wie bei 110 V. Aus $Z = U/I$ folgt mit $I = U_G/R_G$ und $U = 2U_G$

$$Z = \frac{UR_G}{U_G} = 2\,R_G.$$

Nach Bild 137.2 ist

$X_L = \sqrt{Z^2 - R_G^2} = \sqrt{3}\,R_G$, und mit (10.23) $X_L = \omega L$ folgt

$$L = \frac{\sqrt{3}\,R_G}{2\pi f} \qquad L = 1{,}11 \text{ H}$$

1.3 Entsprechend folgt bei Reihenschaltung eines Kondensators

$$C = \frac{1}{2\sqrt{3}\,\pi f R_G} \qquad C = 9{,}1\ \mu\text{F}$$

2.1 Ohmscher Vorwiderstand: reine Wirkleistung

$$P = P_G + P_R = 2P_G \qquad P = 120 \text{ W}$$

2.2 Kapazitiver Vorwiderstand
2.3 Induktiver Vorwiderstand
} reine Blindleistung an den Vorwiderständen, folglich

$$P = P_G \qquad P = 60 \text{ W}$$

10.29 $I_{-} = \dfrac{P}{U}$ $\qquad I_{-} = 7{,}5$ A

$I_{\sim} = \dfrac{P}{U \cos\varphi}$ $\qquad I_{\sim} = 15$ A

10.30 $P = I^2 R$ $\qquad P = 145{,}5$ W

$P_s = UI$ $\qquad P_s = 253$ W

$P_q = X_L I^2 = \omega L I^2$ $\qquad P_q = 207$ W

10.31 1. $P_s = \dfrac{P}{\cos\varphi}$ $\qquad P_s = 800$ VA

2. $I = \dfrac{P_s}{U}$ $\qquad I = 3{,}64$ A

3. $Z = \dfrac{U}{I}$ $\qquad Z = 60{,}4\,\Omega$

4. $\varphi = \arccos 0{,}75$ $\qquad \varphi = 41{,}4°$

5. $P_q = P \tan\varphi$ $\qquad P_q = 529$ var

10.33 1. $\cos\varphi = \dfrac{P}{UI}$ $\qquad \cos\varphi = 0{,}699$

$\varphi = \arccos \frac{P}{UI}$ $\qquad$ $\varphi = 45{,}6°$

2. Aus $P_{qL} = P_{qC}$ folgt $UI \sin\varphi = \frac{U^2}{X_C} = 2\pi f C U^2$.

Mit der unter 1. errechneten Phasenverschiebung φ ist

$C = \frac{I \sin\varphi}{2\pi f U}$ $\qquad$ $C = 12{,}1\ \mu F$

11.1 $\lambda = \frac{c}{f}$ $\qquad$ 1. $\lambda_W = 1{,}86$ mm

2. Mit $c_L = 344\ m\,s^{-1}$, für 20 °C nach Gleichung (11.23′) errechnet, folgt $\lambda_L = 0{,}43$ mm

11.2 $\lambda = \frac{c}{f}$

	λ_L	λ_{H_2O}	λ_{Cu}	λ_{Al}
1.	1,15 m	4,95 m	12,7 m	17,0 m
2.	1,72 cm	7,43 cm	19,0 cm	25,5 cm

11.3 $l = \frac{ct}{2}$ $\qquad$ $l = 150$ km

$\Delta t = \frac{2\Delta s}{c}$ $\qquad$ $\Delta t = 1\ \mu s$

11.4 $\sin\alpha_2 = \frac{c_2}{c_1} \sin\alpha_1$ $\qquad$ 1. $\sin\alpha_2 = 0{,}04$ $\qquad$ $\alpha_2 = 2{,}3°$

Skizze s. Bild 138 $\qquad$ 2. $\sin\alpha_2 = 0{,}233$ $\qquad$ $\alpha_2 = 13{,}5°$

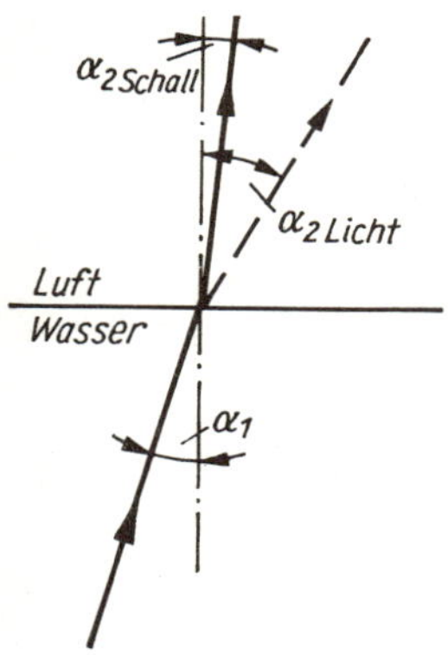

Bild 138

11.5 Aus der Rechnung folgt $\sin\alpha_2 > 1$. Das bedeutet, daß es keinen in Luft übergehenden Strahl gibt. Es findet Totalreflexion statt.

11.6 Reflexion, Brechung, Totalreflexion, Dispersion; Bild 139

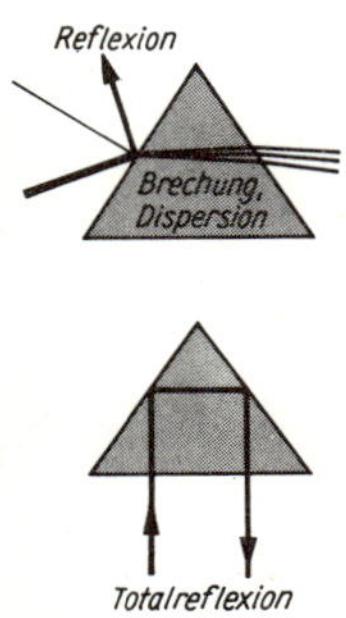

Bild 139

11.7 Die Fensterscheibe läßt den überwiegenden Teil des auf sie auftreffenden Lichtes hindurch und reflektiert nur einen geringen Bruchteil. Tagsüber überwiegt das von außen nach innen gelangende Licht, das die Umgebung abbildet, den an der Innenfläche reflektierten Teil. Die geringe reflektierte Lichtmenge, die das Innere des Raumes abbildet, wird von dem auf große Intensität adaptierten Auge nicht wahrgenommen. Nachts gelangt nur der von innen kommende und an der Glasscheibe reflektierte Anteil ins Auge und wird ungestört wahrgenommen.

11.8 Das Licht wird vom weißen Papier stärker reflektiert als vom Fettfleck. Deshalb wirkt dieser dunkler als seine Umgebung.

11.10 1. $J_2 = J_0 \cdot 10^{\frac{L}{10}}$ $\qquad$ $J_2 = 10^{-6}\ W\,m^{-2} = 1\ \mu W\,m^{-2}$

2. $J_4 = J_2 \frac{r_2^2}{r_4^2}$ $\qquad$ $J_4 = 0{,}25\ \mu W\,m^{-2}$

$L_4 = 10 \lg \frac{J_4}{J_0}$ $\qquad$ $L_4 = 54$ dB

11.11 $L_{ges} = L + 10 \lg n$ $\qquad$ $L_{ges} = 100$ dB

11.12 Wegen der Symmetrie der Anordnung ist die gesuchte Beleuchtungsstärke gleich dem doppelten Betrag der Beleuchtungsstärke einer einzigen Lampe; aus (11.38′) folgt

$$E_{/\mathrm{lx}} = \frac{2I_{/\mathrm{cd}}\, h_{/\mathrm{m}}}{\sqrt{[(h_{/\mathrm{m}})^2 + (l_{/\mathrm{m}})^2]^3}} \qquad E = 3{,}9\ \mathrm{lx}$$

11.14 1. $\frac{\Phi}{P}$ $\qquad \frac{\Phi}{P} = \frac{600\ \mathrm{lm}}{60\ \mathrm{W}} = 10\ \frac{\mathrm{lm}}{\mathrm{W}}$

2. $I = \frac{\Phi}{\Omega}$; mit $\Omega = 4\pi$ sr folgt $\qquad I = 48$ cd

3. (11.38) mit $\cos\alpha = 1$:

$$E_{/\mathrm{lx}} = \frac{I_{/\mathrm{cd}}}{(r_{/\mathrm{m}})^2} \qquad E = 48\ \mathrm{lx}$$

Bemerkung: Für Beleuchtungszwecke würde durch Einbau der Glühlampe in eine Leuchte eine günstigere Lichtstärkeverteilung größere Beleuchtungsstärke zur Folge haben (vgl. Übung 11.13).

11.15 Aus Bild 93 und aus (11.20) unter Beachtung von (11.16) ergibt sich bei gleichen Beleuchtungsstärken

$$I_2 = I_1\, \frac{(l - r_1)^2}{r_1^2} \qquad I_2 = 18{,}4\ \mathrm{cd}$$

3. Physikalisches Praktikum

3.1. Aufgaben des physikalischen Praktikums

Die Durchführung des physikalischen Praktikums ist ein wichtiger Bestandteil der Physikausbildung. Durch das physikalische Praktikum soll das erworbene Wissen erweitert und vertieft werden. Der Student soll im Praktikum bestimmte Fähigkeiten und Fertigkeiten erwerben, die ihn befähigen, später in der Praxis selbständig Aufgaben der Meßtechnik zu bewältigen. Er soll in der Lage sein, Theorien und Gesetze vorgegebenen Aufgaben zuzuordnen und aus der vorhandenen Literatur Fakten und Methoden zur Lösung der gestellten Aufgaben zu erarbeiten. Dabei sollen der Lehrstoff systematisiert, Analogiebeziehungen genutzt und physikalische Interpretationen technischer Sachverhalte gegeben werden.
Das physikalische Praktikum dient auch dazu, Fähigkeiten zum Ableiten von Meßvorschriften aus physikalischen Gesetzen zu erwerben und evtl. eine Auswahl geeigneter Meßverfahren und Meßgeräte nach Genauigkeitskriterien zu treffen. Dabei sollen die Meßgeräte sachgemäß eingesetzt werden.
Eine wichtige Aufgabe kommt der Fehlerrechnung bzw. der Fehlerabschätzung zu (→ 1.). Der Student wird zu exakter experimenteller Arbeit angehalten, wobei er Meßgenauigkeiten ermitteln und beurteilen soll. Somit lernt er die Methoden der experimentellen Forschung kennen und wird gleichzeitig sowohl vor einer Überschätzung als auch vor einer Unterschätzung der Genauigkeit seiner Messungen bewahrt.
Wie bei jedem wissenschaftlichen Arbeiten müssen auch im physikalischen Praktikum die gemessenen Werte sorgfältig registriert werden. Über jeden Versuch ist also ein Protokoll anzufertigen, welches alle Meßwerte und Versuchsergebnisse sowie die Berechnungen in übersichtlicher Form enthält. Oft müssen die Meßergebnisse auch grafisch dargestellt werden, wodurch die Auswertung erleichtert und funktionelle Zusammenhänge besser erkannt werden können.
Die folgenden Abschnitte sollen dem Studenten helfen, sich in die Praktikumsversuche der betreffenden Schule einzuarbeiten. Es wird bewußt darauf verzichtet, eine Vielzahl von Versuchsbeschreibungen vorzulegen. Dafür gibt es spezielle Bücher für das Physikpraktikum. Nach einigen Hinweisen werden drei Musterversuche beschrieben und ausgewertet. Damit ist dem Studenten das Rüstzeug für die Durchführung weiterer Versuche gegeben.

3.2. Laborordnung

Die Durchführung der Versuche erfolgt in Versuchsgruppen. Wie in jedem Laboratorium gelten auch im Physikpraktikum bestimmte Vorschriften, die unbedingt eingehalten werden müssen. Einige allgemeine Hinweise sind:

Einrichtungen, Geräte, Werkzeuge und Material sind Volkseigentum und als solches zu achten und zu behandeln.

Praktikanten dürfen das Physiklabor nur in der dafür vorgesehenen Zeit und bei Anwesenheit des Praktikumsleiters oder Assistenten betreten.

Vor Beginn des Versuches sind die in der Versuchsanleitung angegebenen Geräte, Werkzeuge und Materialien in Empfang zu nehmen und auf ihre Vollständigkeit zu prüfen.

Beim ersten Inbetriebsetzen elektrischer Versuchsschaltungen und Geräte muß der verantwortliche Praktikumsleiter anwesend sein.

Das unbefugte Hantieren mit Geräten, die nicht zum Versuch gehören, ist zu unterlassen.

Die in der Arbeitsschutzbelehrung gegebenen Hinweise und Anweisungen sind strikt zu beachten.

Mit Material und Energie ist so sparsam wie möglich umzugehen.

Nach Beendigung der Versuche ist der Arbeitsplatz zu reinigen und aufzuräumen. Geräte und Werkzeuge sind auf Vollzähligkeit zu überprüfen.

Der Praktikumsraum darf erst nach Abmeldung und erlangtem Testat verlassen werden. Die Abmeldung geschieht bei dem Praktikumsleiter, der auch das Testat erteilt.

Die vorgesehene Zeit ist für den Versuch voll auszunutzen.

Allen speziellen Hinweisen des Praktikumsleiters ist unbedingt Folge zu leisten.

Weitere Hinweise entnehmen Sie einschlägigen Arbeitsschutz- und Brandschutzbestimmungen.

3.3. Ordnung und Sicherheit im physikalischen Praktikum

Bevor die Studenten mit dem ersten Versuch beginnen, werden sie außer mit der Laborordnung mit der Arbeits- und Brandschutzordnung vertraut gemacht. Auf folgende Dinge ist besonders zu achten:

Elektrizität

Spannungen unter 40 V gehören in den Bereich der Kleinspannungen und erfordern keine besonderen Schutzmaßnahmen. Wie bei der Benutzung von höheren Spannungen ist jedoch auch hier die verlangte Schaltung zunächst aufzubauen und dem Praktikumsleiter vorzuzeigen, bevor die Spannungsquelle angeschlossen wird. Spannungführende Teile sind während des Versuches unter keinen Umständen zu berühren.

Anschlußschnüre sind nur am Stecker, nicht an der Schnur aus der Buchse zu ziehen. Verschlingen oder Verknoten der Schnüre ist zu vermeiden (Kabelbrüche!).

Die Schalttafel wird nur vom Praktikumsleiter bedient. Alle elektrischen Geräte, die mit Netzspannung betrieben werden, sind nur über ein ordnungsgemäßes Kabel mit Schutzkontakt anzuschließen. Sie sollen nicht länger als unbedingt erforderlich eingeschaltet sein. Elektrische Geräte dürfen nicht geöffnet werden.
Nach Beendigung des Versuches ist der Hauptschalter zu öffnen und der Netzstecker aus der Steckdose zu ziehen.

Stadtgas Vor Einschalten der Bunsenbrenner ist die Luftzufuhr am Brenner zu schließen. Nach Entzündung des Gases wird die Wärmeabgabe nur mit der Lufteinstelldüse reguliert, ohne die Gaseinstelldüse zu verändern.
Nach Beendigung des Versuches ist der Gashahn richtig zu schließen, damit nicht unnötig Gas in den Raum ausströmt.

Wärmeenergie Alle Heizgeräte müssen gegenüber brennbaren Materialien gut isoliert werden (Verwendung von geeigneten Unterlagen oder Halterungen).
Zur Halterung von Bechergläsern oder Kochflaschen ist das vorgesehene Stativmaterial zu verwenden.

Umgang mit Chemikalien Vorsicht ist beim Umgang mit Giften, Säuren und Laugen geboten. Bei Quecksilbergeräten (Thermometer, Barometer) darf im Schadensfall kein Quecksilber verschüttet werden. Geschieht dies doch einmal, muß auch der kleinste Quecksilbertropfen mit der Quecksilberzange aufgenommen werden.
Säuren und Laugen werden verdünnt, indem die Säure bzw. die Lauge vorsichtig in das Wasser geschüttet wird, niemals umgekehrt.
Flaschen mit Äther oder anderen brennbaren Flüssigkeiten dürfen nicht in der Nähe von Gasflammen aufbewahrt oder geöffnet werden. Versuche mit Äther sind nur an den dafür vorgesehenen Stellen durchzuführen.
Nach Umgang mit Chemikalien sind grundsätzlich die Hände zu waschen.

Verschiedenes Glasgeräte sind im Stativ mit elastischem Zwischenmaterial einzuspannen. Zerbrochene oder angebrochene Glasgeräte dürfen nicht mehr verwendet werden.
Vorsicht ist beim Umgang mit scharfen und spitzen Gegenständen geboten.
Glasgefäße sind nicht über eine offene Gasflamme zu stellen; Asbestnetz benutzen.
Bei Vakuumgefäßen können Implosionen auftreten. Thermosgefäße sind deshalb unbedingt in ihren Behältern zu lassen.
Rotierende Teile sind so abzusichern, daß eine Berührung während des Betriebes nicht möglich ist.
In den Lichtbogen von Kohlebogen- oder Quecksilberdampflampen darf nie ohne Lichtschutz gesehen werden.

3.4. Vorbereitung auf die Versuche

Um erfolgreich arbeiten zu können, muß man nicht nur die Theorie kennen, sondern auch die Wirkungsweise der zu benutzenden Apparatur. Neben einem intensiven Selbststudium und einer eingehenden Wiederholung des zum Versuch gehörenden Stoffes hat man sich daher schon vor Versuchsbeginn mit dem Versuchsaufbau und mit den Bedienungsvorschriften der Geräte vertraut zu machen. Ist dies geschehen, können Störungen in der Arbeit der Geräte frühzeitig festgestellt, Fehlerquellen beseitigt und damit falsche Ergebnisse vermieden werden.
Für den Umgang mit Meßgeräten ist es erforderlich, sich mit einigen wichtigen Grundbegriffen der Meßtechnik vertraut zu machen. Üben Sie, an den verwendeten Meßgeräten innerhalb der durchgeführten Versuche möglichst die folgenden Begriffe anzuwenden und am Beispiel auszudrücken:

Meßgröße M ist die zu messende physikalische Größe.

Meßgegenstand MG ist das Objekt, dessen Merkmale der Messung unterliegen.

Meßwert MW ist der aus der abgelesenen Anzeige ermittelte Wert der zu messenden physikalischen Größe.

Meßergebnis ME ist der Meßwert selbst oder das Ergebnis, welches sich aus mehreren Meßwerten mit einer mathematischen Beziehung ergibt.

Skalenteil ST ist eine Teilungseinheit, in der die Anzeige angegeben werden kann. Als Zähleinheit wird der Teilstrichabstand verwendet.

Skalenwert S ist die Änderung der Meßgröße, die eine Verschiebung der Marke um einen Skalenteil bewirkt.

Skalenkonstante SK ist die Größe, mit der der Zahlenwert, auf dem die Marke der Skale steht, multipliziert werden muß, um den Meßwert zu erhalten.

Meßbereich MB ist der Teil des Anzeigebereichs, für den der Fehler der Anzeige innerhalb von angegebenen bzw. vereinbarten Fehlergrenzen bleibt. Oft ist Anzeigebereich gleich Meßbereich.

Empfindlichkeit E ist der Quotient aus der am Meßgerät beobachteten Änderung seiner Anzeige und der sie verursachenden möglichst sehr kleinen Änderung der Meßgröße.

Für eine Strichskale gilt: $E = \frac{\Delta l}{\Delta M} \approx \frac{A}{S}$

(E Empfindlichkeit; Δl Änderung der Anzeige in Längeneinheiten; ΔM Änderung der Meßgröße; A Teilstrichabstand; S Skalenwert)

Ist die Empfindlichkeit einer Skale nicht konstant, muß insbesondere zwischen der Anfangs- und der Endempfindlichkeit unterschieden werden.

3.5. Protokollführung

3.5.1. Bestandteile des Protokolls

Äußerst wichtig ist eine übersichtliche und für jeden Sachkundigen verständliche Protokollführung. Über jeden durchzuführenden Versuch ist daher ein Protokoll anzufertigen.
Das Protokoll soll sämtliche Angaben enthalten, die zur Nachprüfung der Messung erforderlich sind, auch wenn sie im Moment unwichtig erscheinen.
Ist Text notwendig, so soll er stichwortartig gehalten und auf das unbedingt Notwendige beschränkt sein. Das Protokoll besteht aus zwei Teilen, dem Meßprotokoll und der Auswertung.

3.5.2. Meßprotokoll

Das Meßprotokoll wird während des Versuches geführt. Es besteht aus einem einheitlich gestalteten Deckblatt, welches vollständig ausgefüllt wird. Um die Zeit für die Durchführung der Versuche rationell auszunutzen, sollen alle Teile des Deckblattes, die nicht unmittelbar mit der Versuchsdurchführung zu tun haben, bereits in der Vorbereitung fertiggestellt sein.
Die für den Versuch nötigen Geräte werden vor Beginn der Messungen eingetragen. Dabei ist besonders auf den Meßbereich und auf den Skalenwert zu achten. Letzterer gibt bereits Aufschluß über den zu erwartenden Maximalfehler des Meßwertes.
Während der Durchführung der Versuche werden die gemessenen Größen in eine vorbereitete Tabelle bzw. Übersicht mit Tinte oder Kugelschreiber eingetragen. Bereits während des Versuches ist eine Überschlagsrechnung zur Ermittlung des Meßergebnisses zu machen. Nur so können prinzipielle Fehler bei der Versuchsdurchführung vermieden und sinnvolle Versuchsergebnisse gewährleistet werden.
Lassen Sie sich vor dem Verlassen des Labors vom Praktikumsleiter das Meßprotokoll testieren.

3.5.3. Auswertung

Während das Meßprotokoll bereits im Laufe des Praktikums fertiggestellt wird, müssen Sie den zweiten und umfangreicheren Teil des Protokolls, die Auswertung, im allgemeinen als Hausarbeit anfertigen.
Von der zum Versuch gehörenden Theorie sollen nur die Gleichungen aufgenommen werden, die für die Ermittlung der Meßergebnisse erforderlich sind. Weiterhin sollte das Schaltbild bzw. eine Skizze des Versuchsaufbaus in der Auswertung erscheinen. Die Berechnungen werden ausführlich und sorgfältig geschrieben aufgeführt. Bei sich wiederholenden Rechnungen genügt es, ein Beispiel in die Auswertung aufzunehmen. Die verbleibenden Meßergebnisse werden übersichtlich (in einer Tabelle) dargestellt.
Vergessen Sie nicht, zu jedem Meßergebnis eine Fehlerrechnung

durchzuführen. Auch diese muß ausführlich und sorgfältig in der Auswertung dargestellt und begründet werden. Nur so ist es Ihnen möglich, die Genauigkeit der Versuchsergebnisse einzuschätzen. Ohne Fehlerangabe für das Meßergebnis hat ein Protokoll nur geringen praktischen Wert.

Besondere Aufmerksamkeit ist der grafischen Darstellung von Meßwerten und Versuchsergebnissen zu widmen. Diese müssen in vernünftigen Maßstäben grundsätzlich auf Koordinatenpapier gezeichnet werden. Meistens wird für die grafische Darstellung Millimeterpapier verwendet werden können. Die Kurven müssen ausgezogen sein und einen stetigen Verlauf haben. Die Meßpunkte sind deutlich einzuzeichnen. Die Maßstäbe beider Koordinaten sind so zu wählen, daß die Kurve etwa unter 45° gegen die Achsen geneigt ist.

Für die Darstellung bestimmter Funktionen gibt es Spezialpapiere. Besteht zwischen zwei physikalischen Größen die Beziehung

$y = ab^x$ (a, b konstant), so gilt

$\lg y = \lg a + x \lg b$

Dies ist die Gleichung einer Geraden in einem Papier, dessen Ordinate logarithmisch und dessen Abszisse linear geteilt ist (Bild 140).

Liegt die Beziehung

$y = ax^b$ (a, b konstant) vor, dann ist

$\lg y = \lg a + b \lg x$

Hier ergibt sich im doppeltlogarithmischen Papier (beide Achsen sind logarithmisch geteilt) eine Gerade (Bild 141).

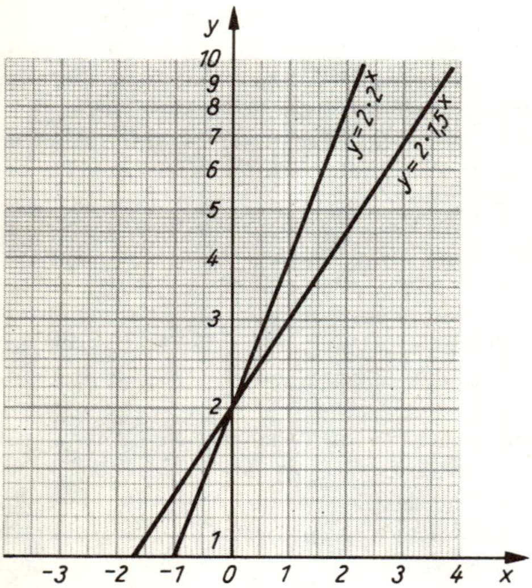

Bild 140

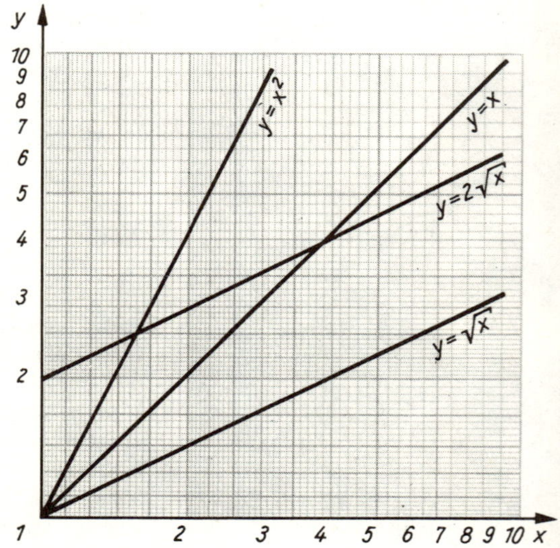

Bild 141

3.6. Versuchsanleitungen

3.6.1. Bestimmung der Dichte fester Körper

Grundlagen

Die Dichte ist ein wichtiger Materialwert. Für homogene Körper gilt (3.3)

$$\varrho = \frac{m}{V} \qquad (1)$$

(*m* Masse, *V* Volumen)

Für nichthomogene Körper gibt (1) die mittlere Dichte an.
Bei der experimentellen Bestimmung der Dichte nach (1) müssen Masse und Volumen des Körpers gemessen werden. Die Masse des Körpers läßt sich mit einer Waage recht genau bestimmen. Zur Feststellung des Volumens können verschiedene Verfahren angewendet werden. Es gibt auch Meßmethoden, die die Ermittlung des Volumens umgehen und die Dichtebestimmung auf mehrere Wägungen zurückführen.

Regelmäßige Körper

Bei regelmäßigen Körpern kann das Volumen aus den charakteristischen Abmessungen des Körpers nach den Gleichungen der Stereometrie berechnet werden.

Volumenmessung mit dem Überlaufgefäß

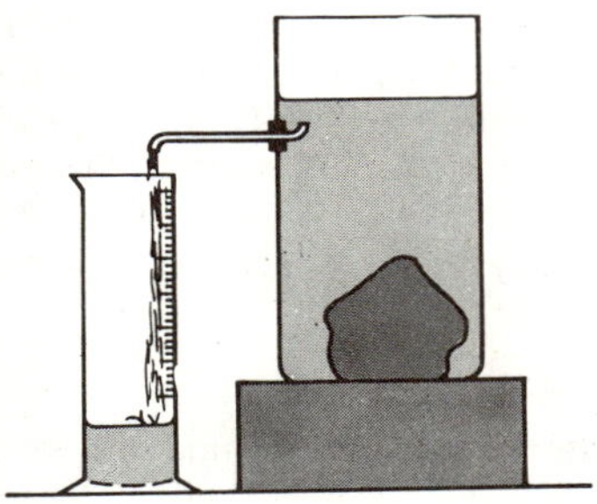

Bild 142

Für unregelmäßige Körper bestimmt man häufig das Volumen durch Verdrängung einer Flüssigkeit. Dazu wird ein Überlaufgefäß mit Flüssigkeit (meist Wasser) gefüllt, der Körper vorsichtig vollständig eingetaucht und das Volumen der ausfließenden Flüssigkeit mit einem Meßzylinder gemessen (Bild 142). Selbstverständlich ist das Verfahren auch für regelmäßige Körper anwendbar.

Dichtebestimmung nach der Auftriebsmethode

Von festen Stoffen kann man auch die Dichte bestimmen, ohne das Volumen zu kennen. Dies geschieht über die Messung der Auftriebskraft, die auf den Körper in einer Flüssigkeit wirkt. In dieser Flüssigkeit darf der zu untersuchende Stoff nicht löslich sein. Man verwendet meist Wasser, aber auch Benzin, Öl u. a. Nach dem Prinzip von Archimedes (→ L 4.2.) wirkt auf einen in eine Flüssigkeit eingetauchten Körper eine Auftriebskraft, die dem Betrage nach gleich der Gewichtskraft ist, die auf die verdrängte Flüssigkeit wirkt. Die Auftriebskraft ist nach (4.13)

$$F_A = m_F\, g = \varrho_F V_F\, g \qquad (2)$$

(m_F Masse, ϱ_F Dichte, V_F Volumen der verdrängten Flüssigkeit).

Da das Volumen der verdrängten Flüssigkeit gleich dem Volumen des eingetauchten Körpers ist ($V_F = V$), gilt nach (2)

$$V = \frac{F_A}{\varrho_F\, g} \qquad (3)$$

Bild 143

Bild 144

Aus (1) folgt mit (3)

$$\varrho = \frac{mg}{F_A} \varrho_F \tag{4}$$

In (4) ist mg die Gewichtskraft, die auf den Körper in Luft wirkt ($G = mg$). Die Auftriebskraft F_A ist der scheinbare Verlust an Gewichtskraft, den der Körper in der Flüssigkeit erfährt, also $F_A = G - G' = (m - m')\,g$ mit m' als der scheinbaren Masse des eingetauchten Körpers, die mit der hydrostatischen Waage (Bild 143) ermittelt wird. Damit folgt aus (4)

$$\varrho = \frac{m}{m - m'} \varrho_F \tag{5}$$

Die Dichte des Körpers kann also durch zwei Massebestimmungen ermittelt werden, wenn die Dichte der Flüssigkeit, in die der Körper getaucht wird, bekannt ist. Da die Meßfehler beim Wägen klein sind, ist die Dichtebestimmung nach (5) recht genau. Allerdings wird bei dieser Methode ein systematischer Fehler durch den Aufhängefaden oder -draht verursacht.

Dichtebestimmung mit dem Pyknometer

Die Dichtebestimmung mit dem Pyknometer (Bild 144) eignet sich besonders für feinkörniges Material und für kleine Körper. Auch bei dieser Methode wird die Volumenbestimmung umgangen und die Dichte durch verschiedene Wägungen ermittelt. Das Pyknometer ist ein Glasfläschchen mit kapillar durchbohrtem, gut eingeschliffenem Stopfen. Die Masse des leeren Pyknometers mit Stopfen ist m_0. Ist das Pyknometer mit Wasser gefüllt, beträgt die Masse m_1. Daraus ergibt sich die Masse des Wassers

$$m_W = m_1 - m_0 \tag{6}$$

Man füllt das zu untersuchende Material in das leere und trockene Pyknometer (bei feinkörnigem Material etwa $^1/_4$ füllen). Die Wägung ergibt die Masse m_2 des Pyknometers mit Material. Die Masse des Materials allein ist dann

$$m_M = m_2 - m_0 \tag{7}$$

Das Material bleibt im Pyknometer, und man füllt mit Wasser auf (gegebenenfalls Luftblasen beseitigen!). Die erneute Wägung ergibt m_3. Die Masse des von der Versuchssubstanz verdrängten Wassers ist

$$m_{W1} = m_1 + m_M - m_3 \tag{8}$$

Das Volumen des verdrängten Wassers ist gleich dem Volumen V des Materials, es kann aus (3.2) berechnet werden:

$$V = \frac{m_{W1}}{\varrho_W} \tag{9}$$

ϱ_W ist die Dichte des Wassers. Die Dichte des zu untersuchenden Stoffes ist $\varrho = m_M/V$, mit (9) also

$$\varrho = \frac{m_M}{m_{W1}} \varrho_W \tag{10}$$

Mit (7) und (8) folgt daraus

$$\varrho = \frac{m_2 - m_0}{m_1 + m_2 - m_0 - m_3} \varrho_W \qquad (11)$$

Die Ermittlung der Dichte ist damit auf die Durchführung von vier Wägungen zurückgeführt worden:

m_0 Masse des leeren Pyknometers,
m_1 Masse des Pyknometers, vollständig mit Wasser gefüllt,
m_2 Masse des Pyknometers mit Material,
m_3 Masse des Pyknometers mit Material und Wasser.

Bestimmt man die Masse des Probekörpers nicht im Pyknometer, so hat man in (11) die Differenz $m_2 - m_0$ nach (7) durch m_M zu ersetzen und erhält

$$\varrho = \frac{m_M}{m_1 + m_M - m_3} \varrho_W \qquad (12)$$

In diesem Falle braucht die Masse m_0 des Pyknometers nicht bestimmt zu werden.

Aufgaben

1. Bestimmen Sie die Dichte eines regelmäßigen homogenen Körpers durch Wägung und Berechnung seines Volumens aus seinen Abmessungen (Metallzylinder).
2. Bestimmen Sie die Dichte des gleichen Körpers, jedoch durch Volumenmessung mit dem Überlaufgefäß.
3. Bestimmen Sie die Dichte des gleichen Körpers mit Hilfe einer hydrostatischen Waage (Bild 143) nach der Auftriebsmethode.
4. Vergleichen Sie die Meßergebnisse, die nach den einzelnen Meßverfahren erhalten wurden.
5. Bestimmen Sie die Dichte eines feinkörnigen Materials mit Hilfe eines Pyknometers nach Gleichung (11). Überlegen Sie zuvor die zweckmäßige Reihenfolge der Wägungen.
6. Bestimmen Sie mit Hilfe eines Pyknometers die Dichte eines unregelmäßigen Körpers, indem Sie einige in das Pyknometer passende Stücke abschlagen und vor dem Einfüllen wägen.

Meßprotokoll

Das Deckblatt des Meßprotokolls und die Zusammenstellung der Meßwerte sind in Tabelle 2 (S. 142, 143) dargestellt.

Tabelle 2.1: **Meßprotokoll**

Versuchsnummer: Seminargruppe:

Gruppe:

Thema: Bestimmung der Dichte fester Körper

Datum der Durchführung: Abgabetermin:

Namen:	Unterschriften:

Verwendete Geräte:

Nr.	Art	Technische Daten	
1.	Meßschieber	*MB* 200 mm	*S* 0,1 mm
2.	Meßschraube	*MB* 50 mm	*S* 0,01 mm
3.	Meßzylinder	*MB* 100 ml	*S* 1 ml
4.	Hydrostatische Waage	*MB* 1 kg	
5.	Analysenwaage	*MB* 1 kg	
6.	Überlaufgefäß		
7.	Pyknometer	25 ml	
8.	Wägesatz		
9.	Probekörper		
10.	Destilliertes Wasser		

Bestätigung der Durchführung:

Tabelle 2.2: **Meßwerte**

zu 1.: Die Abmessungen des Metallzylinders werden mit dem Meßschieber bestimmt.

$h = (38{,}3 \pm 0{,}1)$ mm
$d = (22{,}2 \pm 0{,}1)$ mm
$m = (40{,}16 \pm 0{,}01)$ g

zu 2.: $V = (15 \pm 1)$ ml
$m = (40{,}16 \pm 0{,}01)$ g

zu 3.: $m = (40{,}16 \pm 0{,}01)$ g
$m' = (25{,}37 \pm 0{,}01)$ g
$\varrho_F = (0{,}998 \pm 0{,}001)$ g cm^{-3} (Tabellenwert)

zu 5.: Feiner Kies; Meßwerte in der Reihenfolge der Messung:

$m_0 = (25{,}13 \pm 0{,}01)$ g
$m_2 = (32{,}17 \pm 0{,}01)$ g
$m_3 = (54{,}32 \pm 0{,}01)$ g
$m_1 = (50{,}01 \pm 0{,}01)$ g
$\varrho_W = (0{,}998 \pm 0{,}001)$ g cm^{-3} (Tabellenwert)

zu 6.: Vorgelegtes Gestein; Meßwerte:

$m_M = (0{,}651 \pm 0{,}001)$ g
$m_1 = (50{,}012 \pm 0{,}001)$ g
$m_3 = (50{,}393 \pm 0{,}001)$ g

Auswertung

zu 1.: Die Dichte ergibt sich aus (1) und der Gleichung für das Zylindervolumen $V = \pi d^2 h/4$ zu

$$\varrho = \frac{4m}{\pi d^2 h} = \frac{4 \cdot 40{,}16\ \text{g}}{\pi \cdot 2{,}22^2\ \text{cm}^2 \cdot 3{,}83\ \text{cm}} = 2{,}71\ \text{g cm}^{-3}$$

Relativfehler:

$$\frac{\Delta\varrho}{\varrho} = \frac{\Delta m}{m} + 2\frac{\Delta d}{d} + \frac{\Delta h}{h}$$

$$\frac{\Delta\varrho}{\varrho} = \frac{0{,}01\ \text{g}}{40{,}16\ \text{g}} + 2 \cdot \frac{0{,}1\ \text{mm}}{22{,}2\ \text{mm}} + \frac{0{,}1\ \text{mm}}{38{,}3\ \text{mm}}$$

$$= 0{,}00025 + 0{,}009 + 0{,}0026 = 0{,}01185 \approx 0{,}012 = 1{,}2\,\%$$

Absolutfehler:

$$\Delta\varrho = \frac{\Delta\varrho}{\varrho}\,\varrho$$

$$\Delta\varrho = 0{,}012 \cdot 2{,}71\ \text{g cm}^{-3} = 0{,}032\ \text{g cm}^{-3}$$

Meßergebnis: $\varrho = (2{,}71 \pm 0{,}03)$ g cm^{-3} (Aluminium)

Der Maximalfehler wird vor allem von der Durchmesserbestimmung beeinflußt.
Die Bestimmung des Durchmessers wird zweckmäßig in einem ergänzenden Versuch genauer mit einer Meßschraube vorgenommen. Dann erhält man $d = (22{,}21 \pm 0{,}01)$ mm, die Dichte ist $\varrho = 2{,}706$ g cm^{-3} und der Fehleranteil des Durchmessers

$$2\frac{\Delta d}{d} = 2 \cdot \frac{0{,}01}{22{,}21} = 0{,}0009.$$

Für den relativen Fehler der Dichte ergibt sich jetzt $\Delta\varrho/\varrho = 0{,}38\,\%$, und der absolute Fehler ist $\Delta\varrho = 0{,}010$ g cm^{-3}.

$\varrho = (2{,}71 \pm 0{,}01)$ g cm^{-3}

zu 2.: $$\varrho = \frac{m}{V} = \frac{40{,}16\ \text{g}}{15\ \text{cm}^3} = 2{,}68\ \text{g cm}^{-3}$$

Relativfehler: $$\frac{\Delta\varrho}{\varrho} = \frac{\Delta m}{m} + \frac{\Delta V}{V}$$

$$\frac{\Delta\varrho}{\varrho} = \frac{0{,}01\ \text{g}}{40{,}16\ \text{g}} + \frac{1\ \text{cm}^3}{15\ \text{cm}^3} = 0{,}00025 + 0{,}067 \approx 0{,}067 = 6{,}7\,\%$$

Der Fehler der Wägung ist vernachlässigbar klein gegen den Fehler der Volumenbestimmung.

Absolutfehler: $$\Delta\varrho = \frac{\Delta\varrho}{\varrho}\,\varrho$$

$$\Delta\varrho = 0{,}067 \cdot 2{,}68\ \text{g cm}^{-3} = 0{,}18\ \text{g cm}^{-3}$$

Meßergebnis: $\varrho = (2{,}7 \pm 0{,}2)$ g cm^{-3}

zu 3.: Berechnung der Dichte nach (5):

$$\varrho = \frac{m}{m - m'}\,\varrho_F$$

$$\varrho = \frac{40{,}16\ \text{g}}{(40{,}16 - 25{,}37)\ \text{g}} \cdot 0{,}998\ \text{g cm}^{-3} = 2{,}71\ \text{g cm}^{-3}$$

Relativfehler: $$\frac{\Delta\varrho}{\varrho} = \frac{\Delta m}{m} + \frac{\Delta m + \Delta m'}{m - m'} + \frac{\Delta\varrho_F}{\varrho_F}$$

$$\frac{\Delta\varrho}{\varrho} = \frac{0{,}01\ \text{g}}{40{,}16\ \text{g}} + \frac{0{,}02\ \text{g}}{14{,}79\ \text{g}} + \frac{0{,}001\ \text{g cm}^{-3}}{0{,}998\ \text{g cm}^{-3}}$$

$$= 0{,}00025 + 0{,}00135 + 0{,}001 = 0{,}0026 = 0{,}26\,\%$$

Absolutfehler: $$\Delta\varrho = \frac{\Delta\varrho}{\varrho}\,\varrho$$

$$\Delta\varrho = 0{,}0026 \cdot 2{,}71\ \text{g cm}^{-3} = 0{,}007\ \text{g cm}^{-3}$$

Das Ergebnis zeigt, daß Rechenstabgenauigkeit für ϱ nicht ausreicht. Nachträgliche Berechnung der Dichte mit Taschenrechner oder fünfstelligen Logarithmen ergibt $\varrho = 2{,}710$ g cm^{-3}.

Meßergebnis: $\varrho = (2{,}710 \pm 0{,}007)$ g cm^{-3}

zu 4.: Vergleich der erhaltenen Versuchsergebnisse

Meßverfahren	ϱ/g cm^{-3}
Messung des Volumens mit dem Überlaufgefäß	2,7 ± 0,2
Messung aller Längen mit dem Meßschieber	2,71 ± 0,03
Messung des Durchmessers mit der Meßschraube	2,71 ± 0,01
Auftriebsverfahren	2,710 ± 0,007

zu 5.: Berechnung der Dichte nach (11):

$$\varrho = \frac{m_2 - m_0}{m_1 + m_2 - m_0 - m_3} \varrho_W$$

$$\varrho = \frac{32{,}17\ \text{g} - 25{,}13\ \text{g}}{50{,}01\ \text{g} + 32{,}17\ \text{g} - 25{,}13\ \text{g} - 54{,}32\ \text{g}} \cdot 0{,}998\ \text{g cm}^{-3}$$

$$= 2{,}57\ \text{g cm}^{-3}$$

Relativfehler: Wir setzen den Zähler des Bruches in der Bestimmungsgleichung für die Dichte gleich Z, den Nenner gleich N. Die Absolutfehler von Z und N sind:

$$\Delta Z = \Delta m_2 + \Delta m_0 = 0{,}01\ \text{g} + 0{,}01\ \text{g} = 0{,}02\ \text{g}$$

$$\Delta N = \Delta m_1 + \Delta m_2 + \Delta m_0 + \Delta m_3 = 0{,}04\ \text{g}$$

$$\frac{\Delta\varrho}{\varrho} = \frac{\Delta Z}{Z} + \frac{\Delta N}{N} + \frac{\Delta\varrho_W}{\varrho_W}$$

$$= \frac{0{,}02\ \text{g}}{7{,}04\ \text{g}} + \frac{0{,}04\ \text{g}}{2{,}73\ \text{g}} + \frac{0{,}001\ \text{g cm}^{-3}}{0{,}998\ \text{g cm}^{-3}}$$

$$= 0{,}0028 + 0{,}015 + 0{,}001 = 0{,}0188 = 1{,}88\,\%$$

Absolutfehler: $$\Delta\varrho = \frac{\Delta\varrho}{\varrho}\,\varrho$$

$$\Delta\varrho = 0{,}0188 \cdot 2{,}57\ \text{g cm}^{-3} = 0{,}048\ \text{g cm}^{-3}$$

Meßergebnis: $$\underline{\underline{\varrho = (2{,}57 \pm 0{,}05)\ \text{g cm}^{-3}}}$$

zu 6.: Berechnung der Dichte nach (12):

$$\varrho = \frac{m_M}{m_1 + m_M - m_3} \varrho_W$$

$$\varrho = \frac{0{,}651\ \text{g}}{50{,}012\ \text{g} + 0{,}651\ \text{g} - 50{,}393\ \text{g}} \cdot 0{,}998\ \text{g cm}^{-3} = 2{,}41\ \text{g cm}^{-3}$$

Relativfehler: $$\frac{\Delta\varrho}{\varrho} = \frac{\Delta Z}{Z} + \frac{\Delta N}{N} + \frac{\Delta\varrho_W}{\varrho_W}$$

Mit $\Delta Z = 0{,}001$ g und $\Delta N = 0{,}003$ g folgt

$$\frac{\Delta\varrho}{\varrho} = \frac{0{,}001\ \text{g}}{0{,}651\ \text{g}} + \frac{0{,}003\ \text{g}}{0{,}270\ \text{g}} + \frac{0{,}001\ \text{g cm}^{-3}}{0{,}998\ \text{g cm}^{-3}}$$

$$= 0{,}0015 + 0{,}0111 + 0{,}0010 = 0{,}0136 = 1{,}36\,\%$$

Absolutfehler: $$\Delta\varrho = \frac{\Delta\varrho}{\varrho}\,\varrho$$

$$\Delta\varrho = 0{,}0136 \cdot 2{,}41\ \text{g cm}^{-3} = 0{,}033\ \text{g cm}^{-3}$$

Meßergebnis: $$\underline{\underline{\varrho = (2{,}41 \pm 0{,}03)\ \text{g cm}^{-3}}}$$

Bemerkung: Die zu 5. und 6. durchgeführten Fehlerrechnungen können falsch sein. Es wurde nicht berücksichtigt, daß gleiche fehlerbehaftete Größen im Zähler *und* Nenner von (11) und (12) stehen und damit den

Fehler des Ergebnisses in entgegengesetzter Weise beeinflussen können. Zur Gegenüberstellung soll deshalb die Fehlerfortpflanzung zu 6. nochmals mit Differentialrechnung durchgerechnet werden, indem das totale Differential gebildet wird (→ 1.5.3.2.).

Aus (12) $\varrho = \dfrac{m_M}{m_1 + m_M - m_3}\,\varrho_W$ folgt

Partielle Ableitungen:

$$\frac{\partial\varrho}{\partial m_M} = \frac{(m_1 - m_3)\,\varrho_W}{(m_1 + m_M - m_3)^2} = \frac{-0{,}381 \cdot 0{,}998}{0{,}27^2}\ \text{cm}^{-3} = -5{,}22\ \text{cm}^{-3}$$

$$\frac{\partial\varrho}{\partial m_1} = \frac{-m_M\varrho_W}{(m_1 + m_M - m_3)^2} = \frac{-0{,}651 \cdot 0{,}998}{0{,}27^2}\ \text{cm}^{-3} = -8{,}91\ \text{cm}^{-3}$$

$$\frac{\partial\varrho}{\partial m_3} = \frac{m_M\varrho_W}{(m_1 + m_M - m_3)^2} = \frac{0{,}651 \cdot 0{,}998}{0{,}27^2}\ \text{cm}^{-3} = 8{,}91\ \text{cm}^{-3}$$

$$\frac{\partial\varrho}{\partial\varrho_W} = \frac{m_M}{m_1 + m_M - m_3} = \frac{0{,}651}{50{,}012 + 0{,}651 - 50{,}393} = 2{,}41$$

Totales Differential:

$$\mathrm{d}\varrho = \frac{\partial\varrho}{\partial m_M}\,\mathrm{d}m_M + \frac{\partial\varrho}{\partial m_1}\,\mathrm{d}m_1 + \frac{\partial\varrho}{\partial m_3}\,\mathrm{d}m_3 + \frac{\partial\varrho}{\partial\varrho_W}\,\mathrm{d}\varrho_W$$

Die Differentiale werden durch die Fehler ersetzt, und es gilt für den *Absolutfehler* der Dichte

$$\Delta\varrho = \left|\frac{\partial\varrho}{\partial m_M}\right|\Delta m_M + \left|\frac{\partial\varrho}{\partial m_1}\right|\Delta m_1 + \left|\frac{\partial\varrho}{\partial m_3}\right|\Delta m_3 + \left|\frac{\partial\varrho}{\partial\varrho_W}\right|\Delta\varrho_W$$

$$\Delta\varrho = (5{,}22 \cdot 0{,}001 + 8{,}91 \cdot 0{,}001 + 8{,}91 \cdot 0{,}001 + 2{,}41 \cdot 0{,}001)\ \text{g cm}^{-3}$$
$$= 25{,}45 \cdot 0{,}001\ \text{g cm}^{-3} = 0{,}02545\ \text{g cm}^{-3} = 0{,}03\ \text{g cm}^{-3}$$

Die beiden $\Delta\varrho$-Werte stimmen nach den Festlegungen unter 1.6. überein.

3.6.2. Bestimmung der Federkonstanten einer Schraubenfeder

● **Grundlagen**

Wirkt auf eine Schraubenfeder eine Kraft, so ruft diese eine Längenänderung Δs der Feder hervor. Die Längenänderung ist der einwirkenden Kraft proportional. In der Feder entsteht eine Federkraft von gleichem Betrage wie die von außen wirkende Kraft. Die Federkraft F ist der äußeren Kraft entgegengerichtet. Es gilt (3.10)

$$F = -k\,\Delta s \qquad (1)$$

Der Proportionalitätsfaktor k heißt *Richtgröße* oder *Federkonstante*. k hängt von den Abmessungen der Feder und von ihrem Material ab. Dabei gilt

$$k = \frac{Gd^4}{8\,ND_m^{\,3}} \qquad (2)$$

(d Drahtdurchmesser, N Windungszahl, D_m mittlerer Windungsdurchmesser, G Torsionsmodul).

Wird die Längenänderung durch die Gewichtskraft $G = mg$ eines angehängten Körpers der Masse m hervorgerufen, dann ergibt sich aus (1) wegen $F = -G$

$$k = \frac{mg}{\Delta s} \quad (3)$$

Lenkt man den angehängten Körper aus seiner Gleichgewichtslage und läßt ihn los, so führt er eine Sinusschwingung um seine Gleichgewichtslage aus. Die Gleichung (10.1′) für die Elongation lautet $y = y_m \sin(\omega t + \varphi)$. Aus (2.5) und (10.6) folgt für die Perioden dauer dieser Schwingung

$$T = 2\pi \sqrt{\frac{m}{k}} \quad (4)$$

Aufgaben

1. Belasten Sie eine Schraubenfeder mit 1, 2, ..., 10 Körpern gleicher Masse ($m = 50{,}0\ \mathrm{g} \pm 0{,}1\ \mathrm{g}$) und ermitteln Sie die Längenänderung in Abhängigkeit von der einwirkenden Kraft (Nullpunkt bei der Messung der Länge s willkürlich). Es gilt $F \sim m$. Stellen Sie in einem Diagramm die Länge s über der zugehörigen Masse m dar. Berechnen Sie die Federkonstante nach (3) aus dem linearen Bereich der Federkennlinie.
2. Lassen Sie zwei verschiedene Körper an der Schraubenfeder schwingen und messen Sie die Zeit t für $z = 50$ Perioden. Berechnen Sie die Federkonstante k aus (4) unter Beachtung von $t = zT$. Berücksichtigen Sie auch die Unsicherheit von z.
3. Bestimmen Sie die Abmessungen der Feder und berechnen Sie die Federkonstante aus (2). Beachten Sie dabei, daß auch die Windungszahl fehlerbehaftet ist.
4. Vergleichen Sie die Ergebnisse aus 1., 2. und 3. unter Berücksichtigung der Fehler.
5. Erläutern Sie, wie sich die Federkonstanten einer harten und einer weichen Feder voneinander unterscheiden.
6. Zwei gleiche Schraubenfedern (Federkonstante k) werden einmal in Reihe, zum andern parallel geschaltet. Welche resultierenden Federkonstanten ergeben sich?

Meßprotokoll

Das Deckblatt des Meßprotokolls und die Zusammenstellung der Meßwerte sind in Tabelle 3 (S. 148, 149) dargestellt.

Tabelle 3.1: **Meßprotokoll**

Versuchsnummer: Seminargruppe:

Gruppe:

Thema: Bestimmung der Federkonstanten einer Schraubenfeder

Datum der Durchführung: Abgabetermin:

Namen:	Unterschriften:

Verwendete Geräte:

Nr.	Art	Technische Daten	
1.	2 Schraubenfedern		
2.	Stativ mit Vertikalmaßstab	*MB* 1000 mm	*S* 1 mm
3.	10 Körper mit Haken	$m = (50{,}0 \pm 0{,}1)$ g je Körper	
4.	Körper *1*		
5.	Körper *2*		
6.	Meßschieber	*MB* 200 mm	*S* 0,1 mm
7.	Meßschraube	*MB* 20 mm	*S* 0,01 mm
8.	Stoppuhr	*MB* 15 min	*S* 0,1 s
9.	Waage	*MB* 1 kg	

Bestätigung der Durchführung:

Tabelle 3.2: **Meßwerte**

zu 1.:

n	0	1	2	3	4	5	6	7	8	9	10
$m/_{g}$	0	50	100	150	200	250	300	350	400	450	500
$s/_{mm}$	282	330	377	426	475	522	570	618	667	714	763

$$\Delta m = n \cdot 0{,}1\ \text{g}; \quad \Delta s = 1\ \text{mm}$$

zu 2.: $m_1 = (188{,}3 \pm 0{,}1)$ g $\qquad m_2 = (257{,}0 \pm 0{,}1)$ g

$t_1 = (43{,}0 \pm 0{,}1)$ s $\qquad t_2 = (49{,}9 \pm 0{,}1)$ s

$z_1 = 50{,}0 \pm 0{,}1 \qquad z_2 = 50{,}0 \pm 0{,}1$

zu 3.: $d = (0{,}81 \pm 0{,}01)$ mm

$D = (20{,}5 \pm 0{,}1)$ mm $\qquad G = (85 \pm 1)$ GPa (Tabellenwert)

$N = 56{,}5 \pm 0{,}5$

● **Auswertung**

zu 1.:

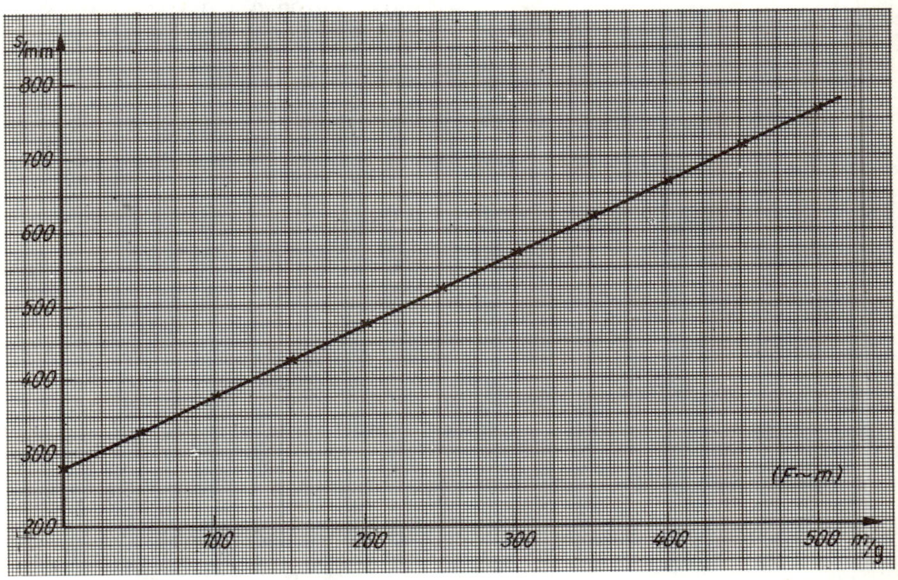

Bild 145

Bild 145. Da die Federkennlinie über den gesamten Belastungsbereich linear verläuft, wird die Federkonstante aus der maximalen Belastung ermittelt:

$$k = \frac{mg}{s_{10} - s_0} = \frac{0{,}5\ \text{kg} \cdot 9{,}81\ \text{m}}{\text{s}^2(0{,}763 - 0{,}282)\ \text{m}} = 10{,}20\ \text{N m}^{-1}$$

Relativfehler: $\dfrac{\Delta k}{k} = \dfrac{\Delta m}{m} + \dfrac{\Delta s_{10} + \Delta s_0}{s_{10} - s_0}$ (Rundung von g vernachlässigt)

$$\frac{\Delta k}{k} = \frac{10 \cdot 0{,}1\ \mathrm{g}}{500\ \mathrm{g}} + \frac{1\ \mathrm{mm} + 1\ \mathrm{mm}}{(763 - 282)\ \mathrm{mm}}$$

$$= 0{,}0020 + 0{,}0042 = 0{,}0062 = 0{,}62\%$$

Absolutfehler: $\Delta k = 10{,}20\ \mathrm{N\,m^{-1}} \cdot 0{,}0062 = 0{,}063\ \mathrm{N\,m^{-1}}$

Meßergebnis: $\underline{\underline{k = (10{,}20 \pm 0{,}06)\ \mathrm{N\,m^{-1}}}}$

zu 2.: Aus (4) folgt mit $T = t/z$

$$k = \frac{4\pi^2 m z^2}{t^2}$$

Körper 1: $k = \dfrac{4\pi^2 \cdot 0{,}1883\ \mathrm{kg} \cdot 50{,}0^2}{43{,}0^2\ \mathrm{s}^2} = 10{,}051\ \mathrm{N\,m^{-1}}$

Relativfehler: $\dfrac{\Delta k}{k} = \dfrac{\Delta m}{m} + 2\dfrac{\Delta z}{z} + 2\dfrac{\Delta t}{t}$

$$= \frac{0{,}1\ \mathrm{g}}{188{,}3\ \mathrm{g}} + 2\frac{0{,}1}{50} + 2\frac{0{,}1\ \mathrm{s}}{43\ \mathrm{s}}$$

$$= 0{,}00053 + 0{,}0040 + 0{,}00465 = 0{,}00918 = 0{,}92\%$$

Absolutfehler: $\Delta k = 10{,}051\ \mathrm{N\,m^{-1}} \cdot 0{,}00918 = 0{,}092\ \mathrm{N\,m^{-1}}$

Meßergebnis: $\underline{\underline{k = (10{,}05 \pm 0{,}09)\ \mathrm{N\,m^{-1}}}}$

Körper 2: $k = \dfrac{4\pi^2 \cdot 0{,}257\ \mathrm{kg} \cdot 50{,}0^2}{49{,}9^2\ \mathrm{s}^2} = 10{,}187\ \mathrm{N\,m^{-1}}$

Relativfehler: $\dfrac{\Delta k}{k} = \dfrac{0{,}1\ \mathrm{g}}{257{,}0\ \mathrm{g}} + 2\dfrac{0{,}1}{50{,}0} + 2\dfrac{0{,}1\ \mathrm{s}}{49{,}9\ \mathrm{s}}$

$$= 0{,}00039 + 0{,}0040 + 0{,}00401 = 0{,}0084 = 0{,}84\%$$

Absolutfehler: $\Delta k = 10{,}187\ \mathrm{N\,m^{-1}} \cdot 0{,}0084 = 0{,}086\ \mathrm{N\,m^{-1}}$

Meßergebnis: $\underline{\underline{k = (10{,}19 \pm 0{,}09)\ \mathrm{N\,m^{-1}}}}$

zu 3.: Gemessen wurden d und $D = D_m + d$. Damit folgt aus (2)

$$k = \frac{G d^4}{8N(D - d)^3}$$

$$k = \frac{85 \cdot 10^9\ \mathrm{N} \cdot 0{,}81^4\ \mathrm{mm}^4}{\mathrm{m}^2 \cdot 8 \cdot 56{,}5\,(20{,}5 - 0{,}81)^3\ \mathrm{mm}^3} = 10{,}60\ \mathrm{N\,m^{-1}}$$

Relativfehler: $\dfrac{\Delta k}{k} = \dfrac{\Delta G}{G} + 4\dfrac{\Delta d}{d} + \dfrac{\Delta N}{N} + 3\dfrac{\Delta D + \Delta d}{D - d}$

$$= \frac{1\ \mathrm{GPa}}{85\ \mathrm{GPa}} + 4\frac{0{,}01\ \mathrm{mm}}{0{,}81\ \mathrm{mm}} + \frac{0{,}5}{56{,}5} + 3\frac{(0{,}1 + 0{,}01)\ \mathrm{mm}}{(20{,}5 - 0{,}81)\ \mathrm{mm}}$$

$$= 0{,}012 + 0{,}049 + 0{,}0088 + 0{,}0168 = 0{,}0866 = 8{,}66\%$$

Absolutfehler: $\Delta k = 10{,}60\ \mathrm{N\,m^{-1}} \cdot 0{,}0866 = 0{,}92\ \mathrm{N\,m^{-1}}$

Meßergebnis: $\underline{\underline{k = (10{,}6 \pm 0{,}9)\ \mathrm{N\,m^{-1}}}}$

zu 4.: Ermittlung aus der Federdehnung:

$k = (10{,}20 \pm 0{,}06)\ \mathrm{N\,m^{-1}}$

Ermittlung aus der Federschwingung (Körper *1*):

$k = (10{,}05 \pm 0{,}09)\ \mathrm{N\,m^{-1}}$

Ermittlung aus der Federschwingung (Körper *2*):

$k = (10{,}19 \pm 0{,}09)\ \mathrm{N\,m^{-1}}$

Ermittlung aus den Federabmessungen:

$k = (10{,}6 \pm 0{,}9)\ \mathrm{N\,m^{-1}}$

Alle Werte stimmen unter Berücksichtigung ihrer Fehler überein. Der kleinste Fehler ergibt sich bei der Ermittlung aus der Federdehnung, der größte bei der Ermittlung aus den Federabmessungen.

zu 5.: Je härter die Feder, um so größer die Federkonstante.

zu 6.: Reihenschaltung: $k_{ers} = \frac{1}{2}k$; Parallelschaltung: $k_{ers} = 2k$

3.6.3. Widerstandsbestimmung

● Grundlagen

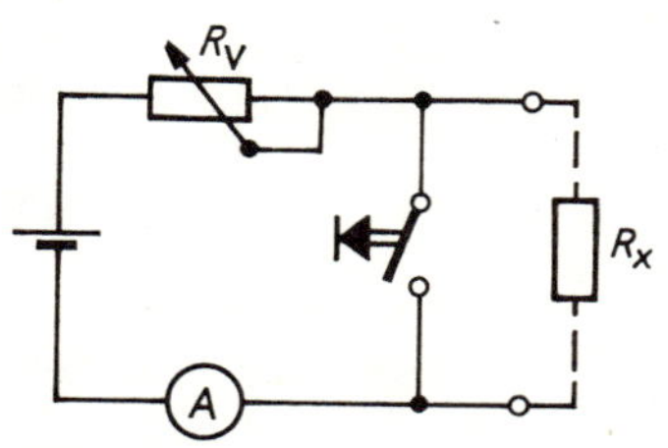

Bild 146

Für die Messung von Widerständen (ohmschen Widerständen) sind zahlreiche Methoden entwickelt worden. Häufig wird sie mit einem direkt anzeigenden Widerstandsmesser (Ohmmeter), mit einer Wheatstoneschen Brücke oder durch gleichzeitige Spannungs- und Stromstärkemessung mit Hilfe von Vielfachmeßinstrumenten erfolgen (→ L 7.3.3.)

Direkt anzeigende Widerstandsmesser besitzen eine eingebaute Spannungsquelle, einen Strommesser und einen Abgleichwiderstand R_V nach Bild 146. Der Abgleichwiderstand wird bei kurzgeschlossenen Meßklemmen so eingestellt, daß der Strommesser gerade Vollausschlag anzeigt ($\triangleq R_x = 0\ \Omega$). Da für $U = \text{const}$ $R \sim 1/I$ ist, können an der Skale des Strommessers Ohmwerte angegeben werden. Dabei ergeben sich eine starke Zusammendrängung der höheren Widerstandswerte im unteren Skalenbereich und somit relativ große Fehler.

In ähnlicher Form können Widerstände auch durch gleichzeitige *Spannungs- und Stromstärkemessungen* ermittelt werden. Dieses Verfahren wird insbesondere dann angewendet, wenn der Widerstand von Bauelementen direkt oder indirekt von der Betriebsspannung abhängig ist. Dies ist vor allem bei Halbleitern und bei Metallwiderständen, die bei hohen Temperaturen betrieben werden (Glühlampen), der Fall.

Für die gleichzeitige Messung von Spannung und Stromstärke stehen zur Verfügung

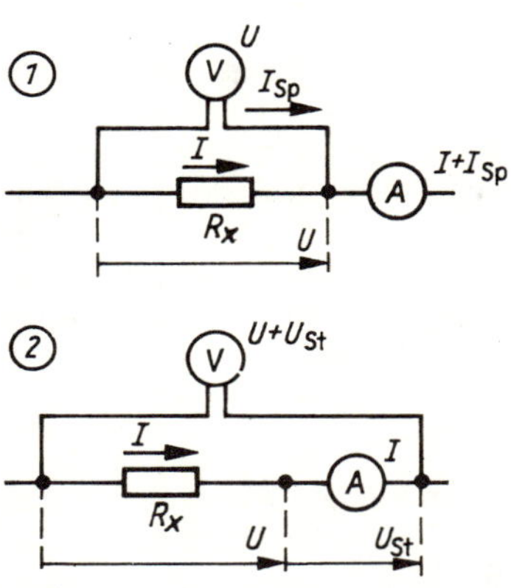

Bild 147

1. die spannungsrichtige Schaltung (Bild 147.1)
2. die stromrichtige Schaltung (Bild 147.2)

In beiden Schaltungen ergeben sich bei Vernachlässigung der Innenwiderstände der Meßgeräte, also bei Ermittlung des Widerstandes R_x aus (7.7)

$$R_x = \frac{U}{I} \qquad (1)$$

systematische Fehler, die auf das Meßverfahren zurückzuführen sind und die außer den Fehlergrenzen der Meßgeräte beachtet werden müssen. Die durch das Meßverfahren hervorgerufenen *systematischen Fehler* können jedoch, wenn die Innenwiderstände der Meßgeräte bekannt sind, erfaßt und korrigiert werden. Durch Anwendung der Kirchhoffschen Gesetze (7.12) und (7.13) ergeben sich mit dem Innenwiderstand R_{Sp} des Spannungsmessers

$$R_x = \frac{U}{I - \frac{U}{R_{Sp}}} \quad \text{für die spannungsrichtige Schaltung} \qquad (2)$$

und mit dem Innenwiderstand R_{St} des Strommessers

$$R_x = \frac{U - IR_{St}}{I} = \frac{U}{I} - R_{St} \quad \text{für die stromrichtige Schaltung} \qquad (3)$$

Bei Vielfachmeßinstrumenten werden meist nicht die vom *Meßbereich* U_{MB} bzw. I_{MB} abhängigen Innenwiderstände, sondern für die Spannungsmeßbereiche der Quotient $r = R_{Sp}/U_{MB}$, für die Stromstärkemeßbereiche der Spannungsabfall U_{St} am Gerät bei Vollausschlag, also meßbereichunabhängige Werte, angegeben. Die Innenwiderstände für den jeweiligen Meßbereich sind dann:

$$R_{Sp} = rU_{MB} \qquad (4)$$

$$R_{St} = \frac{U_{St}}{I_{MB}} \qquad (5)$$

Die Fehlergrenzen elektrischer Meßgeräte werden meist durch die Klasse angegeben (→ 1.3.). Für jeden Meßbereich ergibt sich dann der ausschlagunabhängige Absolutfehler

$$\Delta U = 0{,}01 K_{Sp} U_{MB}; \quad K_{Sp} \text{ Klasse des Spannungsmessers} \qquad (6)$$

$$\Delta I = 0{,}01 K_{St} I_{MB}; \quad K_{St} \text{ Klasse des Strommessers} \qquad (7)$$

Die relativen Fehler $\Delta U/U$ bzw. $\Delta I/I$ einer Spannungs- bzw. Stromstärkemessung sind wegen $\Delta U = \text{const}$ bzw. $\Delta I = \text{const}$ bei kleinen Ausschlägen verhältnismäßig groß; elektrische Meßgeräte sollten daher nach Möglichkeit nicht im unteren Drittel des jeweiligen Meßbereiches verwendet werden.

Sinnvoll konstruierte Geräte haben eine Meßbereichsstufung, die es gestattet, bei Meßwerten von etwa einem Drittel des Meßbereiches auf die nächstempfindlichere Stufe umzuschalten.

Aufgaben

1. Ermitteln Sie den elektrischen Widerstand eines Drahtwiderstandes bei etwa 6 V Wechselspannung und den elektrischen Widerstand eines Schichtwiderstandes bei etwa 8 V Wechselspannung durch gleichzeitige Spannungs- und Stromstärkemessung

1.1. in der spannungsrichtigen Schaltung

1.1.1. R_{x11} ohne Korrektur nach (1),

1.1.2. R_{x12} mit Korrektur nach (2),

1.2. in der stromrichtigen Schaltung

1.2.1. R_{x21} ohne Korrektur nach (1),

1.2.2. R_{x22} mit Korrektur nach (3).

2. Berechnen Sie die relativen systematischen Fehler, die sich bei Vernachlässigung der Gerätewiderstände ergeben, aus

$$\left(\frac{\delta R}{R}\right)_1 = \left|\frac{R_{x12} - R_{x11}}{R_{x12}}\right| \tag{8}$$

bzw.

$$\left(\frac{\delta R}{R}\right)_2 = \left|\frac{R_{x22} - R_{x21}}{R_{x22}}\right| \tag{9}$$

3. Berechnen Sie für die Ergebnisse von 1.1.2. und 1.2.2. die maximalen relativen und absoluten Fehler, die sich aus den Fehlergrenzen der Meßgeräte ergeben.
Bei den Berechnungen sollen die Korrekturglieder in (2) bzw. (3) vernachlässigt werden.

4. Vergleichen Sie die relativen systematischen Fehler, die sich bei Vernachlässigung der Gerätewiderstände ergeben, und die relativen maximalen Fehler bei Beachtung der Gerätewiderstände miteinander und entscheiden Sie, wann eine Berücksichtigung der Gerätewiderstände sinnvoll ist.

● **Meßprotokoll**

Das Deckblatt des Meßprotokolls und die Zusammenstellung der Meßwerte sind in Tabelle 4 (S. 154, 155) dargestellt.

Tabelle 4.1: **Meßprotokoll**

Versuchsnummer:	Seminargruppe: Gruppe:
Thema: Widerstandsbestimmung	
Datum der Durchführung:	Abgabetermin:
Namen:	Unterschriften:

Verwendete Geräte:

Nr.	Art	Technische Daten
1.	Transformator	220 V/4/6/8 V
2.	Vielfachmeßgerät Mellenbach (verwendet als Spannungsmesser)	Innenwiderstand 4 kΩ V^{-1} Klasse 2,5 bei Wechselstrom
3.	Vielfachmeßgerät EAW (verwendet als Strommesser)	Spannungsabfall bei Vollausschlag 500 mV Klasse 1,5 bei Wechselstrom

Bestätigung der Durchführung:

Tabelle 4.2: Meßwerte

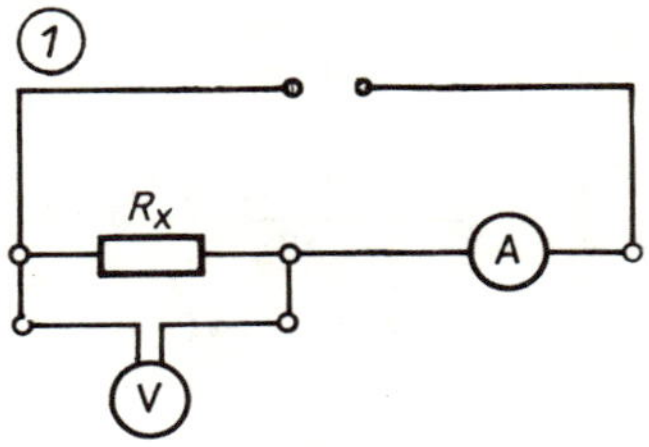

Spannungsrichtige Schaltung

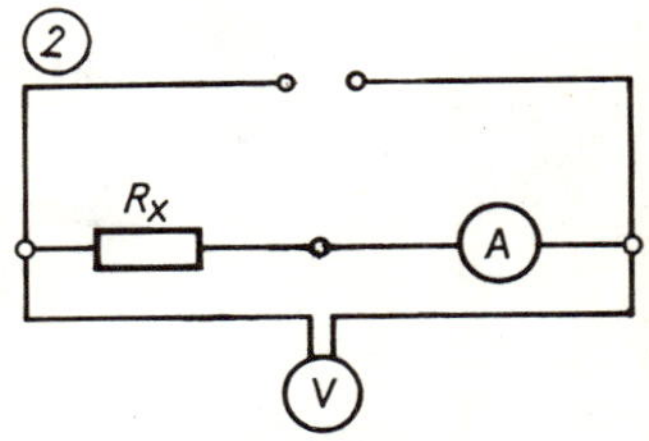

Stromrichtige Schaltung

1. Drahtwiderstand

	$U_{/V}$	$U_{MB/V}$	$\Delta U_{/V}$	$I_{/A}$	$I_{MB/A}$	$\Delta I_{/A}$
1.1.	5,85	10	0,25	0,72	1,5	$2{,}25 \cdot 10^{-2}$
1.2.	6,10	10	0,25	0,72	1,5	$2{,}25 \cdot 10^{-2}$

2. Schichtwiderstand

	$U_{/V}$	$U_{MB/V}$	$\Delta U_{/V}$	$I_{/mA}$	$I_{MB/mA}$	$\Delta I_{/mA}$
1.1.	7,90	10	0,25	1,41	1,5	$2{,}25 \cdot 10^{-2}$
1.2.	8,33	10	0,25	1,22	1,5	$2{,}25 \cdot 10^{-2}$

Es wurden berechnet:

nach (6): $\Delta U = 0{,}01 \cdot 2{,}5 \cdot 10\ \mathrm{V} = 0{,}25\ \mathrm{V}$

nach (7): $\Delta I = 0{,}01 \cdot 1{,}5 \cdot 1{,}5\ \mathrm{A} = 2{,}25 \cdot 10^{-2}\ \mathrm{A}$

bzw. $\Delta I = 0{,}01 \cdot 1{,}5 \cdot 1{,}5\ \mathrm{mA} = 2{,}25 \cdot 10^{-5}\ \mathrm{A}$

Innenwiderstand des Spannungsmessers nach (4), Meßbereich 10 V:

$$R_{Sp} = r U_{MB} = 4\ \mathrm{k\Omega\ V^{-1}} \cdot 10\ \mathrm{V} = 40\ \mathrm{k\Omega}$$

Innenwiderstand des Strommessers nach (5), Meßbereich 1,5 A:

$$R_{St} = \frac{U_{St}}{I_{MB}} = \frac{0{,}5\ \mathrm{V}}{1{,}5\ \mathrm{A}} = 0{,}333\ \Omega$$

Innenwiderstand des Strommessers, Meßbereich 1,5 mA:

$$R_{St} = \frac{0{,}5\ \mathrm{V}}{1{,}5\ \mathrm{mA}} = 333\ \Omega$$

● Auswertung

1. Drahtwiderstand

zu 1.1.1.: $$R_{x11} = \frac{5{,}85\ \mathrm{V}}{0{,}72\ \mathrm{A}} = 8{,}13\ \Omega$$

zu 1.1.2.: $$R_{x12} = \frac{5{,}85\ \mathrm{V}}{0{,}72\ \mathrm{A} - \dfrac{5{,}85\ \mathrm{V}}{40\ \mathrm{k\Omega}}} = 8{,}13\ \Omega$$

zu 1.2.1.: $$R_{x21} = \frac{6{,}10\ \mathrm{V}}{0{,}72\ \mathrm{A}} = 8{,}48\ \Omega$$

zu 1.2.2.: $$R_{x22} = \frac{6{,}10\ \mathrm{V} - 0{,}72\ \mathrm{A} \cdot 0{,}333\ \Omega}{0{,}72\ \mathrm{A}} = 8{,}14\ \Omega$$

zu 2.1.: $$\left(\frac{\delta R}{R}\right)_1 = \left|\frac{(8{,}13 - 8{,}13)\ \Omega}{8{,}13\ \Omega}\right| = 0$$

zu 2.2.: $$\left(\frac{\delta R}{R}\right)_2 = \left|\frac{(8{,}14 - 8{,}48)\ \Omega}{8{,}48\ \Omega}\right| = 4{,}0 \cdot 10^{-2} = 4{,}0\%$$

zu 3.: *Relativfehler:* $$\frac{\Delta R}{R} = \frac{\Delta U}{U} + \frac{\Delta I}{I}$$

Spannungsrichtige Schaltung:

$$\frac{\Delta R_{x12}}{R_{x12}} = \frac{0{,}25\ \mathrm{V}}{5{,}85\ \mathrm{V}} + \frac{2{,}25 \cdot 10^{-2}\ \mathrm{A}}{0{,}72\ \mathrm{A}} = (4{,}3 + 3{,}1) \cdot 10^{-2} = 7{,}4\%$$

Stromrichtige Schaltung:

$$\frac{\Delta R_{x22}}{R_{x22}} = \frac{0{,}25\ \mathrm{V}}{6{,}1\ \mathrm{V}} + \frac{2{,}25 \cdot 10^{-2}\ \mathrm{A}}{0{,}72\ \mathrm{A}} = (4{,}1 + 3{,}1) \cdot 10^{-2} = 7{,}2\%$$

Absolutfehler: $$\Delta R = \frac{\Delta R}{R} R$$

$$\Delta R_{x12} = 8{,}13\ \Omega \cdot 7{,}4 \cdot 10^{-2} = 0{,}60\ \Omega$$

$$\Delta R_{x22} = 8{,}14\ \Omega \cdot 7{,}2 \cdot 10^{-2} = 0{,}59\ \Omega$$

2. Schichtwiderstand

zu 1.1.1.: $$R_{x11} = \frac{7{,}90\ \mathrm{V}}{1{,}41\ \mathrm{mA}} = 5{,}60\ \mathrm{k\Omega}$$

zu 1.1.2.: $$R_{x12} = \frac{7{,}90\ \mathrm{V}}{1{,}41\ \mathrm{mA} - \dfrac{7{,}90\ \mathrm{V}}{40\ \mathrm{k\Omega}}} = 6{,}53\ \mathrm{k\Omega}$$

zu 1.2.1.: $$R_{x21} = \frac{8{,}33\ \mathrm{V}}{1{,}22\ \mathrm{mA}} = 6{,}83\ \mathrm{k\Omega}$$

zu 1.2.2.: $$R_{x22} = \frac{8{,}33\ \mathrm{V} - 1{,}22\ \mathrm{mA} \cdot 333\ \Omega}{1{,}22\ \mathrm{mA}} = 6{,}50\ \mathrm{k\Omega}$$

zu 2.1.: $$\left(\frac{\delta R}{R}\right)_1 = \left|\frac{(6{,}53 - 5{,}60)\ \mathrm{k\Omega}}{6{,}53\ \mathrm{k\Omega}}\right| = 14{,}2 \cdot 10^{-2} = 14{,}2\%$$

zu 2.2.: $$\left(\frac{\delta R}{R}\right)_2 = \left|\frac{(6{,}50 - 6{,}83)\ \mathrm{k\Omega}}{6{,}50\ \mathrm{k\Omega}}\right| = 5{,}1 \cdot 10^{-2} = 5{,}1\%$$

zu 3.: Spannungsrichtige Schaltung:

$$\frac{\Delta R_{x12}}{R_{x12}} = \frac{0{,}25\ \mathrm{V}}{7{,}90\ \mathrm{V}} + \frac{2{,}25 \cdot 10^{-5}\ \mathrm{A}}{1{,}41 \cdot 10^{-3}\ \mathrm{A}} = (3{,}2 + 1{,}6) \cdot 10^{-2} = 4{,}8\%$$

Stromrichtige Schaltung:

$$\frac{\Delta R_{x22}}{R_{x22}} = \frac{0{,}25\ \mathrm{V}}{8{,}33\ \mathrm{V}} + \frac{2{,}25 \cdot 10^{-5}\ \mathrm{A}}{1{,}22 \cdot 10^{-3}\ \mathrm{A}} = (3{,}0 + 1{,}8) \cdot 10^{-2} = 4{,}8\%$$

$$\Delta R_{x12} = 6{,}53 \text{ k}\Omega \cdot 4{,}8 \cdot 10^{-2} = 0{,}31 \text{ k}\Omega$$

$$\Delta R_{x22} = 6{,}50 \text{ k}\Omega \cdot 4{,}8 \cdot 10^{-2} = 0{,}31 \text{ k}\Omega$$

Zusammenfassung der Meßergebnisse:	R_{x11} (unkorrigiert)	R_{x12} (korrigiert)	R_{x21} (unkorrigiert)	R_{x22} (korrigiert)
Drahtwiderstand	8,1 Ω	(8,1 ± 0,6) Ω	8,5 Ω	(8,1 ± 0,6) Ω
Schichtwiderstand	5,6 kΩ	(6,5 ± 0,3) kΩ	6,8 kΩ	(6,5 ± 0,3) kΩ

zu 4.: Die maximalen Relativfehler betragen beim Drahtwiderstand etwa 7%, beim Schichtwiderstand etwa 5%. Die höheren Werte beim Drahtwiderstand ergeben sich dadurch, daß hier zufällig die Instrumentenausschläge sowohl bei der Spannungs- als auch bei der Stromstärkemessung etwas niedriger lagen als bei dem Schichtwiderstand.

Die systematischen Fehler, die sich bei Vernachlässigung der Gerätewiderstände ergeben, sind sehr unterschiedlich. Insbesondere beim Schichtwiderstand liegt der in der spannungsrichtigen Schaltung ohne Berücksichtigung des Spannungsmesserwiderstandes errechnete Wert weit außerhalb des Bereiches, der sich bei korrekter Berechnung, also bei Berücksichtigung des Spannungsmesserwiderstandes und der Fehlergrenzen der Meßgeräte, ergibt.

Eine Vernachlässigung der Gerätewiderstände ist dann zulässig, wenn

in der spannungsrichtigen Schaltung $R_{Sp} \gg R_x$,
in der stromrichtigen Schaltung $R_{St} \ll R_x$

ist (Bild 147).

Diese Bedingung ist lediglich beim Drahtwiderstand in der spannungsrichtigen Schaltung erfüllt (40 kΩ ≫ 8,1 Ω). In der stromrichtigen Schaltung ist hier $R_x : R_{St} = 8{,}1\ \Omega : 0{,}333\ \Omega$; dabei ergibt sich ein systematischer Relativfehler von 4,2%. Bei der Messung des Schichtwiderstandes sind die obigen Bedingungen noch weniger erfüllt, so daß die systematischen Fehler hier noch größer sind (etwa 5 bzw. 14%).

Bei allen praktischen Spannungs- bzw. Stromstärkemessungen sollte daher überprüft werden, inwieweit durch die Innenwiderstände der Meßgeräte die zu ermittelnden Werte beeinflußt und verfälscht werden.

NOTIZEN

NOTIZEN